Aviso legal

Saage Media GmbH
c/o SpinLab – The HHL Accelerator
Spinnereistraße 7
04179 Leipzig, Germany
E-Mail: contact@SaageMedia.com
Web: www.SaageMedia.com
Commercial Register: Local Court Leipzig, HRB 42755 (Handelsregister: Amtsgericht Leipzig, HRB 42755)
Managing Director: Rico Saage (Geschäftsführer)
VAT ID Number: DE369527893 (USt-IdNr.)

Editorial: Saage Media GmbH
Publicación: 02.2025
Diseño de portada: Saage Media GmbH
ISBN Tapa blanda (es): 978-3-384-52352-5
ISBN Ebook (es): 978-3-384-52353-2

Legal / Avisos

Los enlaces externos y las referencias a fuentes enumerados en este libro fueron verificados al momento de la publicación. El autor no tiene influencia sobre los diseños y contenidos actuales y futuros de las páginas vinculadas. El proveedor del sitio web vinculado es el único responsable de los contenidos ilegales, incorrectos o incompletos, así como de los daños que surjan del uso o no uso de la información, no quien hace referencia a la publicación respectiva a través de enlaces. Todas las fuentes externas utilizadas se enumeran en la bibliografía. A pesar del cuidadoso control del contenido, no asumimos ninguna responsabilidad por el contenido de fuentes externas. Los operadores de las fuentes citadas son los únicos responsables de su contenido. Las imágenes y fuentes de terceros están marcadas como tales. La reproducción, procesamiento, distribución y cualquier tipo de explotación fuera de los límites de los derechos de autor requieren el consentimiento por escrito del autor o creador respectivo.
Este libro ha sido traducido del alemán. No se pueden descartar completamente las desviaciones del original o los errores de traducción. Todas las fuentes citadas en el libro están disponibles en inglés. No asumimos ninguna responsabilidad por inexactitudes o malentendidos de contenido que puedan surgir por la traducción.
Los datos de los diagramas que no están marcados explícitamente con una fuente no se basan en estudios, sino que son suposiciones no vinculantes para una mejor visualización.
Este libro fue creado utilizando Inteligencia Artificial (IA) y otras herramientas. Entre otras cosas, se utilizaron herramientas para la investigación, la escritura/edición y la generación de ilustraciones decorativas. A pesar del control, no se pueden descartar completamente los errores. Nos gustaría enfatizar que el uso de la IA sirve como herramienta de apoyo para proporcionar a nuestros lectores una experiencia de lectura de alta calidad e inspiradora.

Las referencias y citas contenidas en este libro han sido cuidadosamente investigadas y reproducidas en su significado. La interpretación y presentación del contenido citado refleja la comprensión del autor y no necesariamente corresponde con la intención u opinión de los autores originales. Para las citas parafraseadas, las declaraciones principales de las fuentes originales se han incorporado al contexto de esta obra según el mejor saber y entender, pero pueden desviarse de las formulaciones originales y matices de significado debido a la transferencia y simplificación. Todas las fuentes utilizadas están completamente listadas en la bibliografía y pueden leerse allí en el original. La responsabilidad de la interpretación y la incorporación contextual del contenido citado recae en el autor de este libro. Para preguntas científicas e información detallada, se recomienda consultar las fuentes originales. El autor se ha esforzado por presentar temas científicos complejos de manera generalmente comprensible. No se pueden excluir simplificaciones y generalizaciones. No se puede garantizar la exactitud técnica y la integridad de las presentaciones simplificadas. La reproducción parafraseada de citas y hallazgos científicos se realiza conscientemente cumpliendo con la ley de citas según § 51 UrhG y todas las disposiciones relevantes de derechos de autor de otros países. Al simplificar, transferir y posiblemente traducir contenido científico a un lenguaje generalmente comprensible, se pueden perder matices de significado y detalles técnicos. El autor no reclama derechos sobre las obras citadas y respeta todos los derechos de autor de los autores originales. Si se detecta un uso no autorizado, el autor solicita ser notificado para tomar las medidas apropiadas. Para fines académicos y cuando se utiliza como referencia científica, se recomienda expresamente consultar las fuentes originales. La presentación simplificada sirve exclusivamente para información científica popular.

 La información en este libro no sustituye el asesoramiento profesional. Se recomienda encarecidamente consultar a un abogado, asesor fiscal u otro asesor especializado para la fundación de una GmbH o UG, así como para cuestiones fiscales y legales. En particular, en la estructuración de estructuras de holding y medidas de optimización fiscal, es esencial un examen individual por parte de expertos. Las estrategias y conceptos presentados deben entenderse como recomendaciones generales de acción y deben adaptarse a cada caso individual.

Bendis Saage

Fundación de una GmbH alemana: Guía práctica para la sociedad de responsabilidad limitada alemana

Todo lo que necesitas saber sobre la fundación en Alemania: requisitos legales, proceso de constitución y gestión empresarial

29 Fuentes
57 Diagramas
48 Imágenes
8 Ilustraciones

Queridos lectores,

les agradecemos de corazón que hayan elegido este libro. Con su elección, no solo nos han brindado su confianza, sino también parte de su valioso tiempo. Lo apreciamos mucho.

La creación de una GmbH es un paso estratégico importante para los emprendedores, pero el camino hacia ella presenta muchos desafíos. Este libro especializado y práctico lo acompaña a lo largo de todo el proceso de fundación de una GmbH: desde la elección de la forma jurídica óptima, pasando por la redacción legalmente segura del contrato social, hasta la gestión empresarial eficiente y la estructura de holding fiscalmente óptima. Benefíciese de conocimientos sólidos en derecho societario, contabilidad y planificación fiscal. El libro proporciona el know-how necesario para decisiones empresariales importantes, desde la determinación del capital social hasta la expansión internacional. Con esta guía, dominará los complejos requisitos de la creación y gestión de una GmbH de manera segura y profesional. Comience ahora su futuro empresarial bien preparado, con el conocimiento experto concentrado para su exitosa creación de GmbH.

Esta guía le proporciona información comprensible y práctica sobre un tema complejo. Gracias a herramientas digitales desarrolladas internamente que también utilizan redes neuronales, pudimos realizar investigaciones exhaustivas. El contenido se ha estructurado de manera óptima y desarrollado hasta la versión final para proporcionarle una visión general bien fundamentada y de fácil acceso. El resultado: obtiene una visión integral y se beneficia de explicaciones claras y ejemplos ilustrativos. El diseño visual también se ha optimizado mediante este método avanzado para que pueda captar y utilizar la información rápidamente.

Nos esforzamos por la máxima precisión, pero agradecemos cualquier indicación de posibles errores. Visite nuestro sitio web para encontrar las últimas correcciones y adiciones a este libro. Estas también se incorporarán en futuras ediciones.

¡Esperamos que disfrute leyendo y descubriendo cosas nuevas! Si tiene sugerencias, críticas o preguntas, esperamos sus comentarios. Solo mediante el intercambio activo con ustedes, los lectores, las futuras ediciones y obras podrán ser aún mejores. ¡Manténgase curioso!

Bendis Saage

Saage Media GmbH - Equipo

- www.SaageBooks.com/es
- support@saagemedia.com
- Spinnereistraße 7 - c/o SpinLab – The HHL Accelerator, 04179 Leipzig, Germany

Acceso rápido al conocimiento

Para garantizar una experiencia de lectura óptima, nos gustaría familiarizarle con las características principales de este libro:

- **Estructura Modular:** Cada capítulo es independiente y puede leerse sin depender de los demás.
- **Investigación Exhaustiva:** Todos los capítulos se basan en una investigación exhaustiva y están respaldados por referencias científicas. Los datos mostrados en los diagramas sirven para una mejor visualización y se basan en suposiciones, no en los datos proporcionados en las fuentes. Una lista completa de fuentes y créditos de imágenes se encuentra en el apéndice.
- **Terminología Clara:** Los términos técnicos subrayados se explican en el glosario.
- **Resúmenes de Capítulos:** Al final de cada capítulo, encontrará resúmenes concisos que le dan una visión general de los puntos clave.
- **Recomendaciones Concretas:** Cada subcapítulo concluye con una lista de consejos específicos para ayudarle a poner en práctica lo aprendido.

Materiales adicionales de bonificación en nuestro sitio web

En nuestro sitio web, planeamos poner a su disposición los siguientes materiales exclusivos:

- Contenido adicional y capítulos extra
- Un resumen general compacto
- Una versión de radioteatro. (En planificación)

El sitio web está actualmente en construcción.

www.SaageBooks.com/es/fundacion_de_una_sociedad_de_responsabilidad_limitada-bonus-93BWJQ

Índice

- 2. Proceso de fundación en Alemania
  - 2. 1 Medidas preparatorias
    - Redacción del contrato social
    - Elección de la gerencia
    - Determinación del capital social
  - 2. 2 Registros oficiales
    - Autenticación notarial
    - Inscripción en el Registro Mercantil
    - Registro comercial
  - 2. 3 Organización
    - Apertura de una cuenta comercial
    - Instalación de las oficinas
    - Cobertura de seguro

1. Bases legales de la GmbH

¿Por qué fracasan muchas fundaciones de GmbH ante obstáculos legales, aunque la idea de negocio sea prometedora? El marco legal de una GmbH constituye la base para el éxito empresarial a largo plazo y protege tanto a los socios como a los socios comerciales. Desde la fundación hasta la gestión diaria, se deben observar numerosas disposiciones legales. La correcta estructuración de la sociedad y el cumplimiento de las reglas de responsabilidad a menudo determinan el éxito o el fracaso de la empresa. En este capítulo, aprenderá qué decisiones legales debe tomar correctamente desde el principio.

1. 1 Derecho societario y legislación

El derecho societario y la legislación forman la base de cada GmbH. Esta sección ilumina las disposiciones legales relevantes que afectan a su GmbH desde la fundación hasta la posible disolución. Aprenderá cuáles son los derechos y obligaciones que tiene como socio y qué requisitos debe cumplir para evitar riesgos de responsabilidad. La Ley de GmbH (GmbHG) regula los aspectos centrales de su GmbH, desde la dotación de capital hasta los órganos y la contabilidad. Conocer estas regulaciones es esencial para el funcionamiento legal de su empresa. Aquí conocerá los puntos más importantes y entenderá en qué detalles debe centrarse. Profundice su conocimiento sobre las bases legales y así establezca una base sólida para la fundación de su GmbH.

Un contrato social bien redactado, que tenga en cuenta las necesidades y objetivos individuales de los socios, es la base para una colaboración exitosa y armoniosa.

Sociedad alemana de responsabilidad limitada: una visión general

La sociedad alemana de responsabilidad limitada (GmbH) es una forma jurídica popular para empresas. Una ventaja esencial es la limitación de la responsabilidad al patrimonio de la sociedad. Esto significa que el patrimonio personal de los socios está, en caso de insolvencia de la GmbH, fundamentalmente protegido. Para la constitución de una GmbH se requiere un capital social mínimo de 25.000 euros. Este capital se divide en participaciones sociales que pertenecen a los socios. Ya en el momento de la constitución, al menos la mitad del capital social, es decir, 12.500 euros, debe ser depositada. La aportación puede ser en efectivo o en especie. Al pensar en aportaciones en especie, se debe considerar bienes inmuebles, maquinaria o patentes, cuyo valor debe ser evaluado por un perito. El contrato social, la base de la GmbH, debe ser autenticado notarialmente. Este regula los puntos esenciales como la denominación, la sede, el objeto de la empresa y la cantidad de las aportaciones. Tras la autenticación del contrato social y el depósito del capital social, la GmbH se inscribe en el registro mercantil. Solo con la inscripción la GmbH adquiere su capacidad jurídica. La gestión de la GmbH corresponde a uno o varios directores. Estos representan a la sociedad judicial y extrajudicialmente. Están sujetos a las instrucciones de la asamblea de socios. La asamblea de socios es el órgano de decisión supremo de la GmbH. Esta decide sobre asuntos importantes, como la modificación del contrato social, la designación y destitución de los directores o la distribución de beneficios. La GmbH está obligada a llevar contabilidad y a elaborar un balance anual. El balance anual debe ser auditado por un auditor si se superan ciertos criterios de tamaño. Estos criterios se refieren al total del balance, ingresos por ventas y número de empleados. Así, una GmbH que supere dos de los tres siguientes criterios en dos ejercicios consecutivos debe hacer auditar su balance anual: un total de balance de más de 6 millones de euros, ingresos por ventas de más de 12 millones de euros o más de 50 empleados en promedio anual. La GmbH está sujeta al impuesto sobre sociedades así como al impuesto sobre actividades económicas. Un aspecto importante de la GmbH es la flexibilidad en la configuración de las relaciones entre socios. El contrato social puede adaptarse individualmente a las necesidades de los socios. Por ejemplo, se pueden establecer disposiciones sobre la distribución de beneficios, los derechos de voto o la salida de socios. Un socio que desee vender sus participaciones necesita el consentimiento de los demás socios, a menos que el contrato social prevea una disposición diferente. Para evitar posibles conflictos, es recomendable establecer en el contrato social disposiciones claras para tales casos. Por ejemplo, se podría acordar un derecho de tanteo para los demás socios, o se podrían establecer ciertos criterios para la admisión de nuevos socios. Una disposición de este tipo podría prever que los nuevos socios deban aportar una cualificación o experiencia determinadas. La

GmbH ofrece un buen compromiso entre limitación de responsabilidad y flexibilidad. Es adecuada tanto para pequeñas y medianas empresas como para grandes corporaciones. La estructura clara y las regulaciones legales ofrecen seguridad y transparencia. En la constitución y operación de una GmbH se incurren en costos que dependen de la complejidad de la empresa y de las necesidades individuales. Además de los costos de constitución, como los honorarios notariales y judiciales, hay costos recurrentes para la contabilidad, el balance anual y, en su caso, la auditoría. Para mantener los costos bajo control, se deben comparar las ofertas de diferentes proveedores de servicios y revisar cuidadosamente los servicios. Un asesor fiscal puede ayudarle a elegir la configuración óptima de la GmbH y en la asesoría fiscal continua. La GmbH es una forma jurídica probada que ofrece a las empresas un marco sólido para su actividad económica. Gracias a la limitación de responsabilidad y la posibilidad de configuración flexible, es una opción atractiva para los empresarios que desean minimizar su riesgo personal y realizar sus objetivos empresariales. Por lo tanto, la GmbH ofrece una sólida protección del patrimonio personal, pero al mismo tiempo requiere una planificación cuidadosa y el cumplimiento de las disposiciones legales. Por ello, es esencial contar con un asesoramiento sólido antes de la constitución. Así podrá asegurarse de que la GmbH esté óptimamente adaptada a sus necesidades y contribuya a largo plazo al éxito de su empresa. Un contrato social bien redactado, que tenga en cuenta las necesidades y objetivos individuales de los socios, es la base para una colaboración exitosa y armoniosa. Establece las reglas del juego para el futuro y puede ayudar a evitar conflictos potenciales.

Participaciones sociales [i1]

Bueno saber

Auditor

Un auditor es un experto independiente que revisa los balances anuales de las empresas y confirma que cumplen con las disposiciones legales y los principios de contabilidad adecuada.

Autenticación notarial

El contrato social de una GmbH debe ser autenticado por un notario. La autenticación notarial confirma la autenticidad de las firmas y el cumplimiento de los requisitos legales de forma.

Impuesto sobre sociedades

El impuesto sobre sociedades es un impuesto sobre las ganancias de las sociedades de capital, como la GmbH.

Participación social

Una participación social representa la parte de un socio en el capital social de la GmbH y le otorga ciertos derechos, como derechos de voto en la asamblea de socios y derecho a la participación en beneficios.

Registro mercantil

El registro mercantil es un registro público donde se inscriben información importante sobre comerciantes y sociedades comerciales, como la denominación, la sede, los directores y el capital social.

Distribución de formas jurídicas en Alemania

Visualización de la prevalencia de las diferentes formas jurídicas en Alemania, destacando el dominio de la GmbH.

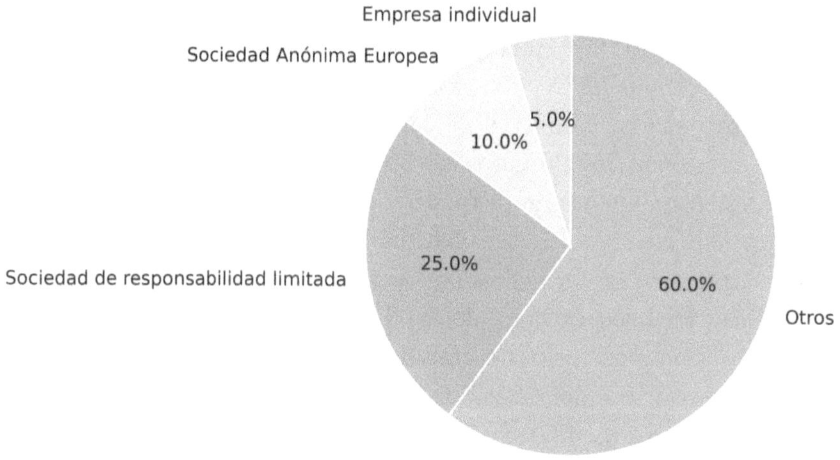

EU: Empresa individual	GMB: Sociedad de responsabilidad limitada (GmbH - Gesellschaft mit beschränkter Haftung)
OTS: Otros (por ejemplo, AG, OHG, KG)	SRL: UG (haftungsbeschränkt)

El gráfico demuestra claramente que, si bien la GmbH posee una cuota de mercado significativa, es crucial considerar el diverso panorama de estructuras jurídicas disponibles. Esto sugiere que, aunque la GmbH es una opción popular, los emprendedores también utilizan otras opciones como la empresa individual (Einzelunternehmen) y la UG (haftungsbeschränkt). Las proporciones relativamente menores de otras formas jurídicas enfatizan la importancia de comprender las ventajas y desventajas específicas de cada estructura antes de tomar una decisión.

Disposiciones centrales de la Ley GmbH

La Ley GmbH (GmbHG) regula la fundación, organización y liquidación de una GmbH. Los aspectos esenciales se refieren a la responsabilidad, el capital, los órganos y la contabilidad. La responsabilidad limitada es una característica central de la GmbH: el patrimonio de la sociedad responde por las deudas de la GmbH, mientras que el patrimonio privado de los socios está, en principio, protegido. Sin embargo, esta protección no se aplica en caso de garantías personales o violaciones de las obligaciones del director general. Otro punto central es el capital social: para la fundación se requieren al menos 25.000 euros, de los cuales al menos la mitad debe ser aportada al momento de la fundación. Tenga en cuenta que, en una fundación en efectivo, la prueba del depósito debe presentarse al notario antes de la formalización del contrato social. El GmbHG también establece los órganos de la GmbH: la asamblea de socios, la dirección y, si es necesario, un consejo de supervisión. La asamblea de socios es el órgano de decisión supremo. Nombra y exonera a la dirección, aprueba modificaciones de los estatutos y decide sobre la distribución de beneficios. Un reglamento detallado y anticipado de las competencias y la colaboración de estos órganos en el contrato social puede prevenir disputas futuras. La dirección dirige la GmbH y la representa externamente. Es responsable ante la asamblea de socios. Un consejo de supervisión es legalmente obligatorio para las GmbHs con más de 500 empleados, pero también puede ser establecido de forma voluntaria. Supervisa la dirección. Además, el GmbHG exige una contabilidad adecuada y la elaboración de un balance anual. Dependiendo del tamaño y la facturación de la GmbH, se requiere una auditoría del balance anual por un wirtschaftspruefer. Si la GmbH supera dos de tres criterios de tamaño (suma de balance superior a 6 millones de euros, facturación superior a 12 millones de euros, más de 50 empleados) en dos ejercicios consecutivos, la auditoría es obligatoria. El incumplimiento de estas disposiciones puede dar lugar a riesgos de responsabilidad para la dirección. Finalmente, el GmbHG también regula la disolución y liquidación de una GmbH. Un motivo común de disolución es la decisión de la asamblea de socios. Pero también la insolvencia o una orden judicial pueden llevar a la disolución. La liquidación, es decir, la finalización de la GmbH, es llevada a cabo por liquidadores designados, quienes valoran los activos y satisfacen a los acreedores. El cumplimiento de las disposiciones del GmbHG es esencial para el funcionamiento fluido de las operaciones comerciales y la protección de los socios. Para evitar problemas legales, se recomienda una asesoría competente por parte de un abogado o asesor fiscal, especialmente en la fundación y en decisiones comerciales importantes.

Capital mínimo y responsabilidad

Distribución de activos en la formación de una GmbH

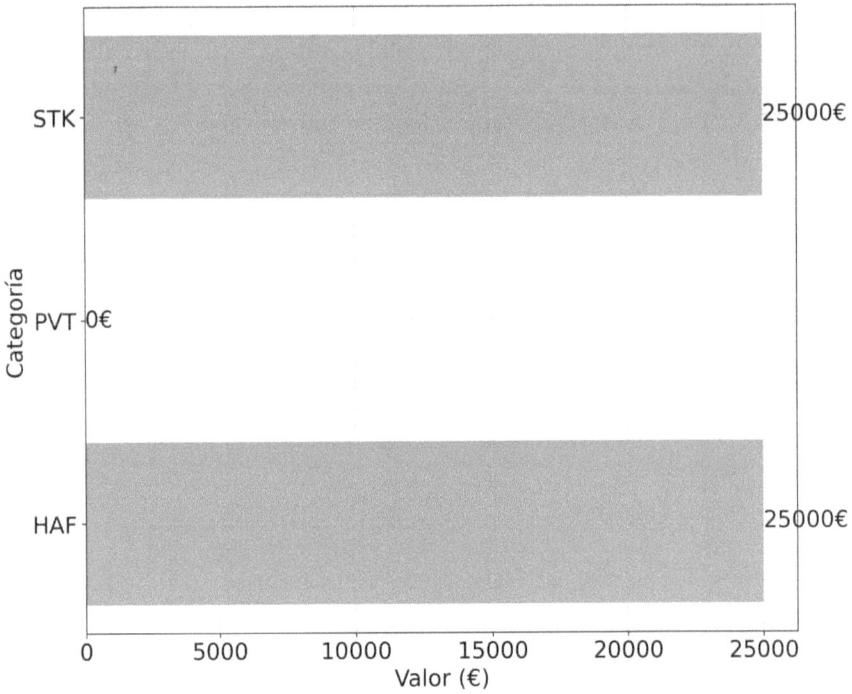

- HAF: Responsabilidad
- PVT: Patrimonio privado
- STK: Capital social

El capital social sirve como base financiera de la GmbH. La responsabilidad limitada protege los activos privados de los socios, mientras que el capital social soporta el riesgo de la actividad comercial.

Diferencias legales entre GmbH y UG

Una diferencia esencial entre la GmbH y la sociedad de responsabilidad limitada (UG) radica en el capital social. Mientras que la GmbH requiere un capital social mínimo de 25.000 euros, la UG – también conocida como "Mini-GmbH" – solo necesita un euro. Este menor requisito de capital facilita el acceso a esta forma jurídica para los emprendedores. Sin embargo, la UG está obligada a reservar anualmente el 25% de sus ganancias. Una vez que esta reserva alcanza los 25.000 euros, la UG puede convertirse en una GmbH. Esta obligación de formación de reservas protege a los acreedores, ya que el bajo capital inicial de la UG representa solo una masa de responsabilidad limitada. Si los fundadores desean desde el principio la plena flexibilidad y proyección externa de una GmbH, deberían considerar la creación de una GmbH clásica, aunque esto implique un mayor desembolso de capital. Otra diferencia se manifiesta en el nombre de la empresa. El nombre de una UG debe incluir el añadido "haftungsbeschränkt" o "UG (haftungsbeschränkt)". En el caso de la GmbH, basta con el añadido "GmbH". Esta denominación sirve para la transparencia e informa a los socios comerciales sobre la forma jurídica de la empresa. Piense en la proyección externa de su empresa: un nombre sin el añadido "UG" a menudo parece más serio y establecido. Tanto la GmbH como la UG ofrecen la ventaja de la limitación de responsabilidad. Esto significa que el patrimonio privado de los socios está generalmente protegido frente a las deudas de la empresa. Sin embargo, esta protección no se extiende a casos de garantías personales o violaciones de las obligaciones del director. Una UG es adecuada, por ejemplo, si desea fundar con poco capital y está dispuesto a reservar ganancias inicialmente para luego convertirse en una GmbH. La GmbH, por otro lado, es la opción adecuada si desea comenzar de inmediato con un capital más alto y desea la plena reputación de una GmbH. La elección de la forma jurídica correcta depende de los objetivos y circunstancias

individuales. Se recomienda una consulta exhaustiva con un abogado o asesor fiscal para tomar la decisión óptima para su empresa. Así podrá asegurarse de que la forma jurídica elegida se ajuste a sus necesidades y que pueda beneficiarse de las respectivas ventajas. Asegúrese de que en la consulta se consideren todos los aspectos relevantes, como el desarrollo comercial previsto, la financiación y los objetivos a largo plazo. Una decisión bien fundamentada sienta las bases para una exitosa creación de empresa.

Asesor fiscal [i2]

Capital social

El capital social es la cantidad de dinero que los socios aportan al inicio de la GmbH. Sirve como base de responsabilidad para los acreedores de la sociedad.

Limitación de responsabilidad

La limitación de responsabilidad es una ventaja esencial de la GmbH. Significa que, por regla general, el patrimonio privado de los socios no responde por las deudas de la GmbH. Existen excepciones, por ejemplo, en caso de garantías personales.

Socios

Los socios son los propietarios de la GmbH. Aportan el capital social y tienen ciertos derechos y obligaciones.

Diferencias clave entre GmbH y UG (haftungsbeschränkt)

Comparación de métricas clave para la formación de empresas alemanas

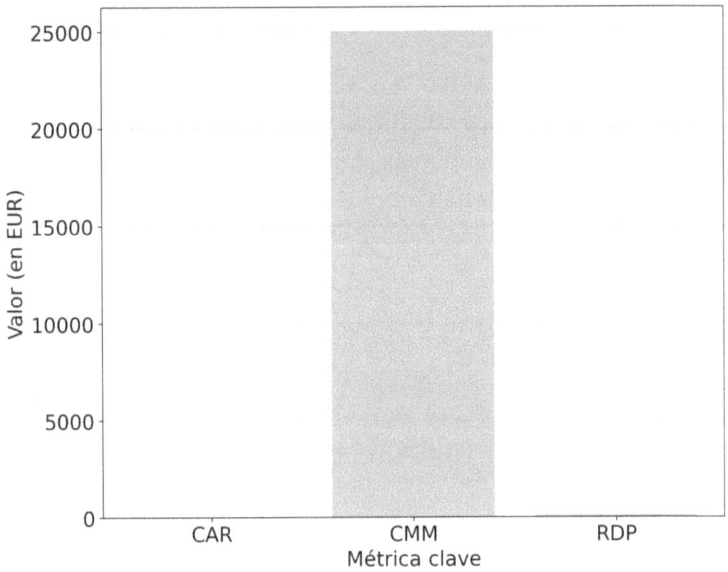

- CAR: Constitución anual de reservas
- CMM: Capital social mínimo
- RDP: Reparto de beneficios posible

Los datos ilustran las distinciones clave entre GmbH y UG. La UG destaca por su menor capital social mínimo, lo que la hace más accesible para empresas más pequeñas. Sin embargo, la acumulación de reservas obligatoria para la UG enfatiza la importancia de la planificación financiera a largo plazo y destaca los requisitos de capital inicial más sólidos de la GmbH. Si bien la distribución de ganancias es similar, la diferencia en el capital inicial es un factor importante que los emprendedores deben considerar al elegir la estructura legal correcta.

Consejos concretos

- Ancle explícitamente en el contrato social la posibilidad de resolver disputas societarias mediante mediación.
- Defina en el contrato social de manera detallada los derechos de información de los socios, más allá del estándar mínimo legal.
- Establezca una conversación regular y documentada entre socios, incluso fuera de las reuniones formales, para fomentar la transparencia y la confianza.
- Revise regularmente los estatutos de su GmbH para asegurar su actualidad y conformidad con la jurisprudencia vigente, por ejemplo, en temas de derecho de la competencia o protección de datos.
- Incorpore la experiencia de un abogado especializado en derecho societario al redactar el contrato social, para implementar regulaciones individuales que vayan más allá del estándar.
- Consulte a un experto sobre mecanismos alternativos de resolución de conflictos, como el arbitraje, e intégralos en su contrato social.
- Considere la introducción de un consejo asesor para integrar conocimientos especializados y asesoramiento estratégico en su GmbH.
- Elabore un plan de emergencia detallado en caso de la salida de un socio, para garantizar la operatividad de la GmbH.
- Establezca en el contrato social regulaciones claras sobre la sucesión empresarial, para asegurar la continuidad a largo plazo de la GmbH.
- Documente cuidadosamente y de manera transparente todas las resoluciones importantes de los socios, para evitar malentendidos posteriores.

1. 2 Reglas de responsabilidad

La limitación de la responsabilidad al patrimonio de la sociedad es una ventaja central de la GmbH. Este principio protege el patrimonio personal de los socios frente a las deudas de la empresa. Sin embargo, esta limitación de responsabilidad no es absoluta. Existen excepciones que van desde aportes de capital pendientes hasta garantías personales y violaciones de deberes en la operación comercial. Estas excepciones conllevan riesgos financieros significativos y pueden anular rápidamente la supuesta protección del patrimonio personal. Por lo tanto, el conocimiento de las regulaciones de responsabilidad es esencial para cada socio de la GmbH. Siga leyendo para identificar las trampas de responsabilidad y proteger eficazmente su patrimonio personal.

La limitación de responsabilidad de la GmbH es una ventaja esencial, pero no una protección absoluta. Los socios son responsables en caso de incumplimientos, acciones indebidas o responsabilidad personal (por ejemplo, avales). Por lo tanto, actuar de manera legalmente segura dentro del marco de las disposiciones legales es crucial para proteger el patrimonio personal.

Limitación de la responsabilidad personal

La GmbH como forma jurídica ofrece a sus socios la ventaja de la responsabilidad limitada. Esto significa que el patrimonio personal de los socios está, en principio, protegido de las deudas de la GmbH. Las reclamaciones de los acreedores se dirigen principalmente contra el patrimonio de la sociedad. En caso de insolvencia de la GmbH, los acreedores solo pueden acceder al patrimonio de la GmbH, pero no al patrimonio personal de los socios. Esta protección del patrimonio personal es un argumento clave para la creación de una GmbH. Sin embargo, esta limitación de responsabilidad no es absoluta. Existen excepciones que cada fundador debe tener en cuenta. Por ejemplo, los socios son responsables de las aportaciones pendientes al stammkapital. Si un socio no ha cumplido completamente con su obligación de aportación, puede ser requerido por la GmbH y, en caso de insolvencia, por el administrador de insolvencia para realizar el pago. Una GmbH con un capital social de 25.000 euros, donde un socio ha aportado solo la mitad de su obligación de 12.500 euros, puede reclamarle los restantes 6.250 euros. Otras excepciones a la limitación de responsabilidad pueden surgir de garantías personales o garantías. Si un socio, por ejemplo, asume una garantía para un préstamo de la GmbH, es responsable con su patrimonio personal si la GmbH no puede devolver el préstamo. Lo mismo se aplica a las garantías. Por lo tanto, estas asunciones de responsabilidad personal deben ser bien consideradas y solo deben hacerse en casos excepcionales y teniendo en cuenta la situación financiera individual. Antes de proceder, evalúe alternativas de financiamiento que no requieran responsabilidad personal.

Además, los socios pueden ser responsables personalmente en caso de ciertas violaciones de deber. Esto se refiere especialmente a:

- la violación de las normas de conservación del capital,
- la restitución de aportaciones no permitida,
- o la dilación de la insolvencia.

Por ejemplo, si se distribuyen ganancias a pesar de que la GmbH está sobregirada, los socios pueden ser considerados responsables de la devolución de estas ganancias. Los directores de una GmbH también están sujetos a reglas de responsabilidad especiales. Son responsables, por ejemplo, de la presentación oportuna de la insolvencia. Si no lo hacen, pueden ser considerados personalmente responsables por los daños que esto cause a los acreedores. Conocer estas excepciones a la responsabilidad limitada es esencial para evaluar correctamente los riesgos asociados con la creación de una GmbH. Un manejo cuidadoso de las finanzas de la GmbH, el cumplimiento de las disposiciones legales y la evitación de asunciones innecesarias de responsabilidad personal son cruciales para garantizar la protección del patrimonio personal. Una consulta temprana con un abogado o asesor fiscal puede ayudar a identificar y minimizar los riesgos de responsabilidad potenciales. De este modo, puede aprovechar al máximo las ventajas de la responsabilidad limitada y, al mismo tiempo, evitar los escollos. Actuar de manera legalmente segura no solo protege el patrimonio personal, sino que también contribuye al éxito a largo plazo de la GmbH. La revisión regular de la situación financiera de la GmbH y la adaptación de la estrategia empresarial a las condiciones cambiantes del mercado son otras medidas importantes para minimizar los riesgos de responsabilidad. A través de una acción proactiva y el cumplimiento de las disposiciones legales, los socios pueden aprovechar al máximo las ventajas de la GmbH y, al mismo tiempo, proteger su patrimonio personal.

Distribución de la responsabilidad en una GmbH

Representación visual de la separación de responsabilidades entre una GmbH y sus accionistas.

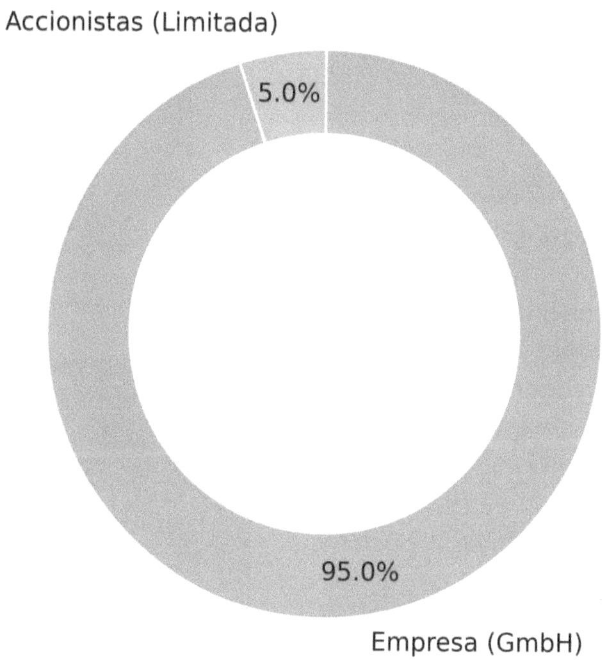

- ACC: Responsabilidad de los Accionistas (Limitada)
- EMP: Responsabilidad de la Empresa (GmbH)

Este gráfico ilustra claramente el principio de responsabilidad limitada en una GmbH. La gran mayoría de la responsabilidad recae en la propia empresa, protegiendo a los accionistas del riesgo financiero personal más allá de su capital invertido. Esta separación es una ventaja clave de la estructura GmbH, fomentando la actividad empresarial al minimizar la exposición personal.

Patrimonio social como base de responsabilidad

El patrimonio social constituye la base principal de responsabilidad de la GmbH. Esto significa que los glaeubiger solo pueden hacer valer sus reclamaciones contra el patrimonio de la sociedad, no contra el patrimonio privado de los socios. Este principio de haftungsbeschraenkung al patrimonio social es un mecanismo de protección esencial para los socios. El patrimonio de la GmbH incluye todos los activos, como efectivo, bienes inmuebles, maquinaria o cuentas por cobrar. Si la GmbH, por ejemplo, tiene fondos líquidos de 10,000 euros y maquinaria valorada en 20,000 euros, la suma de estos valores constituye el patrimonio social que se utilizará en caso de responsabilidad [s1]. Por lo tanto, es aconsejable fortalecer el patrimonio social mediante una gestión sólida y una planificación anticipada para garantizar la capacidad de pago de la GmbH y minimizar el riesgo de insolvencia. Sin embargo, existen algunas excepciones en las que la limitación de responsabilidad puede ser levantada y el patrimonio privado de los socios puede ser reclamado. Además de las razones ya mencionadas, como las aportaciones de capital pendientes, garantías y avales personales, las violaciones de las normas de conservación de capital, la devolución indebida de aportaciones o la insolvenzverschleppung también pueden llevar a la responsabilidad

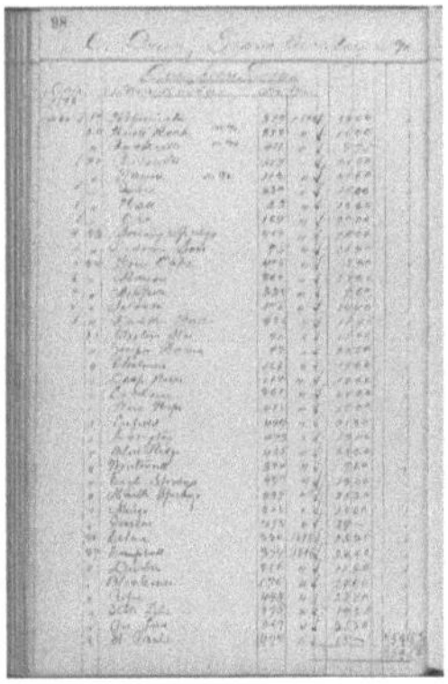

Contabilidad [i3]

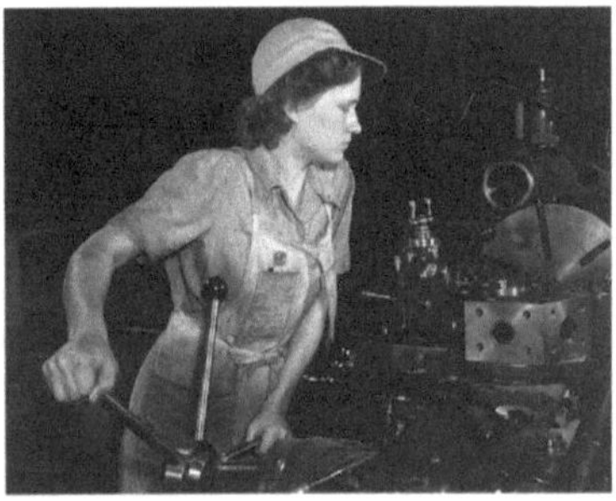

Maquinaria [i4]

personal. La responsabilidad solidaria también representa una de estas excepciones [s2]. Se considera, por ejemplo, cuando los socios no tratan a la GmbH como una entidad independiente, sino que abusan de su personalidad jurídica para perjudicar a los acreedores. En tales casos, el tribunal puede levantar la limitación de responsabilidad y hacer que los socios sean personalmente responsables de las deudas de la GmbH.

La responsabilidad solidaria protege los intereses de los acreedores y busca evitar que los socios utilicen la GmbH como un instrumento para dañar a terceros. Tenga en cuenta que, a diferencia de la responsabilidad en el derecho de la competencia, que puede referirse a toda la unidad económica, la responsabilidad en el derecho societario y en caso de violaciones de la RGPD generalmente se limita a la respectiva persona jurídica [s1]. Por lo tanto, es importante respetar a la GmbH como una personalidad jurídica independiente y separar sus actividades comerciales de los asuntos privados de los socios. Una clara separación de los patrimonios y una contabilidad adecuada son esenciales para minimizar el riesgo de responsabilidad solidaria.

Bueno saber

Aportaciones de capital

Los depósitos realizados por los socios en el capital de la GmbH. Las aportaciones no realizadas o solo parcialmente realizadas pueden desencadenar la responsabilidad personal de los socios.

Normas de conservación de capital

Regulaciones legales que buscan asegurar la conservación del capital social de la GmbH para proteger a los acreedores. Las violaciones pueden llevar a la responsabilidad personal.

Responsabilidad solidaria

Excepción a la limitación de responsabilidad, donde los socios son personalmente responsables de las deudas de la GmbH si abusan de la GmbH o no respetan su personalidad jurídica.

RGPD

Reglamento General de Protección de Datos. Regula el manejo de datos personales y las violaciones pueden resultar en multas, por las cuales la GmbH es responsable.

Responsabilidad frente a los activos de la empresa

Relación entre los activos de la empresa y la exposición a la responsabilidad para diferentes escenarios de GmbH.

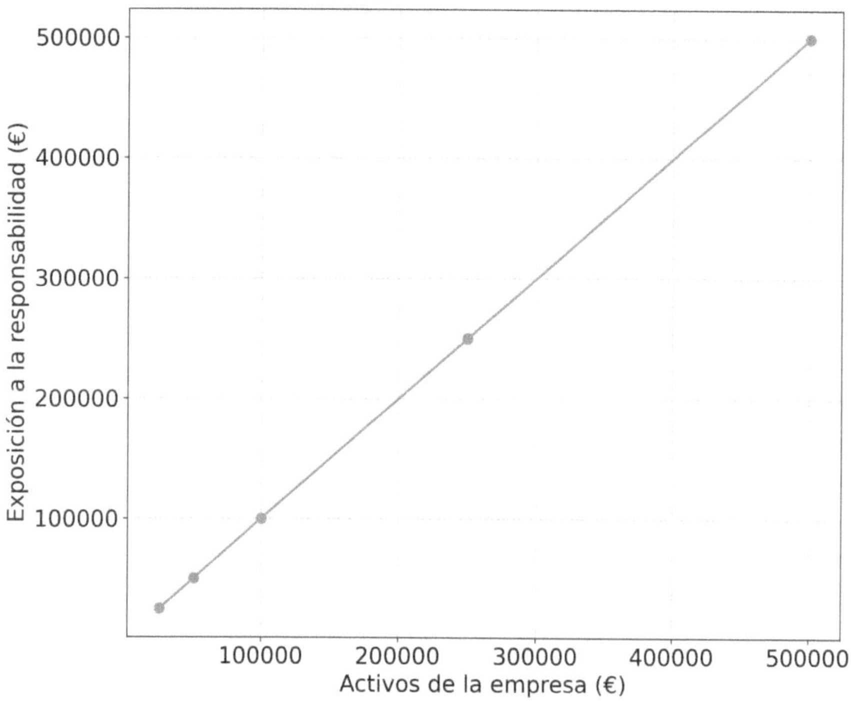

El gráfico demuestra que la responsabilidad se limita a los activos de la empresa. A medida que crecen los activos de la empresa, también lo hace la posible exposición a la responsabilidad, pero nunca supera el valor de los activos. Esto pone de relieve el principio de responsabilidad limitada en una GmbH, que protege los activos personales de los accionistas.

Consejos concretos

- Coloque activos personales que no sean necesarios para la GmbH en una estructura legalmente asegurada, como una fundación o un patrimonio familiar.
- Establezca con su banco claras separaciones entre su cuenta personal y las cuentas comerciales de la GmbH para evitar mezclas.
- Deposite documentos importantes, como resoluciones de socios o declaraciones de garantía, ante un notario para fortalecer su valor probatorio en caso de responsabilidad.
- Simule regularmente posibles escenarios de crisis para mantenerse operativo en caso de emergencia y minimizar riesgos de responsabilidad.
- Cree un registro personal de responsabilidades en el que documente todas sus asunciones de responsabilidad actuales y pasadas.
- Antes de cada garantía o aval privado para la GmbH, obtenga una segunda opinión legal independiente.
- Revise anualmente sus seguros personales para asegurarse de que ofrezcan una protección adecuada en caso de detención por deudas de la GmbH.
- Construya una red de empresarios experimentados para intercambiar información sobre cuestiones de responsabilidad y conocer ejemplos de mejores prácticas.
- Reflexione regularmente sobre su disposición personal al riesgo en el contexto de la responsabilidad de la GmbH y ajuste su estrategia en consecuencia.
- Invierta en formación sobre derecho de responsabilidad para profundizar su conocimiento y poder reaccionar a tiempo ante nuevos desarrollos.
- Evalúe los riesgos de responsabilidad de su GmbH en el marco de un análisis de riesgos anual y documente los resultados.

1. 3 Órganos sociales

Los órganos sociales son el núcleo de cada GmbH y determinan en gran medida su éxito. Este apartado ilumina las funciones y responsabilidades de la asamblea de socios, la dirección y el consejo de supervisión opcional. Aprenderá qué decisiones toman los distintos órganos, cómo interactúan entre sí y qué conflictos potenciales pueden surgir. Conocer estas bases legales es esencial para gestionar su GmbH de manera segura y exitosa. Siga leyendo y establezca las bases para una colaboración fluida y un crecimiento sostenible.

Regulaciones claras de las competencias y responsabilidades de la asamblea de socios, la dirección y el consejo de supervisión en el contrato social son esenciales para evitar conflictos y gestionar con éxito la GmbH.

Funciones de la junta general de socios

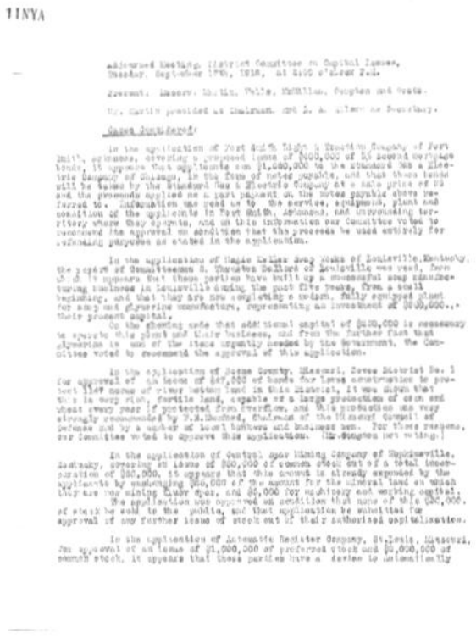

Acta [i5]

La junta general de socios es el órgano de decisión supremo de la GmbH. Toma decisiones sobre asuntos fundamentales de la sociedad y ejerce control sobre la gestión. Sus funciones incluyen:

- La designación y destitución de los gerentes
- La aprobación del balance anual
- La distribución de las ganancias
- Decisiones sobre cambios significativos en la sociedad, como modificaciones del contrato social, aumentos o reducciones de capital, compras o ventas de empresas, así como la disolución de la GmbH.

La junta general de socios es convocada por el gerente. La invitación debe enviarse por escrito al menos dos semanas antes de la fecha y debe incluir el orden del día. En casos urgentes, el plazo puede acortarse. La convocatoria también puede ser realizada por los socios si el gerente no cumple con su deber. Si usted, como socio, observa que decisiones importantes se retrasan porque el gerente no convoca la reunión, puede tomar la iniciativa y solicitar la convocatoria. Esto fortalece su posición y asegura sus derechos de co-decisión. La toma de decisiones en la junta general de socios se realiza generalmente por mayoría simple de los votos emitidos. Sin embargo, para ciertas decisiones, como cambios en el contrato social, se requieren quórums más altos, como una mayoría de tres cuartos. El contrato social puede contener disposiciones diferentes sobre los quórums de decisión. Es recomendable conocer estas disposiciones para ejercer efectivamente sus derechos de voto. Un vistazo al contrato social antes de la reunión puede ayudarle a evaluar mejor su posición y las posibles decisiones.

La documentación de las decisiones es esencial para la seguridad jurídica. Todas las decisiones de la junta general de socios deben ser registradas. El acta debe ser firmada por el presidente de la reunión y otro socio. Debe documentar el lugar y la hora de la reunión, los nombres de los socios presentes, el orden del día, el texto de las decisiones tomadas y el resultado de la votación. Una cuidadosa documentación protege contra disputas futuras y sirve como prueba de la correcta toma de decisiones. Además de las funciones legalmente requeridas, la junta general de socios puede asumir otras tareas que se establezcan en el contrato social. Por ejemplo, el contrato social puede prever que la junta general de socios decida sobre los planes de negocio de la sociedad o apruebe ciertas inversiones. Esta ampliación de las competencias de la junta general de socios permite un mayor control de los socios sobre la gestión. Al fundar su GmbH, preste atención a una clara regulación de las competencias en el contrato social para evitar conflictos futuros y optimizar la colaboración entre socios y gerencia. La junta general de socios juega un papel decisivo en el éxito de la GmbH. Por lo tanto, es esencial participar activamente en las reuniones y ejercer cuidadosamente los derechos de voto. Infórmese de antemano sobre los puntos del orden del día y las disposiciones legales relevantes. Así podrá representar sus intereses de manera efectiva y contribuir al éxito de su GmbH. Una junta general de socios bien preparada puede sentar las bases para decisiones estratégicas importantes y el desarrollo positivo de su empresa. Utilice la junta general de socios como plataforma para el intercambio con otros socios y la configuración conjunta del futuro de su GmbH. Una comunicación abierta y una colaboración constructiva en la junta general de socios contribuyen significativamente al éxito de su empresa. A través de la participación activa en la junta general de socios, puede proteger su inversión e influir positivamente en el desarrollo de la empresa. Conocer sus derechos y obligaciones como socio es fundamental. Aproveche la oportunidad de involucrarse activamente y dar forma al futuro de su GmbH. La junta general de

socios le ofrece la plataforma para aportar su experiencia y visiones al desarrollo de la empresa. Un compromiso activo en la junta general de socios es una contribución importante al éxito de su GmbH. La correcta realización de la junta general de socios y el cumplimiento de los requisitos legales son decisivos para la seguridad jurídica de las decisiones tomadas. En caso de duda, debe buscar asesoría legal para asegurarse de que sus decisiones cumplan con los requisitos legales y protejan sus intereses de la mejor manera posible. Un asesoramiento legal puede ayudarle a evitar errores y sentar las bases para un desarrollo empresarial exitoso y sostenible. La inversión en un asesoramiento profesional puede resultar beneficiosa a largo plazo y ayudarle a minimizar riesgos potenciales.

Quórums [i6]

Bueno saber

Acta

El acta sirve para documentar las decisiones de la junta general de socios. Debe registrar todos los puntos importantes de la reunión y ser firmada por el presidente de la reunión y otro socio.

Contrato social

El contrato social es la base de la GmbH. Regula los derechos y obligaciones de los socios y la organización de la sociedad.

Gerente

El gerente dirige los negocios de la GmbH y la representa judicial y extrajudicialmente. Es designado y destituido por la junta general de socios.

Junta general de socios

La junta general de socios es el órgano supremo de formación de voluntad de la GmbH. Toma decisiones fundamentales, como la designación del gerente o la modificación del contrato social.

Mayoría de tres cuartos

Una mayoría de tres cuartos significa que se requieren el 75% de los votos emitidos para una decisión. Esto es a menudo necesario para decisiones importantes, como cambios en los estatutos.

Poderes de Decisión de los Accionistas

Distribución típica de los poderes de decisión dentro de una GmbH.

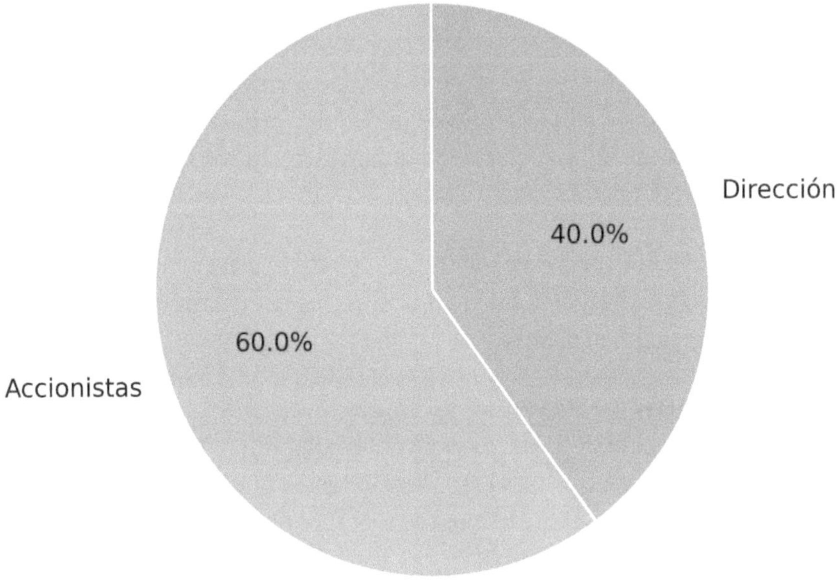

- ACC: Accionistas
- DIR: Dirección

El gráfico visualiza la distribución típica del poder de toma de decisiones dentro de una GmbH alemana (sociedad de responsabilidad limitada). La junta de accionistas tiene un poder significativo, especialmente en lo que respecta a cambios fundamentales como las modificaciones de los estatutos o los aumentos de capital. Si bien la dirección se encarga de las operaciones diarias, los accionistas conservan el control final sobre la dirección estratégica y las decisiones importantes que afectan el futuro de la empresa.

Posición del gerente de la GmbH

El gerente de una GmbH dirige los negocios de la sociedad y la representa judicial y extrajudicialmente. Actúa bajo su propia responsabilidad dentro del marco del contrato social y de las instrucciones de la gesellschafterversammlung. Este doble rol - estar sujeto a instrucciones y al mismo tiempo actuar de manera autónoma – requiere una buena comprensión de las respectivas competencias. Una resolución de los socios que intervenga en la gestión diaria puede restringir la libertad de acción del gerente. Por lo tanto, la delimitación entre decisiones estratégicas de la asamblea de socios y decisiones operativas del gerente debe definirse claramente en el contrato social. De este modo, se pueden evitar conflictos posteriores. [s3] La designación y destitución del gerente se lleva a cabo por la asamblea de socios. En el contrato social se pueden establecer disposiciones diferentes, incluyendo la designación por tiempo indefinido o la fijación de plazos de preaviso. Estos puntos deben ser considerados cuidadosamente al fundar la GmbH para garantizar la estabilidad de la gestión. El gerente puede, pero no tiene que ser, un socio. Los gerentes externos a menudo aportan conocimientos y experiencia específicos, mientras que los socios gerentes están más involucrados en el éxito de la empresa. [s3] Un aspecto importante de la gestión es la responsabilidad. El gerente es personalmente responsable por los daños que resulten de una violación de sus deberes. Esto incluye, entre otros, la obligación de una gestión adecuada, el cumplimiento de las leyes y la protección de los intereses de la sociedad. Por lo tanto, una documentación cuidadosa de la gestión y el cumplimiento de las disposiciones legales son esenciales para minimizar los riesgos de responsabilidad. Un seguro de responsabilidad civil del gerente puede ofrecer protección adicional. [s3] La remuneración del gerente es determinada por la asamblea de socios. Puede ser fija, variable o una combinación de ambas. La cantidad de la remuneración

debe reflejar adecuadamente la responsabilidad y el esfuerzo laboral del gerente. La regulación clara de la remuneración en el contrato social o en un contrato de trabajo separado para el gerente evita discrepancias posteriores.

Bueno saber

Seguro de responsabilidad civil del gerente

Un seguro de responsabilidad civil del gerente protege al gerente de riesgos financieros que pueden surgir de errores en su actividad. Cubre reclamaciones de indemnización que se presenten contra el gerente personalmente.

Tareas del director general

Distribución de tareas del director general

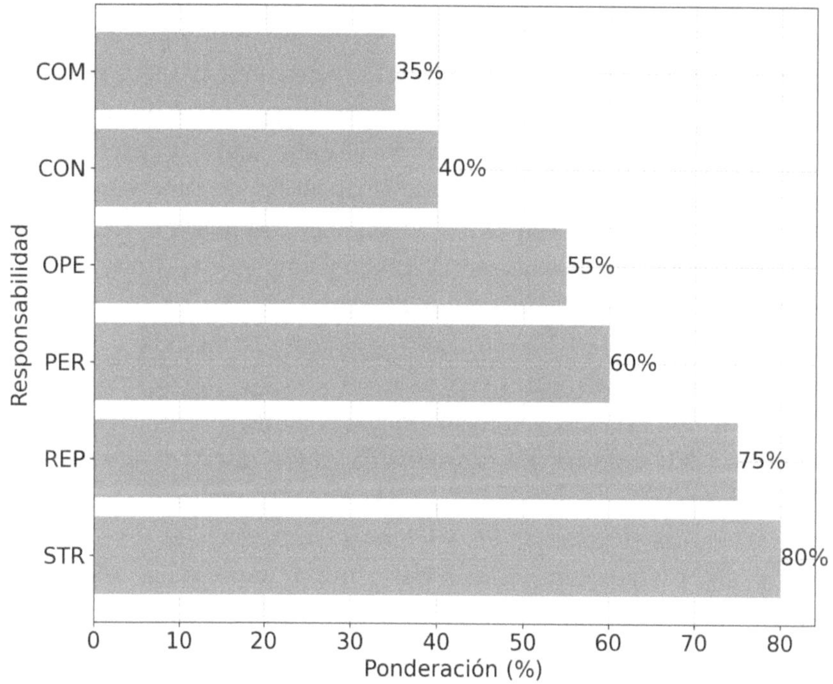

COM: Cumplimiento
CON: Control
OPE: Operaciones
PER: Personal
REP: Representación
STR: Estrategia

La visualización ilustra la ponderación de las diferentes áreas de responsabilidad de un director general de una GmbH. La representación y la dirección estratégica ocupan la mayor parte, mientras que las actividades operativas y la gestión de personal tienen algo menos de peso. El cumplimiento y el control forman la base y son esenciales, pero requieren menos tiempo en términos porcentuales.

Establecimiento de un consejo de supervisión

El establecimiento de un consejo de supervisión es opcional en una GmbH, pero puede ser previsto en el contrato social. Se vuelve especialmente relevante cuando la GmbH alcanza un cierto tamaño o los socios desean una instancia de control adicional. Las funciones del consejo de supervisión son similares en algunos aspectos a las de la gesellschafterversammlung, pero se centran principalmente en la supervisión de la dirección. Este nombra y destituye a los directores, revisa el balance anual y asesora a la dirección en cuestiones estratégicas. Un consejo de supervisión puede ser útil, por ejemplo, en modelos de negocio complejos o en empresas familiares, para profesionalizar la gestión empresarial y salvaguardar los intereses de todas las partes involucradas. El número de miembros del consejo de supervisión no está legalmente establecido y se regula en el contrato social. Por lo general, el consejo de supervisión está compuesto por al menos tres miembros. Al menos un tercio de los miembros del consejo de supervisión debe estar reservado para representantes de los trabajadores si la GmbH emplea a más de 500 trabajadores. La elección de los miembros del consejo de supervisión se lleva a cabo por la asamblea de socios. En este proceso, se debe prestar atención a la competencia profesional y la experiencia de los candidatos. Un consejo de supervisión equilibrado, con miembros de diferentes áreas, puede proporcionar valiosos impulsos para el desarrollo empresarial. Un jurista en el consejo de supervisión puede, por ejemplo, garantizar la experiencia legal, mientras que un experto financiero mantiene la estabilidad económica de la empresa en la mira. El mandato de los miembros del consejo de supervisión es de un máximo de cinco años. La reelección es posible. El consejo de supervisión elige de entre sus miembros un presidente, que dirige las reuniones y coordina la comunicación con la dirección. Las reuniones del consejo de supervisión suelen celebrarse varias veces al año. La dirección está obligada a informar regularmente al consejo de supervisión sobre el desarrollo empresarial y decisiones importantes. El consejo de supervisión puede solicitar en cualquier momento información y documentos a la dirección. Esta transparencia permite un control efectivo y genera confianza entre el consejo de supervisión y la dirección. La documentación de las reuniones del consejo de supervisión se realiza en forma de un acta que registra todas las decisiones y discusiones importantes. Una adecuada protocolización es esencial para la seguridad jurídica. La responsabilidad de los miembros del consejo de supervisión se rige por las disposiciones legales. Son responsables personalmente por los daños que resulten de una violación de sus deberes. Por lo tanto, un cumplimiento cuidadoso de las obligaciones y el respeto a las disposiciones legales son esenciales para minimizar los riesgos de responsabilidad. Un seguro especial, conocido como D&O-Versicherung (Seguro de Responsabilidad de Directores y Administradores), puede ofrecer protección adicional y limitar la responsabilidad personal de los miembros del consejo de supervisión. Los costos de un seguro D&O deben ser considerados en el presupuesto de la empresa. El establecimiento de un consejo de supervisión conlleva costos que se derivan de la remuneración de los miembros del consejo, los gastos de viaje y los costos de organización de las reuniones. La cantidad de la remuneración es determinada por la asamblea de socios y debe considerar adecuadamente la responsabilidad y el tiempo invertido por los miembros del consejo de supervisión. Un sistema de remuneración transparente y justo es importante para atraer candidatos calificados para el consejo de supervisión y fomentar la motivación de los miembros. Los costos del consejo de supervisión deben ser considerados en la planificación financiera de la empresa. La decisión de establecer un consejo de supervisión debe ser cuidadosamente sopesada. En este proceso, se deben considerar la situación específica de la empresa, el tamaño y la complejidad del negocio, así como los intereses de los socios. Un consejo de supervisión puede ser una herramienta valiosa para el control de la dirección, la asesoría estratégica y el fortalecimiento de la confianza de

los socios. Una clara regulación de las funciones, responsabilidades y responsabilidades del consejo de supervisión en el contrato social es esencial para evitar conflictos posteriores y garantizar la colaboración efectiva entre el consejo de supervisión, la dirección y la asamblea de socios.

Bueno saber

Consejo de supervisión

El consejo de supervisión es un órgano de control que supervisa y asesora a la dirección. Es elegido por la asamblea de socios y puede ser útil en GmbHs más grandes o para fortalecer la gobernanza corporativa.

Dirección

La dirección opera la GmbH y la representa externamente. Es responsable ante la asamblea de socios y está supervisada por el consejo de supervisión (si existe).

Seguro D&O

Un seguro de Directores y Administradores protege a los miembros de la dirección y del consejo de supervisión de riesgos de responsabilidad personal relacionados con sus decisiones empresariales.

Representantes de los trabajadores

Los representantes de los trabajadores son miembros del consejo de supervisión que representan los intereses de los empleados en la empresa. Su número en el consejo de supervisión está regulado por la ley y depende del número de empleados.

Composición del Consejo de Supervisión en las GmbH alemanas

Tamaños y estructuras típicas del Consejo

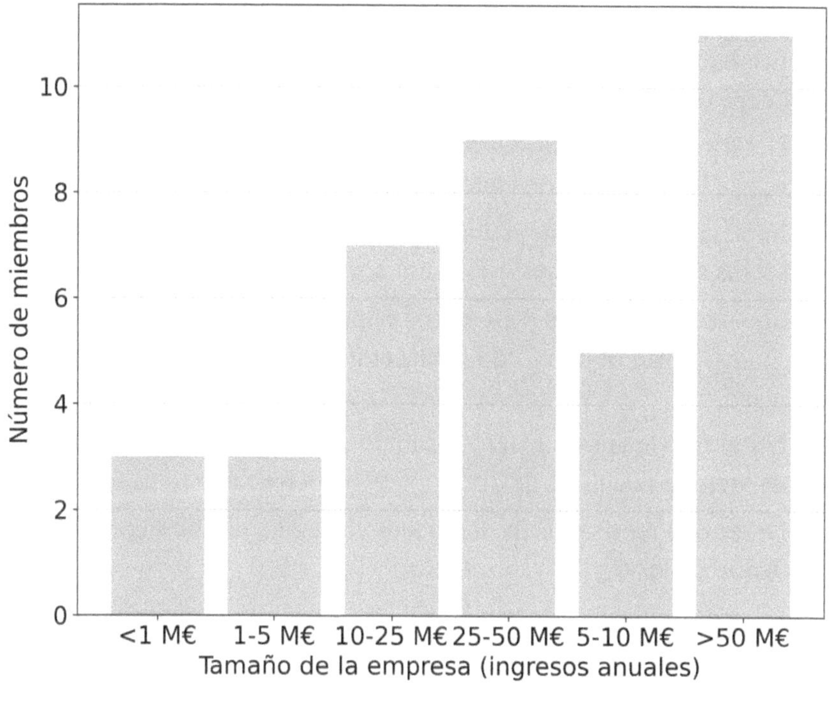

10-25M: 10-25 M€

<1M: < 1 M€

>50M: > 50 M€

1-5M: 1-5 M€

25-50M: 25-50 M€

5-10M: 5-10 M€

Las GmbH más pequeñas tienden a tener consejos de supervisión más pequeños, a menudo el mínimo requerido por ley. A medida que el tamaño y la complejidad de la empresa crecen, también lo hace el tamaño del consejo para adaptarse a la diversidad de experiencia y supervisión. Los consejos más grandes también pueden reflejar un mayor énfasis en la representación de las partes interesadas.

Consejos concretos

- Utilice la asamblea de socios para desarrollar conjuntamente escenarios que hagan a la GmbH más resistente ante crisis.
- Elabore un perfil de competencias para futuros miembros del consejo de supervisión, con el fin de fortalecer de manera específica la experiencia profesional en el órgano de control.
- Establezca un comité permanente de la asamblea de socios que se ocupe de cuestiones estratégicas futuras.
- Desarrolle en la asamblea de socios un modelo de referencia que refleje los valores y objetivos de todos los socios.
- Implemente rondas de retroalimentación regulares en la asamblea de socios sobre la colaboración entre socios y la dirección.
- Fije fechas concretas para retiros estratégicos de la asamblea de socios, con el objetivo de establecer metas empresariales a largo plazo.
- Utilice moderadores externos para la asamblea de socios, con el fin de mejorar la cultura de discusión y la eficiencia.
- Desarrolle un sistema de alerta temprana para posibles conflictos dentro de los órganos societarios.
- Fomente la formación continua de los socios en áreas relevantes como derecho societario o gestión empresarial.
- Establezca un "Día de los Socios" anual para fortalecer el intercambio y la confianza.
- Integre objetivos de sostenibilidad en la toma de decisiones de la asamblea de socios.
- Documente los resultados de los retiros estratégicos y preséntelos en la próxima asamblea de socios.

Revisión - 1. Bases legales de la GmbH

La creación de una GmbH es una empresa compleja que requiere una cuidadosa reflexión sobre las bases legales. La Ley de GmbH (GmbHG) constituye el marco central que separa su actividad empresarial de la responsabilidad personal y, al mismo tiempo, establece las estructuras necesarias para un crecimiento sostenible. En particular, la limitación de la responsabilidad es un aspecto atractivo de la GmbH, aunque está asociada con ciertos requisitos y posibles trampas. Por lo tanto, comprender estas sutilezas del GmbHG es esencial para aprovechar al máximo las ventajas de esta forma jurídica y, al mismo tiempo, proteger su patrimonio personal. Comience su planificación con un análisis detallado de sus necesidades y objetivos individuales. ¿Qué tipo de negocio planea? ¿Cuál es su capital inicial? ¿Cuántos socios habrá? Las respuestas a estas preguntas forman la base para la elaboración de su contrato social.

Un contrato social bien redactado es el corazón de su GmbH. No solo define los parámetros básicos como la denominación, la sede y el objeto social, sino que también regula las relaciones internas entre los socios y la dirección. Aquí debe proceder con especial cuidado y establecer reglas claras para la distribución de beneficios, los derechos de voto y la salida de socios. También considere desarrollos futuros y posibles conflictos. Un contrato social bien estructurado puede ayudarle a identificar puntos de disputa potenciales de manera temprana y a mitigarlos mediante reglas claras. Invierta tiempo y recursos en la elaboración de un contrato social a medida: es una inversión en el futuro de su empresa.

La elección de los órganos adecuados y la definición de sus competencias también son decisivas para el éxito de su GmbH. La asamblea de socios es el órgano de decisión supremo y controla la dirección. El director, a su vez, gestiona los negocios dentro del marco del contrato social y de las instrucciones de la asamblea de socios. Un posible consejo de supervisión ofrece oportunidades de control adicionales y puede ser especialmente útil en empresas más grandes. Defina las tareas y competencias de estos órganos de manera precisa para evitar superposiciones y conflictos de competencia. Una estructura clara y procesos transparentes generan confianza y fomentan la colaboración eficiente. También considere los riesgos de responsabilidad de los directores y evalúe la posibilidad de contratar un seguro D&O.

La distinción entre GmbH y UG (limitada) es otro aspecto importante. La UG, a menudo denominada "mini-GmbH", permite la creación con un capital social reducido, pero obliga a la formación de reservas anuales. Pese a las ventajas y desventajas de ambas formas jurídicas, decida cuál se adapta mejor a sus necesidades. La elección de la forma jurídica adecuada es un paso importante en el camino hacia el éxito empresarial. No dude en buscar apoyo profesional. Un abogado o asesor fiscal experimentado puede ayudarle a dominar los complejos requisitos legales y encontrar la estructura óptima para su empresa.

La creación de una GmbH es un proceso desafiante pero gratificante. Con una planificación sólida, un contrato social bien redactado y una comprensión clara de las bases legales, sentará las bases para un crecimiento empresarial exitoso y sostenible. Aproveche la flexibilidad y la limitación de responsabilidad de la GmbH para realizar sus visiones empresariales y alcanzar sus objetivos. Esté preparado para enfrentarse a los detalles legales: es una inversión que dará sus frutos a largo plazo.

2. Proceso de fundación en Alemania

Quien desee fundar una GmbH se enfrenta a un camino complejo a través de la burocracia alemana. Desde la primera idea hasta la sociedad constituida, hay numerosos pasos que deben seguirse en el orden correcto. El proceso de fundación requiere una preparación cuidadosa y la atención a requisitos legales y organizativos. La implementación exitosa depende en gran medida de la planificación sistemática y la ejecución precisa de todas las medidas necesarias. En este capítulo, aprenderá cómo dominar las distintas etapas de la fundación de una GmbH y evitar las trampas típicas.

2. 1 Medidas preparatorias

Las medidas preparatorias constituyen la base de la fundación de su GmbH. El contrato social, la elección del gerente y la determinación del capital social son decisiones centrales con amplias consecuencias. Los errores en esta fase pueden llevar más tarde a problemas y costos significativos. Esta sección ilumina los pasos y decisiones necesarios que debe tomar antes de la fundación oficial. Establezca ahora las condiciones óptimas para un futuro exitoso de su GmbH.

La asesoría profesional de un notario o abogado en la elaboración del contrato social es esencial para minimizar futuras disputas legales y asegurar el éxito de la GmbH.

Elaboración del contrato social

El contrato social regula las relaciones fundamentales entre los socios y con la GmbH. Debe ser notariado y contiene información obligatoria como la denominación, la sede, el objeto de la empresa y el capital social. Además, ofrece margen de maniobra para regulaciones individuales que se adapten a las necesidades específicas de los fundadores. Un punto clave es la determinación de las stammeinlagen que cada socio realiza. La cantidad mínima es de 25.000 euros, siendo también posibles las aportaciones en especie. Así, un socio podría, por ejemplo, aportar un terreno a la GmbH en lugar de efectivo. Es importante una descripción y valoración detallada de la aportación en especie en el contrato para evitar disputas posteriores. La cantidad de la aportación de capital determina la participación en la empresa y, por ende, los derechos de voto en la gesellschafterversammlung. La gestión de la GmbH puede ser llevada a cabo por uno o varios directores, quienes son designados en el contrato social. Aquí se pueden establecer regulaciones detalladas sobre la poder de representación, como si los directores pueden actuar de forma individual o conjunta. También deben definirse claramente la duración del nombramiento y la posibilidad de destitución anticipada. Una regulación cuidadosa de la gestión evita conflictos posteriores y asegura una administración fluida de la empresa. La distribución de ganancias y pérdidas es otro aspecto importante del contrato social. Por defecto, la distribución se realiza de acuerdo con las participaciones. Sin embargo, se permiten regulaciones diferentes, como una mayor participación en las ganancias para un socio que esté activamente involucrado en el negocio operativo. Aquí es recomendable considerar diferentes escenarios y reflejarlos en el contrato. Las regulaciones sobre la asamblea de socios también deben estar formuladas con precisión en el contrato social. Esto incluye la convocatoria, la toma de decisiones y la elaboración de actas. Especialmente con varios socios, es importante establecer reglas claras para la toma de decisiones para garantizar la capacidad de acción. Por ejemplo, se puede acordar una mayoría cualificada para ciertas decisiones.

Además de estos aspectos fundamentales, el contrato social ofrece la posibilidad de regular otros puntos importantes. Estos incluyen:

- Derechos de tanteo para las participaciones en caso de que un socio se retire
- Cláusulas de no competencia para los socios
- Regulaciones sobre la disolución de la GmbH

Estos puntos son especialmente relevantes para proteger los intereses de todos los socios a largo plazo y asegurar la estabilidad de la empresa. Un contrato social bien redactado es, por lo tanto, la base de una exitosa fundación de GmbH. Proporciona claridad, previene conflictos y ofrece flexibilidad para el futuro. Por ello, se debe dedicar suficiente tiempo y cuidado a la elaboración del contrato social. La contratación de asesoría profesional por parte de un notario o abogado es recomendable en todos los casos. Este puede tener en cuenta las necesidades individuales de los fundadores y elaborar un contrato legalmente seguro. Los costos de la notaría y la asesoría son, aunque un factor de costo, una inversión valiosa en el futuro de la empresa. Un sólido contrato social minimiza el riesgo de disputas legales posteriores y contribuye significativamente al éxito de la GmbH. Forma la base para una colaboración de confianza entre los socios y permite una adaptación flexible a las circunstancias cambiantes a lo largo del desarrollo de la empresa. La regulación detallada de las cláusulas de salida, regulaciones de sucesión y posibles situaciones de conflicto en el contrato social crea claridad desde el principio y evita desavenencias posteriores. A través de la formulación precisa de los derechos y obligaciones de los socios, se establece una base estable para la colaboración que también perdura en fases desafiantes. La inversión en una asesoría integral y profesional al elaborar el contrato social se traduce en beneficios a largo plazo y es un paso importante hacia una exitosa fundación de GmbH.

Bueno saber

Cláusula de no competencia
Una cláusula de no competencia prohíbe a un socio operar un negocio que compita con el objeto de la GmbH.

Cláusulas de salida
Las cláusulas de salida regulan las condiciones bajo las cuales un socio puede salir de la GmbH, por ejemplo, por renuncia o fallecimiento.

Distribución de ganancias y pérdidas
La distribución de ganancias y pérdidas establece cómo se reparte el beneficio o la pérdida de la GmbH entre los socios. Puede ser regulada de forma individual en el contrato social.

Mayoría cualificada
Una mayoría cualificada es una mayoría que supera la simple mayoría, por ejemplo, dos tercios o tres cuartos de los votos. Es necesaria para ciertas decisiones importantes.

Regulaciones de sucesión
Las regulaciones de sucesión determinan quién asume las participaciones de un socio en caso de su salida.

Notarización
La notarización del contrato social es legalmente obligatoria y sirve para la validez jurídica de la fundación.

Esfuerzo para la fundación de una GmbH

Esfuerzo relativo de los pasos de la fundación

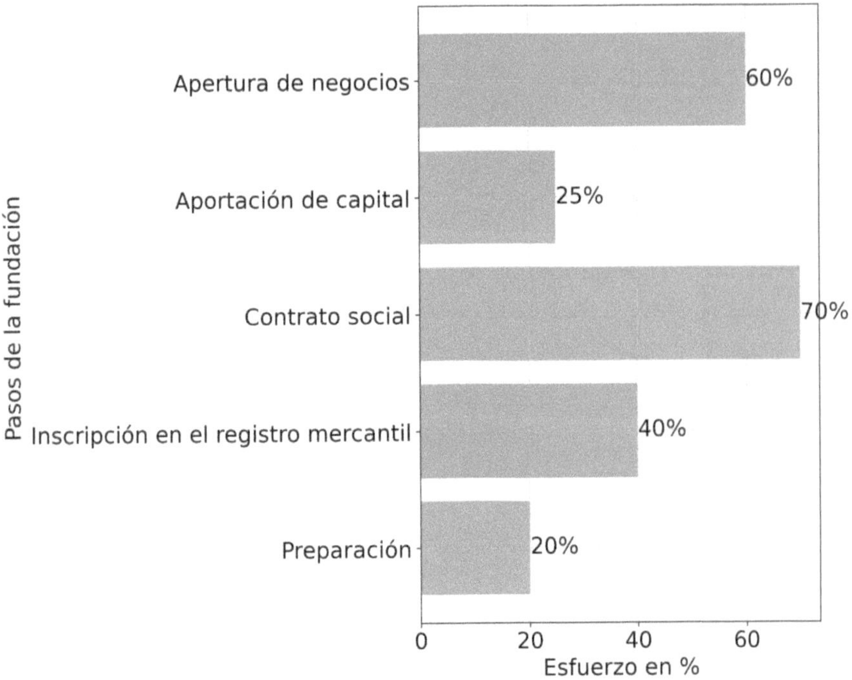

ACP: Aportación de capital

COS: Contrato social

PRE: Preparación

ANE: Apertura de negocios

IRE: Inscripción en el registro mercantil

La fundación de una GmbH requiere diferentes niveles de esfuerzo en cada paso. Los preparativos y el contrato social requieren el mayor esfuerzo, mientras que la inscripción en el registro mercantil y la apertura del negocio requieren comparativamente menos esfuerzo.

Elección de la gerencia

La elección de la gerencia es un paso decisivo en la constitución de la GmbH. El o la gerente dirige los negocios de la GmbH y la representa externamente. La designación se realiza en el gesellschaftsvertrag o mediante resolución de la gesellschafterversammlung. El contrato debe regular claramente el número de gerentes, su facultad de representación y la duración de su nombramiento. Por ejemplo, se puede establecer si cada gerente tiene derecho a representar a la GmbH de forma individual (representación individual) o si varios gerentes deben actuar conjuntamente (representación conjunta). También es posible una combinación de ambas variantes. Un gerente puede recibir amplias facultades de decisión, mientras que para ciertos actos, como transacciones inmobiliarias, se requiere el consentimiento de todos los gerentes. Esta diferenciada configuración de la facultad de representación permite una adaptación flexible a las necesidades específicas de la GmbH. La designación de un gerente no está sujeta a requisitos específicos. En principio, cualquier persona, incluso un socio, puede convertirse en gerente. Sin embargo, es recomendable examinar cuidadosamente la idoneidad profesional y la experiencia del candidato. Un gerente con conocimientos del sector y experiencia en gestión puede contribuir al éxito de la GmbH. La responsabilidad del gerente es otro aspecto importante. Él o ella es responsable personalmente por los daños que cause a la GmbH a través de incumplimientos de deber. Por lo tanto, es esencial contar con un seguro adecuado. Además, el contrato social debe incluir disposiciones sobre la liberación del gerente. La destitución de un gerente también debe regularse en el contrato social. Las razones para una destitución pueden ser, por ejemplo, incumplimientos graves de deber o la relación de confianza con los socios. Para evitar conflictos posteriores, deben establecerse de manera precisa las razones de destitución y el procedimiento. Un despido inmediato solo es posible en caso de una razón importante. En el contrato social también se pueden establecer disposiciones sobre el plazo de preaviso y sobre las indemnizaciones. Así, se podría acordar que al gerente destituido le corresponde una indemnización equivalente a seis  meses de salario. Estas disposiciones ofrecen seguridad jurídica tanto a la GmbH como al gerente. La remuneración del gerente también es un punto importante que se regula en el contrato social o mediante un contrato de trabajo separado. La cantidad de la remuneración se basa en los salarios habituales para posiciones comparables y en las calificaciones individuales del gerente. Además de un salario fijo, también se pueden acordar componentes de remuneración variables, como regalías o bonificaciones. Estos pueden estar vinculados al éxito de la GmbH y así crear un incentivo para que el gerente alcance los objetivos empresariales. La configuración de la remuneración debe considerar tanto los intereses de la GmbH como los del gerente. Un sistema de remuneración transparente y basado en el rendimiento contribuye a una colaboración positiva. La elección de la gerencia es un punto decisivo para el éxito de la GmbH. Una regulación clara sobre el nombramiento, la facultad de representación, la destitución y la remuneración en el contrato social previene conflictos posteriores y asegura la capacidad de acción de la empresa. Por lo tanto, se debe dedicar suficiente tiempo y atención a este tema durante la constitución. Se recomienda una asesoría profesional por parte de un abogado para considerar las necesidades individuales de los fundadores y elaborar un contrato social legalmente seguro.

Modelos de gestión para GmbH

Distribución de los modelos de gestión de GmbH.

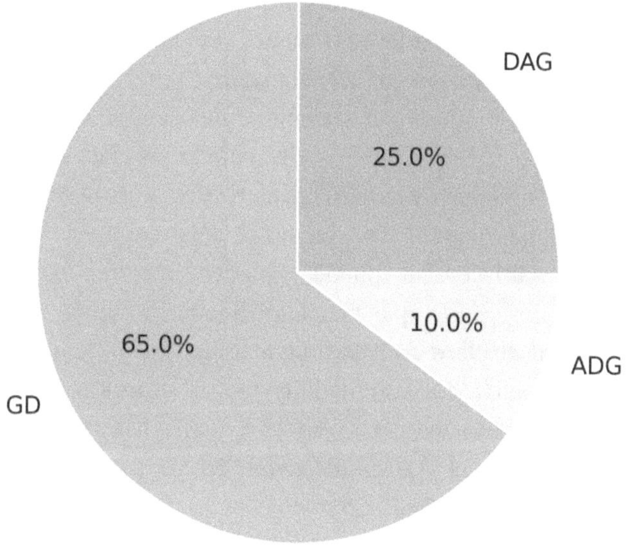

- ADG: Administrador único con gerente general
- DAG: Administradores gerentes conjuntos
- GD: Gerente director

El modelo de administrador único es el más común, lo que sugiere una preferencia por la toma de decisiones optimizada y una responsabilidad clara. Si bien la administración conjunta ofrece una carga de trabajo compartida y perspectivas diversas, es menos frecuente, posiblemente debido a posibles conflictos o procesos de decisión más lentos. La adopción relativamente baja de un director gerente con un gerente general indica una preferencia por el liderazgo directo en lugar de la autoridad delegada.

Determinación del stammkapital

La determinación del capital social es un paso fundamental en la constitución de una GmbH. El capital social constituye la base financiera de la sociedad y sirve para la protección de los acreedores. El capital social mínimo es de 25.000 euros. Este monto no debe ser completamente aportado al momento de la constitución, sino al menos la mitad, es decir, 12.500 euros. Las aportaciones restantes deben ser realizadas por los socios tan pronto como la GmbH las requiera. La cantidad del capital social influye en la solvencia de la joven GmbH. Un capital social más alto puede fortalecer la confianza de socios comerciales y bancos, facilitando el acceso a financiamientos. Por ejemplo, una empresa con un capital social de 50.000 euros puede obtener mejores condiciones en negociaciones de crédito que una GmbH con el capital social mínimo. El capital social se divide en participaciones sociales, que se asignan a los diferentes socios. La cantidad de la participación social determina los derechos de voto del socio en la gesellschafterversammlung y su parte en las ganancias. La distribución de las participaciones sociales puede ser flexible y no necesariamente debe corresponder a la cantidad de las aportaciones. Así, un socio que aporte una experiencia o contactos especiales podría recibir una participación social mayor, aunque aporte menos capital. Es importante que la distribución de las participaciones sociales se registre de manera clara y precisa en el gesellschaftsvertrag para evitar conflictos posteriores. Además de la aportación en efectivo, también es posible la aportación de aportaciones no monetarias. Como aportaciones no monetarias pueden servir diversos activos, como máquinas, vehículos, patentes o bienes inmuebles. El valor de la aportación no monetaria debe ser evaluado por un experto y documentado en el contrato social. Una valoración precisa es importante para evitar una sobrevaloración de la aportación no monetaria y, por ende, una insuficiencia del capital social. Al constituir una agencia de marketing online, un socio podría aportar su base de datos de clientes existente como aportación no monetaria. La gestión del capital social está sujeta a estrictas normas. No puede ser distribuido a los socios, sino que sirve para mantener la sustancia de la GmbH. El reembolso de las aportaciones solo es posible en casos excepcionales y cumpliendo ciertos procedimientos, como en una reducción de capital o la disolución de la sociedad. Sin embargo, las ganancias pueden ser distribuidas, siempre que la GmbH sea suficientemente líquida y se cumplan las disposiciones legales. Una planificación y gestión cuidadosa del capital social es crucial para la estabilidad financiera y el éxito a largo plazo de la GmbH. Se recomienda consultar a un asesor fiscal o auditor desde el principio para asegurar la óptima estructuración del capital social y el cumplimiento de los requisitos legales. A través de una planificación fundamentada y una documentación transparente del capital social, se pueden minimizar los riesgos potenciales y ganar la confianza de inversores y socios comerciales. Esto fortalece la posición de la GmbH en el mercado y crea una base sólida para un crecimiento sostenible.

Requisitos mínimos de capital por industria

Comparación ilustrativa de los requisitos mínimos de capital en diferentes industrias.

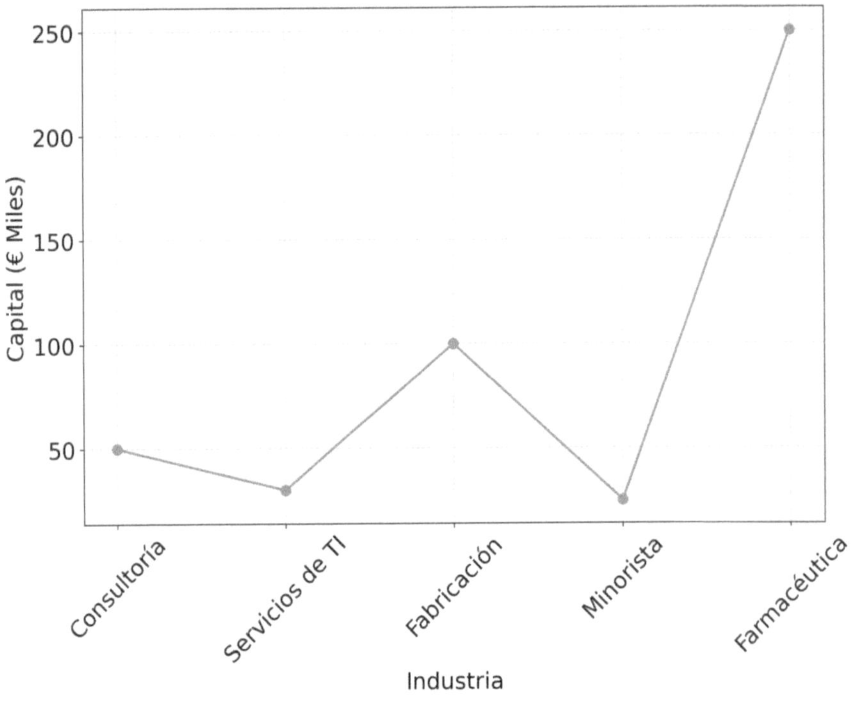

Si bien el capital social mínimo legal para una GmbH permanece constante, este gráfico demuestra cuánto capital adicional podría ser necesario en ciertos sectores para garantizar el lanzamiento operativo y la viabilidad continua. Sectores como la fabricación y la farmacéutica, que se muestran con mayores necesidades de capital, a menudo requieren importantes inversiones iniciales en equipos, investigación o instalaciones especializadas. Por el contrario, las industrias de servicios como la consultoría podrían operar eficazmente con un capital inicial más bajo. Esto enfatiza la importancia de una investigación exhaustiva de la industria y una planificación financiera al determinar el capital inicial apropiado para una GmbH.

Consejos concretos

- Visualice sus objetivos y valores personales y examine su compatibilidad con el modelo de negocio planeado.
- Intercambie experiencias con fundadores experimentados sobre sus aprendizajes en el proceso de creación y adáptelos a su situación.
- Desarrolle diferentes escenarios para la evolución futura de su empresa (mejor caso, peor caso, etc.) y derive opciones de acción a partir de ellos.
- Asista a eventos y talleres sobre el tema de la creación de empresas para ampliar su red y aprender de expertos.
- Elabore un presupuesto de tiempo detallado para las distintas fases de creación, con el fin de establecer objetivos realistas y controlar el progreso.
- Pruebe su idea de negocio en pequeña escala antes de asumir el riesgo total (por ejemplo, a través de un prototipo o un estudio piloto).
- Reflexione regularmente sobre sus progresos y ajuste su estrategia según sea necesario para poder reaccionar de manera flexible a los cambios.
- Investigue las oportunidades de financiación y los programas de apoyo para emprendedores y evalúe cuáles son relevantes para usted.
- Simule negociaciones salariales y conversaciones de financiación para prepararse para situaciones reales y ganar confianza.
- Desarrolle una estrategia de salida personal en caso de que desee abandonar la empresa más adelante.
- Defina criterios claros para el éxito de su emprendimiento y mida sus resultados regularmente en función de estos indicadores.

2. 2 Registros oficiales

Las inscripciones administrativas son componentes centrales del proceso de fundación de una GmbH. Incluyen la notarización del contrato social, la inscripción en el registro mercantil y la solicitud de licencia comercial. Estos pasos otorgan a la GmbH personalidad jurídica, permiten la actividad comercial y crean transparencia en el tráfico económico. Sin embargo, errores u omisiones en este proceso pueden llevar a problemas y retrasos significativos. Esta sección le proporciona el conocimiento necesario para cumplir con los requisitos administrativos de manera eficiente y correcta. Navegue con seguridad a través del proceso de inscripción y establezca así las bases para su éxito empresarial.

Una comunicación temprana y clara con el notario y las autoridades minimiza retrasos y evita problemas en la constitución de la GmbH.

Notario Autenticación notarial

La autenticación notarial es obligatoria para la constitución de una GmbH en Alemania. Asegura la validez legal del gesellschaftsvertrag. Este contrato regula las relaciones fundamentales de la GmbH, como el nombre, la sede, el objeto social y el capital social. El notario verifica la identidad de los fundadores, les informa sobre las consecuencias legales del contrato y lee el contrato en voz alta antes de la firma. Solo con su firma y sello, el contrato social entra en vigor. La obligación de autenticación sirve para proteger a todas las partes involucradas. Minimiza el riesgo de errores formales y malentendidos. Un contrato social defectuoso puede llevar a problemas significativos, incluso a la nulidad de la GmbH. Por lo tanto, la autenticación notarial proporciona seguridad jurídica para fundadores, socios y socios comerciales. El proceso de autenticación generalmente comienza con una reunión preliminar con el notario. Aquí se discuten los datos clave de la GmbH y se elabora el borrador del contrato. Los fundadores deben proporcionar al notario toda la información y documentación relevante. Esto incluye, por ejemplo, documentos de identidad o pasaportes, el borrador del contrato social y, si es necesario, otros documentos como permisos o licencias, si son requeridos para la actividad comercial planificada. Una comunicación temprana y completa con el notario simplifica el proceso y evita retrasos innecesarios. En la cita de autenticación en sí, que debe ser atendida personalmente por todos los fundadores, el notario lee el contrato social en voz alta y explica los puntos más importantes. Las solicitudes de modificación pueden ser consideradas en esta cita. Una vez que todas las partes están de acuerdo con el contenido, se firma el contrato. Los fundadores deben revisar cuidadosamente el contrato antes de firmarlo. Cualquier ambigüedad debe ser aclarada antes de la firma. Después de la autenticación, el notario elabora la copia autenticada del contrato social, conocida como el original. Esta se necesita para los siguientes pasos de la constitución de la GmbH, como el registro en el handelsregister y la apertura de una cuenta comercial.

El notario también se encarga, por lo general, de la transmisión electrónica de los documentos necesarios al registro mercantil. Los costos de la autenticación notarial dependen del valor del capital social de la GmbH. Cuanto mayor sea el capital social, mayores serán los costos notariales. A esto se suman los gastos por autenticaciones y la transmisión electrónica de documentos. Es recomendable discutir los costos estimados con el notario de antemano. Un desglose de costos transparente ayuda a planificar mejor los aspectos financieros de la constitución de la GmbH. Por ejemplo, un contrato social con un capital social de 25,000 euros genera costos notariales de aproximadamente 500 a 700 euros. Sin embargo, este valor puede variar según el notario y el estado federal, por lo que es esencial realizar una consulta individual. Además del contrato social, también se pueden autenticar notarialmente otros documentos relacionados con la constitución de la GmbH. Esto incluye, por ejemplo, la designación de directores o la concesión de derechos especiales a socios individuales. La autenticación notarial de estos documentos no siempre es obligatoria, pero puede ser útil en ciertos casos para aumentar la seguridad jurídica. Así, la autenticación notarial de un contrato de trabajo de un director puede ayudar a evitar disputas posteriores sobre el contenido del contrato. La elección del notario es, en principio, libre. Se recomienda contactar a varios notarios y comparar sus ofertas. No solo deben considerarse los costos, sino también la experiencia del notario en derecho societario. Un notario especializado puede ofrecer un valioso apoyo en la redacción del contrato social y en los siguientes pasos de la constitución de la GmbH. Una investigación exhaustiva y una conversación personal ayudan a encontrar el notario adecuado. La autenticación notarial es un paso indispensable en la constitución de una GmbH. Garantiza la validez legal del contrato social y protege los intereses de todas las partes involucradas. Una preparación cuidadosa y una buena comunicación con el notario son decisivas para un proceso fluido. La aclaración temprana de todas las preguntas y la provisión de toda la

documentación necesaria ayudan a evitar retrasos y costos innecesarios. A través de una planificación fundamentada y la colaboración con un notario experimentado, los fundadores pueden establecer las bases legales para una GmbH exitosa. La autenticación notarial es, por lo tanto, un hito importante en el camino hacia la creación de una empresa.

sello [i7]

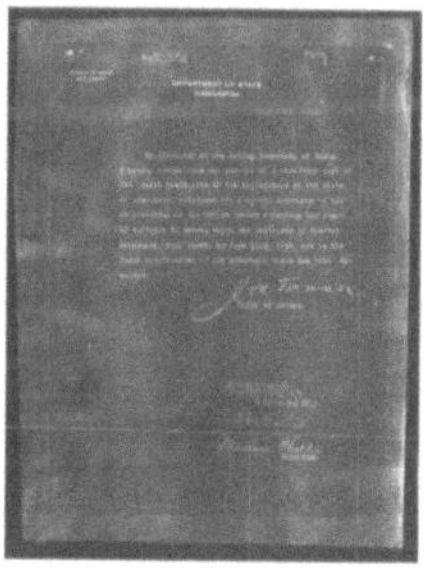

Copia compulsada [i8]

Estatutos sociales [i9]

Documento Nacional de Identidad (DNI) [i10]

Bueno saber

Notario

Un notario es un titular independiente de un cargo público que autentica actos jurídicos y realiza certificaciones. En la constitución de la GmbH, es responsable de la autenticación del contrato social.

Copia autenticada

Una copia autenticada es una copia de un documento cuya conformidad con el original ha sido confirmada por un notario. Tiene la misma fuerza probatoria que el original.

Licencias

Las licencias son autorizaciones administrativas para llevar a cabo ciertas actividades. Dependiendo del objeto social de la GmbH, pueden ser necesarias licencias que deben ser solicitadas antes de la constitución.

Permisos

Los permisos son autorizaciones administrativas que pueden ser necesarias para ciertas actividades comerciales. Deben ser obtenidos antes de comenzar la actividad.

Costos de certificación notarial y registro para una GmbH

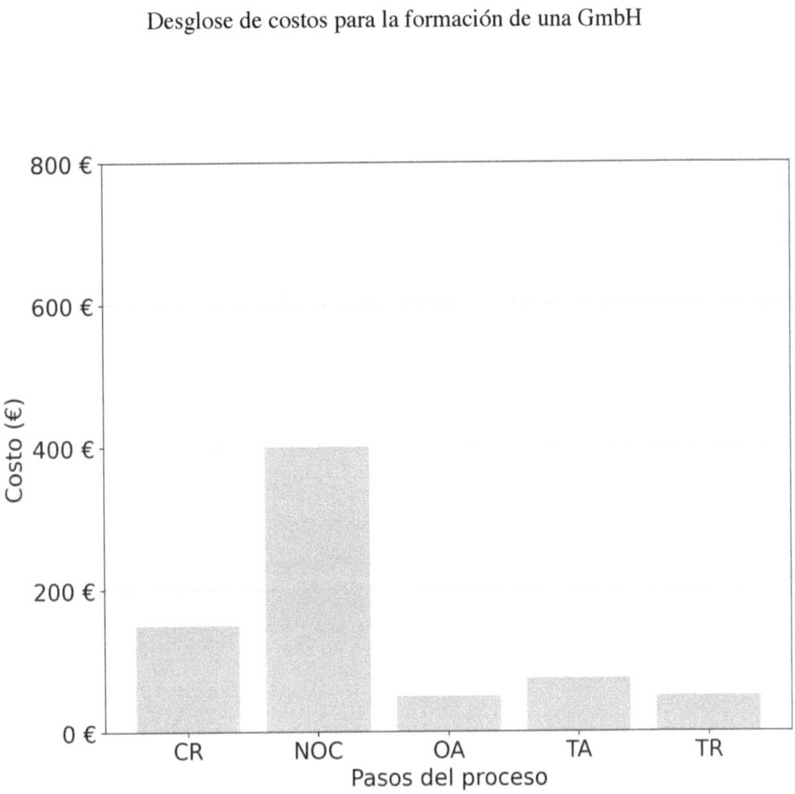

CR: Registro Mercantil

NOC: Certificación notarial

OA: Otros Gastos Administrativos

TA: Declaración de impuestos

TR: Registro de comercio

El gráfico destaca visualmente el costo significativo asociado con la certificación notarial, subrayando su importancia en el proceso general de formación de una GmbH. Si bien otras tarifas administrativas y de registro contribuyen al gasto total, el acto notarial representa una parte sustancial. Esto enfatiza la necesidad de una cuidadosa elaboración del presupuesto y la consideración de estos costos al planificar el establecimiento de una GmbH.

handelsregister Inscripción

Después de la certificación notarial del contrato social, la inscripción en el registro mercantil es el siguiente paso para la creación de una GmbH. Esta inscripción otorga a la GmbH su personalidad jurídica y la convierte oficialmente en una persona jurídica. El registro mercantil es un registro público que contiene información sobre comerciantes y empresas. Sirve para la transparencia en las transacciones comerciales y permite a terceros informarse sobre las relaciones legales de una GmbH. La inscripción en el registro mercantil se realiza electrónicamente a través del portal del registro de empresas. El notario generalmente se encarga de la transmisión de los documentos requeridos, incluidos el contrato social certificado, la lista de socios y el certificado de depósito del capital social. El depósito debe haberse realizado al menos en la mitad antes de que la GmbH pueda ser inscrita en el registro mercantil. Si se ha acordado un capital social de 25,000 euros, al menos 12,500 euros deben ser depositados en la cuenta comercial. El tribunal de registro verifica la integridad y exactitud de los documentos presentados. Los aspectos de revisión pueden incluir la conformidad del contrato social con las disposiciones legales, la correcta designación del gerente y la prueba del depósito del capital social. Si se cumplen todos los requisitos, el tribunal inscribe la GmbH en el registro mercantil. Esta inscripción se publica en el Boletín Oficial. Con la inscripción en el registro mercantil, la GmbH se convierte en una persona jurídica. Ahora puede celebrar contratos a su propio nombre, adquirir propiedades y demandar o ser demandada ante los tribunales. La

Tribunal de registro [i11]

inscripción también tiene efectos sobre la responsabilidad de los socios. Su responsabilidad se limita fundamentalmente al monto de su aportación de capital. Los costos de la inscripción en el registro mercantil se componen de tasas judiciales y costos de publicación en el Boletín Oficial. Estos varían según la región y el alcance de la inscripción. Se debe prever un costo de aproximadamente 200 a 400 euros. Además, hay costos por el registro electrónico necesario. Se puede obtener un desglose de costos exacto en el tribunal de registro correspondiente o a través del portal del registro de empresas. La inscripción en el registro mercantil no solo es una obligación formal, sino también un paso importante para establecer la GmbH en el mundo empresarial. Aumenta la credibilidad y la confianza de socios comerciales, clientes y bancos. Una GmbH con inscripción en el registro mercantil parece más seria y transmite la impresión de una base comercial sólida. Así, una inscripción limpia y completa facilita, por ejemplo, la solicitud de créditos o la celebración de contratos comerciales. Una preparación temprana y cuidadosa de los documentos requeridos y la colaboración con el notario aseguran un proceso fluido.

Capital social [i12]

Bueno saber

Boletín Oficial

El Boletín Oficial es un órgano de publicación oficial en el que se comunican noticias empresariales importantes, como la inscripción en el registro mercantil.

Persona Jurídica

Una persona jurídica es una entidad legalmente independiente que puede actuar de manera autónoma de sus miembros. La GmbH es un ejemplo de una persona jurídica.

Personalidad Jurídica

Con la inscripción en el registro mercantil, la GmbH adquiere personalidad jurídica. Esto significa que puede asumir derechos y obligaciones de manera independiente, celebrar contratos y comparecer ante los tribunales.

Portal del Registro de Empresas

El portal del registro de empresas es una plataforma en línea a través de la cual se puede presentar electrónicamente la inscripción en el registro mercantil.

Tribunal de Registro

El tribunal de registro es el tribunal competente para la inscripción de empresas en el registro mercantil. Verifica los documentos presentados y registra la GmbH tras una revisión exitosa.

Proceso de Registro de una GmbH Alemana

Desglose del tiempo dedicado a los pasos de registro de una GmbH.

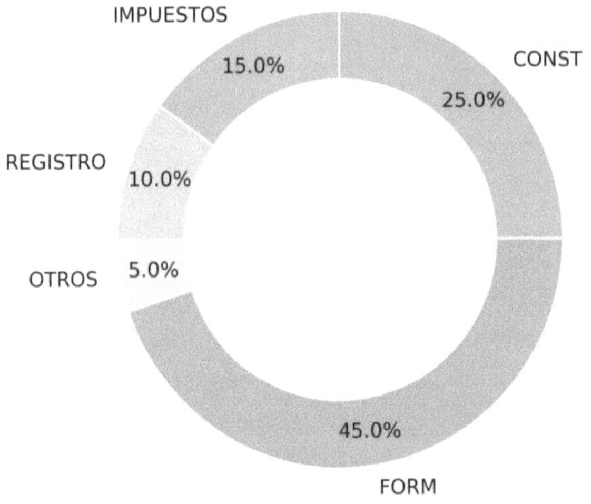

CONST: Constitución de la Sociedad (p. ej., apertura de cuenta bancaria, depósito de capital social)

FORM: Trámites notariales (p. ej., redacción de estatutos, notaría)

IMPUESTOS: Registros Fiscales (p. ej., obtención de identificación fiscal, registro de IVA)

OTROS: Otros (p. ej., obtención de licencias comerciales, permisos)

REGISTRO: Inscripción en el Registro Mercantil (presentación y tramitación)

La mayor parte del tiempo se dedica a la tramitación notarial, lo que destaca su importancia y el potencial de retrasos. La formación de la empresa y los registros fiscales, si bien son cruciales, requieren comparativamente menos tiempo. La simplificación del proceso notarial podría acelerar significativamente el registro general de la GmbH.

Registro de empresa

Después de la inscripción en el handelsregister y la consiguiente creación de la GmbH como juristische_person, sigue el registro de la empresa. Este es obligatorio para casi todas las actividades comerciales y debe presentarse en la oficina de comercio correspondiente. Las excepciones solo existen para las llamadas actividades profesionales libres, como las de médicos, abogados o asesores fiscales. El registro de la empresa es necesario independientemente de la forma jurídica de la empresa, es decir, también para las GmbHs. A través del registro, la actividad se notifica oficialmente y se establece la base para la recaudación del impuesto sobre actividades comerciales. El registro en sí se realiza generalmente de forma personal o en línea y requiere la presentación de diversas informaciones, incluyendo la denominación exacta del negocio, la dirección de la empresa y los datos personales del gerente. Por ejemplo, un comerciante en línea que vende artículos electrónicos debe indicar "Comercio en línea de artículos electrónicos" como su actividad. Además, dependiendo del tipo de negocio, pueden ser necesarios otros datos o comprobantes, como permisos especiales o concesiones. Algunos negocios también requieren la membresía en una cámara específica, como la Cámara de Industria y Comercio (IHK) o la Cámara de Artesanía (HWK). La membresía en la IHK es obligatoria para la mayoría de los negocios, mientras que la pertenencia a la HWK solo se aplica a las empresas artesanales. La membresía conlleva diversas ventajas, como asesoramiento y apoyo por parte de la cámara correspondiente. Con el registro de la empresa surgen diversas obligaciones, incluyendo el pago del impuesto sobre actividades comerciales. Este es recaudado por el municipio y se basa en el rendimiento comercial. La tasa impositiva varía según el municipio. Además del impuesto sobre actividades comerciales, generalmente también hay costos asociados al registro de la empresa, que pueden variar según el municipio. Estas tarifas cubren el esfuerzo administrativo de la oficina de comercio. Además del registro de la empresa en el municipio, para algunos modelos de negocio también puede ser necesaria una inscripción en el sistema de adjudicación de contratos, especialmente si se desea hacer negocios con el gobierno [s4]. Este registro permite la participación en licitaciones públicas y la presentación de ofertas. Además, tras un registro

exitoso en el sistema de adjudicación de contratos, puede llevarse a cabo un registro automático en la agencia de financiación [s4]. Esto es relevante si se desea solicitar fondos federales. El registro en la agencia de financiación simplifica el proceso de solicitud y permite el acceso a diversos programas de financiación. Un registro de empresa temprano y correcto es, por lo tanto, esencial para el inicio sin problemas de la actividad comercial. Evita retrasos innecesarios y posibles multas. Además, crea transparencia y confianza hacia socios comerciales y clientes. Por lo tanto, se recomienda una planificación cuidadosa y la obtención de toda la información necesaria en la oficina de comercio correspondiente. Así se puede asegurar que se cumplan todos los requisitos y que la GmbH pueda iniciar su actividad comercial sin obstáculos. Una preparación exhaustiva y la consideración de todas las regulaciones relevantes sientan las bases para una gestión empresarial exitosa.

Oficina de Registro Mercantil [i13]

Requisitos de registro para GmbH en Alemania

Requisitos de registro por industria y tamaño de la empresa.

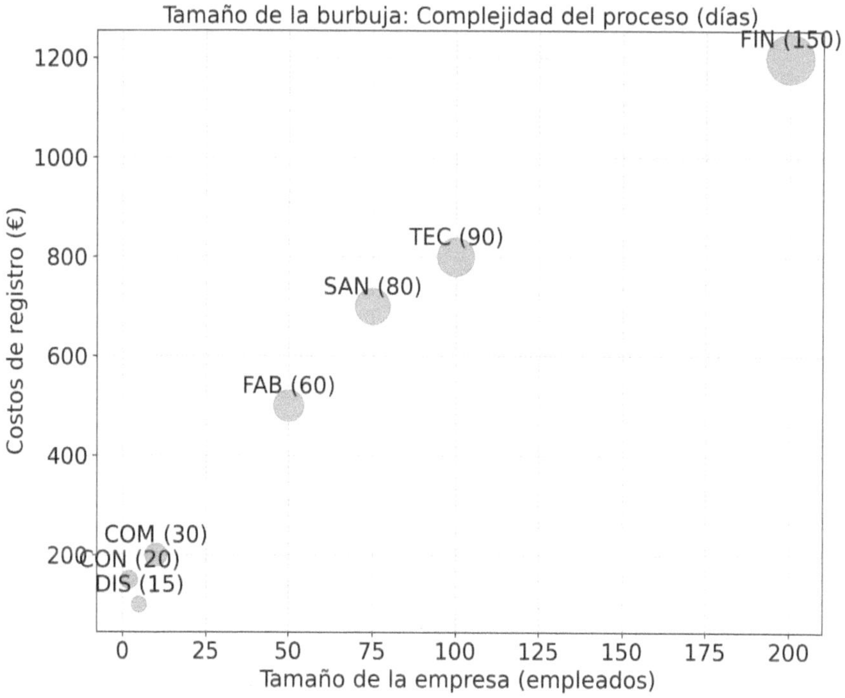

Blasengröße: Complejidad del proceso (Días)

COM: Comercio minorista

CON: Consultoría

DIS: Diseño

FAB: Fabricación

FIN: Finanzas

SAN: Atención médica

TEC: Tecnología

En general, las empresas más grandes y las de industrias reguladas se enfrentan a procedimientos de registro más complejos y costosos. Las empresas más pequeñas en sectores menos regulados tienen menos requisitos, lo que sugiere un proceso simplificado para ellas. Los valores atípicos notables indican industrias específicas con mayores cargas regulatorias, independientemente del tamaño.

Consejos concretos

- Utilice el tiempo antes de la cita con el notario para familiarizarse con los portales en línea de las respectivas autoridades y descargar los formularios necesarios.
- Acorde conversaciones preliminares separadas con la oficina de comercio y el registro mercantil para aclarar preguntas pendientes y acelerar el proceso.
- Elabore una lista de verificación de todos los documentos y papeles necesarios para los registros administrativos, para mantener el control y no olvidar nada.
- Cree copias digitales de todos los documentos relevantes para poder presentarlos de manera rápida y sencilla cuando sea necesario.
- Autorice a una persona de confianza para ciertos asuntos administrativos, para aliviarse a sí mismo.
- Aproveche las ofertas de asesoramiento de la Cámara de Comercio, la Cámara de Artesanía o los centros de emprendimiento para recibir apoyo en los registros administrativos.
- Investigue sobre las experiencias de otros emprendedores con las respectivas autoridades para prepararse ante posibles desafíos.
- Prepárese para los diferentes tiempos de procesamiento de las autoridades y planifique márgenes de tiempo en consecuencia.
- Documente cada paso del proceso de registro, incluyendo los datos de contacto de los interlocutores y los documentos presentados.
- Revise regularmente los portales en línea para actualizaciones y cambios en el proceso de registro.
- Póngase en contacto proactivamente con las autoridades si surgen retrasos o existen dudas.

2. 3 Organización

La organización de su GmbH incluye pasos esenciales como la apertura de una cuenta comercial, el establecimiento de las instalaciones comerciales y la contratación de seguros necesarios. Estas tareas son cruciales para un funcionamiento fluido del negocio y el éxito a largo plazo. Decisiones erróneas pueden llevar a pérdidas financieras, problemas legales y una carga administrativa innecesaria. La cuenta comercial, las instalaciones comerciales y la cobertura de seguros constituyen la base organizativa de su empresa. Cada una de estas áreas requiere una planificación cuidadosa y decisiones fundamentadas que se adapten a sus necesidades individuales. Prepárese de manera óptima para estos desafíos y establezca así las bases para una empresa exitosa. Siga leyendo para comprender los pasos individuales en detalle y tomar las decisiones correctas para su GmbH.

La elección del banco adecuado, de los locales comerciales y de los seguros son decisiones fundamentales en el proceso de fundación que deben ser cuidadosamente planificadas y adaptadas a las necesidades individuales de la empresa para asegurar el éxito a largo plazo.

Cuenta comercial Apertura

Para su GmbH necesita una cuenta comercial. Esta cuenta sirve para la gestión de todas las transacciones comerciales y debe mantenerse separada de su cuenta personal. Esta separación es legalmente obligatoria y facilita la contabilidad así como el manejo fiscal. Al abrir la cuenta, debe presentar varios documentos, incluyendo el contrato social, un extracto del registro mercantil y la legitimación de los directores. Los documentos requeridos pueden variar según el banco. Por lo tanto, infórmese de antemano en la institución financiera de su elección sobre los requisitos exactos. Comparar las condiciones ofrecidas – comisiones de mantenimiento de cuenta, costos de transacción, funciones de banca en línea – es recomendable. Preste especial atención a la estructura de tarifas, ya que esta puede variar considerablemente según el modelo de negocio y el volumen de transacciones. Un comerciante en línea con altos ingresos por pagos necesita condiciones diferentes a las de una empresa de consultoría. La elección del banco adecuado es un paso importante para su empresa. Además de los clásicos bancos de sucursales, hoy en día hay una gran cantidad de bancos directos y fintechs que ofrecen cuentas comerciales. Los bancos directos operan exclusivamente en línea, lo que generalmente conduce a tarifas más bajas. Los fintechs a menudo ofrecen soluciones innovadoras en el ámbito de los pagos y la gestión financiera. Considere qué tipo de banco se adapta mejor a sus necesidades. ¿Necesita asesoramiento personal en el lugar o le basta con la comunicación digital? ¿Requiere funciones especiales como una interfaz con su software de contabilidad? Una vez que haya abierto una cuenta comercial, recibirá un número de identificación bancaria (BLZ) y un número de cuenta bancaria internacional (IBAN). Necesitará estos datos para todas las transacciones comerciales, como recibir pagos de clientes o pagar facturas. Asegúrese de proporcionar esta información correctamente para evitar retrasos o errores contables. Realice todas las operaciones comerciales a través de la cuenta comercial. Los depósitos o retiros personales de la cuenta comercial deben evitarse para mantener la claridad y evitar problemas fiscales. Si aún necesita depositar fondos personales en la cuenta comercial, asegúrese de etiquetarlos como préstamo o aporte personal. De manera análoga, los gastos personales realizados desde la cuenta comercial deben contabilizarse como retiro personal. Una contabilidad clara es esencial desde el principio para el éxito de su empresa. Los extractos de cuenta de su cuenta comercial son documentos importantes para su contabilidad. Guárdelos cuidadosamente y archívelos de manera ordenada. La mayoría de los bancos ofrecen la posibilidad de acceder y almacenar extractos de cuenta de forma digital. Aproveche esta opción para ahorrar papel y facilitar el acceso a sus documentos. Muchos bancos también ofrecen servicios adicionales que pueden ser relevantes para los fundadores, como tarjetas de crédito, sistemas de pago en línea o opciones de financiamiento. Infórmese sobre estas ofertas y verifique si son adecuadas para su modelo de negocio. Una tarjeta de crédito comercial puede, por ejemplo, simplificar la liquidación de gastos de viaje. La apertura de una cuenta comercial es un paso importante en el camino hacia la fundación de su GmbH. Una planificación cuidadosa y la elección del banco adecuado sientan las bases para una gestión financiera eficiente y contribuyen al éxito de su empresa. Tenga en cuenta los requisitos legales y mantenga sus finanzas comerciales de manera transparente. Esto le ahorrará tiempo, evitará problemas con la oficina de impuestos y le permitirá concentrarse en el negocio principal de su empresa. Una cuenta comercial bien gestionada es una herramienta indispensable para cualquier empresario. Aproveche las oportunidades de los servicios bancarios digitales para gestionar sus finanzas de manera eficiente y mantener el control. Una gestión financiera sólida es un factor importante para el crecimiento a largo plazo y el éxito de su GmbH. Recuerde que la elección del banco adecuado también puede facilitar futuras expansiones e inversiones.

Bueno saber

Comisiones de mantenimiento de cuenta

Tarifas regulares que los bancos cobran por la gestión de su cuenta comercial.

Cuenta comercial

Una cuenta bancaria separada para todas las transacciones financieras de su empresa, que es esencial para la fundación de la GmbH y garantiza la separación de las finanzas personales y comerciales.

Extracto del registro mercantil

Un documento oficial que confirma la inscripción de su GmbH en el registro mercantil y contiene información sobre la empresa. A menudo es necesario para la apertura de una cuenta comercial y otros procesos administrativos.

Número de cuenta bancaria internacional (IBAN)

Un número de cuenta internacional que permite la identificación única de cuentas bancarias en el tráfico de pagos internacional.

Número de identificación bancaria (BLZ)

Un número único que identifica una institución financiera en Alemania.

Volumen de transacciones

El número total y el valor de las transacciones financieras que se procesan a través de una cuenta.

Comparación de cuentas comerciales para la formación de GmbH

Tarifas mensuales y costos de transacción en diferentes modelos de cuenta

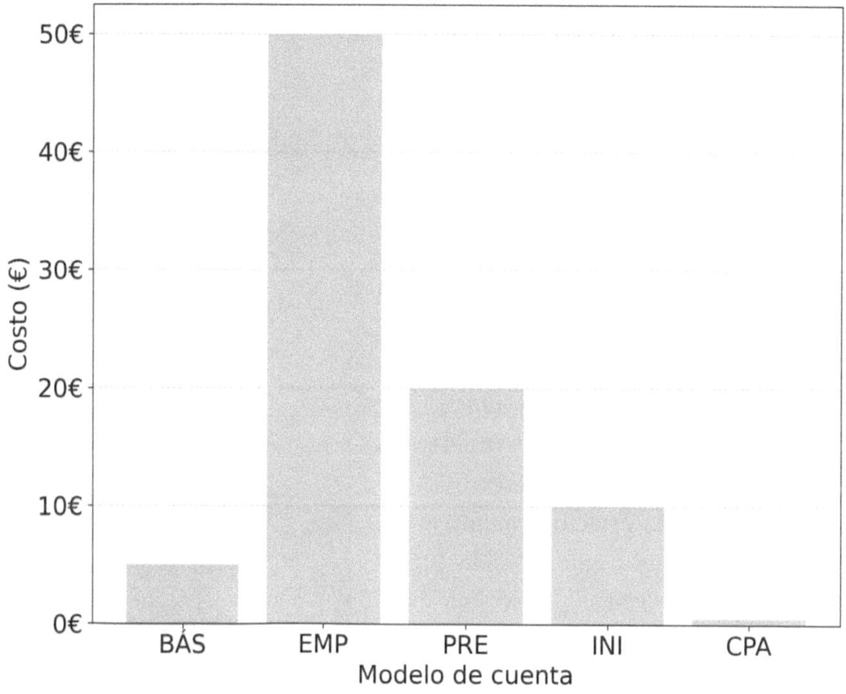

BÁS: Básica

EMP: Empresa

PRE: Premium

CPA: Costo por transacción (Básica)

INI: Inicial

La cuenta 'Básica' ofrece la tarifa mensual más baja, pero genera mayores costos por transacción. 'Premium' y 'Empresa' tienen tarifas mensuales más altas, pero costos de transacción significativamente más bajos, lo que las hace potencialmente más rentables para empresas con altos volúmenes de transacciones. La cuenta 'Startup' ofrece un buen equilibrio para las nuevas empresas con necesidades de transacción moderadas.

Instalación de las oficinas

La selección y la instalación de las oficinas influyen tanto en la imagen de su empresa como en las condiciones laborales de sus empleados. Considere qué tipo de instalaciones son las más adecuadas para su GmbH. ¿Necesita una oficina representativa en una ubicación central, un taller con suficiente espacio para máquinas o un almacén con buena conexión de transporte? La ubicación de las oficinas debe ser cuidadosamente evaluada. Tenga en cuenta factores como la proximidad a clientes y proveedores, la disponibilidad de estacionamiento y el acceso al transporte público. Un lugar de fácil acceso puede influir positivamente en la satisfacción del cliente y en la motivación de los empleados. También se deben sopesar las opciones de alquiler o compra. La compra de una propiedad ofrece seguridad a largo plazo y puede ser un activo valioso. El alquiler, por otro lado, ofrece más flexibilidad, lo que puede ser especialmente ventajoso en la fase de inicio. Revise detenidamente las condiciones de alquiler o compra y, si es necesario, consulte a un experto. Al instalar las oficinas, debe prestar atención a la funcionalidad y a la ergonomía. Una distribución de espacio bien pensada y la elección de los muebles adecuados contribuyen a la productividad y al bienestar de sus

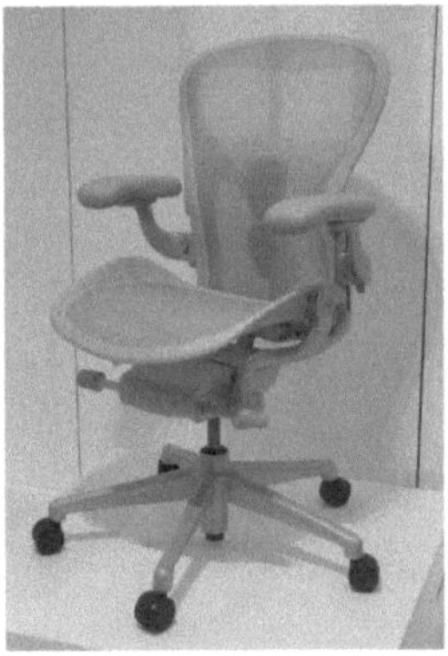

Ergonomía [i14]

Almacén [i15]

empleados. Invierta en sillas de oficina ergonómicas y escritorios ajustables en altura para prevenir problemas de salud. El diseño del entorno laboral también influye en la imagen de su empresa. Una oficina moderna y atractiva puede fortalecer la confianza de clientes y socios comerciales. Preste atención a una iluminación adecuada, una temperatura ambiente agradable y una decoración atractiva. La dotación técnica de las oficinas también es importante. Una conexión a Internet estable, computadoras y impresoras modernas, así como un sistema telefónico funcional, son esenciales para la mayoría de las empresas. Planifique la infraestructura necesaria con antelación y considere futuras ampliaciones. Entre otras cosas, podría pensar con antelación en salas de servidores, cableado de red y la instalación de Wi-Fi. La consideración de los aspectos de seguridad también es relevante.

Sistemas de alarma, extintores y una entrada bien iluminada aumentan la seguridad de sus empleados y protegen su empresa de daños. Verifique si las oficinas cumplen con las normativas de seguridad vigentes y, si es necesario, recurra a un asesor de seguridad. Los costos de instalación de las oficinas pueden variar considerablemente según la industria y el tamaño de la empresa. Elabore un plan de costos detallado que incluya todos los gastos, como alquiler, precio de compra, instalación, dotación técnica y medidas de seguridad. Este plan le ayudará a gestionar eficazmente los recursos financieros de su empresa y a evitar costos imprevistos. Involucre a sus empleados en la planificación de las oficinas. Su retroalimentación puede proporcionar valiosas indicaciones para el diseño del entorno laboral y aumentar la satisfacción de los empleados. Un ambiente de trabajo agradable y funcional fomenta la motivación y la productividad de sus empleados, lo que a su vez impacta positivamente en el éxito de su empresa. Considere también la posibilidad de escalabilidad al instalar sus oficinas. Elija soluciones flexibles que puedan adaptarse a futuros cambios y crecimiento. De este modo, evitará costos y esfuerzos innecesarios en una futura expansión de su empresa. Un ejemplo de una solución flexible es el alquiler de espacios de oficina con la opción de áreas adicionales según sea necesario.

Escalabilidad [i16]

Edificio de oficinas [i17]

Bueno saber

Ergonomía

Al instalar las oficinas, la ergonomía es importante para garantizar la salud y el bienestar de los empleados, aumentando así la productividad. Muebles ergonómicos, como escritorios ajustables en altura y sillas de oficina ergonómicas, pueden ayudar a prevenir molestias físicas y problemas de salud a largo plazo.

Escalabilidad

La escalabilidad de las oficinas se refiere a la posibilidad de adaptar las instalaciones a futuros cambios y al crecimiento de la empresa. Soluciones flexibles, como contratos de alquiler con opciones de ampliación, son beneficiosas para evitar costos y esfuerzos innecesarios en una futura expansión.

Infraestructura

Una infraestructura bien planificada es crucial para el funcionamiento fluido de los procesos comerciales. Esto incluye una conexión a Internet estable, suficientes enchufes, un sistema telefónico funcional y, si es necesario, salas de servidores. La infraestructura debe adaptarse a las necesidades de la empresa y considerar el crecimiento futuro.

Análisis de coste-beneficio de las ubicaciones de oficinas

Comparación de posibles ubicaciones de oficinas según el coste y el beneficio potencial.

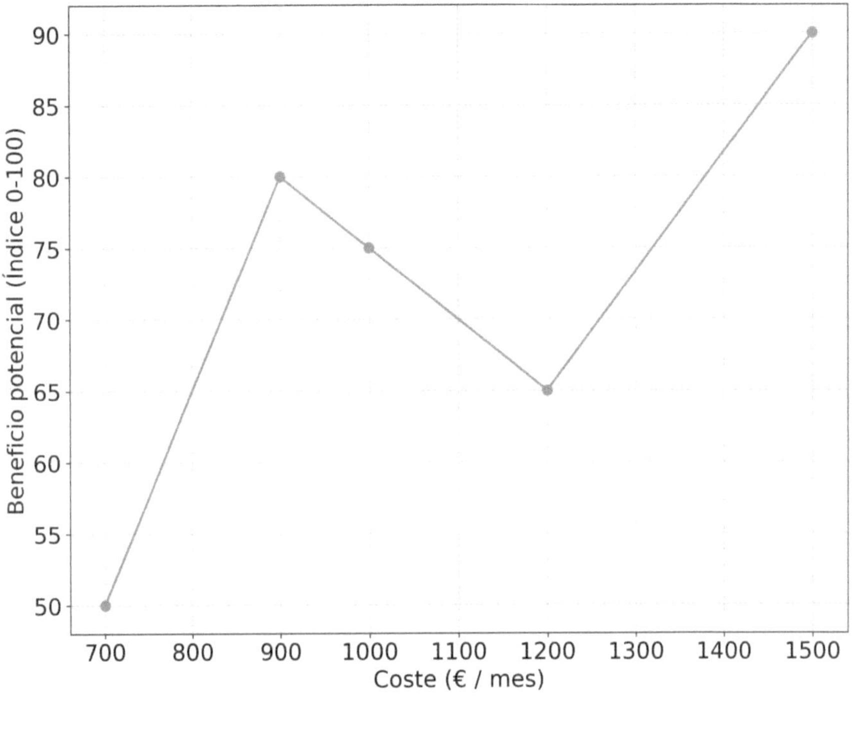

La ubicación A ofrece el mayor beneficio potencial, pero también conlleva el mayor coste. La ubicación C presenta el menor coste, pero también el menor beneficio potencial. La ubicación B ofrece un equilibrio entre coste y beneficio, lo que la convierte en una opción potencialmente atractiva en función de las prioridades de la empresa.

Cobertura de seguro

Para el funcionamiento seguro de su GmbH, es esencial contar con una cobertura de seguro integral. La selección de los seguros adecuados depende en gran medida de su sector, el tamaño de su empresa y los riesgos individuales. En general, debe considerar diferentes tipos de seguros para proteger su empresa de pérdidas financieras y consecuencias legales. - Seguro de responsabilidad civil empresarial: Este seguro cubre los daños que su empresa cause a terceros. - Seguro de contenido: Protege su equipo y mercancías de daños por fuego, agua o robo con fuerza. - Seguro de protección jurídica: Este puede cubrir los costos de litigios. - Seguro de responsabilidad civil por daños patrimoniales: Protege a su empresa de daños financieros que surjan de errores de asesoramiento o decisiones incorrectas. Un análisis de riesgos cuidadoso le ayudará a identificar los seguros necesarios. Así, una empresa de logística podría centrarse en seguros de transporte, mientras que una empresa de consultoría priorizaría la protección a través de un seguro de responsabilidad civil por daños patrimoniales. La suma asegurada debe ser lo suficientemente alta como para cubrir completamente los daños potenciales. [s5] Al igual que con el seguro de responsabilidad profesional para profesionales médicos, que cubre costos legales y reclamaciones de pacientes, el seguro de responsabilidad civil empresarial de la GmbH debe ser lo suficientemente alto para soportar las consecuencias financieras en caso de daños. [s5] Revise detenidamente las condiciones del seguro y compare las ofertas de diferentes aseguradoras para encontrar la mejor relación calidad-precio. También es recomendable revisar y ajustar regularmente su cobertura de seguro a las necesidades cambiantes de su empresa. Una cobertura de seguro bien pensada minimiza los riesgos financieros y le permite concentrarse en el crecimiento de su empresa.

Análisis de riesgos [i18]

Cobertura de seguro para GmbH

Distribución de los tipos de seguro recomendados para una GmbH recién fundada.

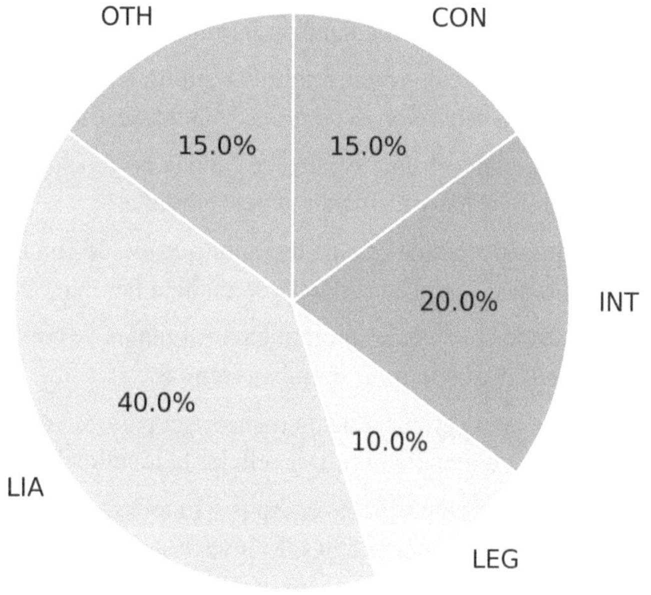

CON: Seguro de contenido

INT: Seguro de interrupción de negocio

LEG: Seguro de protección jurídica

LIA: Seguro de responsabilidad civil

OTH: Otros seguros (por ejemplo, cibernético, DandO)

El gráfico visualiza la importancia relativa de los diferentes tipos de seguro para una GmbH. El seguro de responsabilidad civil tiene la mayor proporción, lo que destaca su papel crucial en la protección de la empresa frente a riesgos financieros. Si bien otros seguros, como el de contenido, el de protección jurídica y el de interrupción operativa, cubren aspectos importantes, son proporcionalmente menos críticos en las etapas iniciales. Esta distribución sugiere una estrategia de priorización que se centra primero en la cobertura de responsabilidad civil, seguida de un enfoque personalizado para otros seguros en función de las necesidades y los riesgos específicos de la GmbH.

Consejos concretos

- Considere si un espacio de co-working en la fase inicial representa la solución más flexible y económica para su GmbH.
- Establezca buzones virtuales para diferentes áreas de la empresa, con el fin de optimizar la organización interna desde el principio.
- Visite posibles locales comerciales en diferentes momentos del día para tener una sensación del entorno y la infraestructura.
- Piense en establecer una "oficina de fundación" en su propio hogar para ahorrar costos y mantener la flexibilidad.
- Diseñe un concepto de oficina modular que escale con el crecimiento de su empresa y se pueda adaptar de manera flexible.
- Integre desde el principio herramientas digitales de comunicación y colaboración para permitir el trabajo remoto.
- Aproveche la experiencia de un interiorista para diseñar los espacios comerciales de manera óptima y reflejar la identidad corporativa.
- Alquile inicialmente solo los equipos y muebles absolutamente necesarios para mantener bajas las inversiones iniciales.
- Cree en sus espacios comerciales áreas para encuentros informales e intercambio creativo, para fomentar el trabajo en equipo.
- Considere la posibilidad de compartir espacios comerciales con otros emprendedores para ahorrar costos y aprovechar sinergias.
- Preste atención a la buena eficiencia energética al seleccionar los espacios comerciales, para reducir costos a largo plazo y operar de manera sostenible.
- Involucre a sus empleados en el diseño de los espacios comerciales para tener en cuenta sus necesidades y deseos.

Revisión - 2. Proceso de fundación en Alemania

El proceso de fundación de una GmbH en Alemania puede parecer inicialmente complejo, pero con un enfoque estructurado y el conocimiento adecuado, este desafío se puede superar. Un aspecto central es la redacción del contrato social. Aquí no solo debe considerar los datos obligatorios como la denominación, la sede y el capital social, sino también establecer disposiciones individuales que se ajusten a sus necesidades específicas. Piense, por ejemplo, en la distribución de las participaciones sociales y los derechos de voto, el poder de representación de los directores y la distribución de beneficios. Tenga en cuenta diferentes escenarios, como la salida de un socio o la disolución de la GmbH. Aproveche la flexibilidad del contrato social para proteger sus intereses a largo plazo y asegurar la estabilidad de su empresa. La asesoría profesional de un notario o abogado es esencial para garantizar la validez legal del contrato y evitar posibles conflictos.

La elección de la dirección es otro paso importante. Aquí debe examinar cuidadosamente la idoneidad profesional y la experiencia de los candidatos. Defina claramente los poderes de representación, la duración del nombramiento y las posibilidades de destitución. La remuneración del director también debe ser transparente y justa en función del rendimiento. Considere la responsabilidad del director y asegúrese de contar con una cobertura de seguro adecuada. Un contrato de dirección bien estructurado que contemple todos los aspectos relevantes minimiza el riesgo de disputas futuras y contribuye a una gestión empresarial fluida. No dude en buscar asesoría de expertos para encontrar la solución óptima para su GmbH.

La determinación del capital social también requiere una planificación cuidadosa. El capital social mínimo de 25,000 euros sirve para la protección de los acreedores y afecta la solvencia de su GmbH. Considere si un capital social más alto es adecuado para su modelo de negocio, para fortalecer la confianza de bancos y socios comerciales. Además de aportes en efectivo, también puede realizar aportes en especie, como maquinaria o inmuebles. Asegúrese de realizar una valoración realista de la aportación en especie para evitar una insuficiencia del capital social. La gestión del capital social está sujeta a estrictas normas. Obtenga apoyo de un asesor fiscal o auditor para asegurar la mejor estructura y el cumplimiento de los requisitos legales.

Los pasos adicionales, como la notarización, la inscripción en el registro mercantil y el registro de la actividad comercial, son formales, pero aún así decisivos para la validez legal de su GmbH. Prepare cuidadosamente los documentos requeridos y mantenga una comunicación estrecha con el notario y las autoridades competentes. Compare las ofertas de diferentes bancos para su cuenta comercial y preste atención a la estructura de tarifas. Al establecer sus instalaciones comerciales, debe considerar la funcionalidad, la ergonomía y la escalabilidad. Una cobertura de seguro integral protege su empresa de eventos imprevistos. El proceso de fundación puede ser desafiante, pero cada paso completado con éxito lo acerca a su objetivo. No vea la fase de fundación como un obstáculo, sino como una oportunidad para establecer las bases de una empresa exitosa y sostenible. Con compromiso, planificación y el apoyo adecuado, dominará el proceso de fundación y sentará las bases para un futuro exitoso de su GmbH.

3. Fundación internacional de una GmbH

La globalización ofrece a las empresas alemanas oportunidades fascinantes, pero ¿cómo se funda una GmbH con un enfoque internacional? El mercado mundial atrae con enormes oportunidades, pero también presenta complejos desafíos legales y fiscales. Mientras que algunos fundadores orientan su GmbH internacionalmente desde el principio, otros expanden sus operaciones más allá de las fronteras nacionales más tarde. La correcta estructuración de la sociedad y la consideración de las normativas transfronterizas son determinantes para el éxito a largo plazo. En este capítulo, descubrirá en qué realmente se centra la fundación internacional de una GmbH y qué errores típicos se pueden evitar.

3. 1 Comparación con formas societarias extranjeras

La actividad empresarial internacional requiere la elección de la forma jurídica óptima. Esta sección compara la GmbH alemana con la Limited (Ltd.) británica, la Limited Liability Company (LLC) estadounidense y la SARL francesa. Descubrirá qué impacto tiene cada forma jurídica en los costos de constitución, los gastos operativos, la responsabilidad y los impuestos. La elección correcta facilita la entrada al mercado y optimiza el desarrollo empresarial: descubra qué forma jurídica se adapta mejor a sus planes.

La elección de la forma jurídica adecuada para la creación de un negocio internacional depende de las necesidades y objetivos individuales de la empresa y debe ser cuidadosamente considerada, similar a la elección de la herramienta adecuada para la tarea correspondiente.

GmbH vs. Limited (Reino Unido)

La elección entre una GmbH alemana y una Limited británica (Ltd.) para su actividad comercial requiere una cuidadosa consideración de varios factores. Tanto la GmbH como la Ltd. son sociedades de capital que limitan la responsabilidad personal de los socios a su aportación. Sin embargo, difieren en los trámites de constitución, los costos operativos y los requisitos de informes. La constitución de una GmbH implica costos iniciales más altos y un procedimiento más complejo. El capital social mínimo es de 25,000 euros, de los cuales la mitad debe ser depositada al momento de la constitución. La inscripción en el registro mercantil se realiza solo después de la notarización del contrato social. En cambio, una Ltd. puede ser constituida con un capital social de solo 1 libra esterlina, sin requerir un depósito mínimo. La registración se realiza en línea en Companies House, el registro mercantil británico. Este proceso simplificado hace que la constitución de una Ltd. sea más rápida y económica. Si desea comenzar rápidamente y con una inversión mínima, la Ltd. podría ser la opción más adecuada. Los costos administrativos continuos también difieren. La GmbH está sujeta a regulaciones contables más estrictas y debe elaborar un balance anual que debe ser auditado por un auditor, si se superan ciertos criterios de tamaño. Esto conlleva costos más altos para contabilidad y auditoría. En cambio, la Ltd. tiene obligaciones de informes menos extensas. Las Ltd. más pequeñas pueden incluso estar exentas de la obligación de auditoría. Esto puede representar una ventaja de costo significativa, especialmente para startups y pequeñas empresas. Otra diferencia radica en la percepción pública. La GmbH goza de una alta reputación en Alemania y se considera una forma jurídica seria y confiable. Esto puede tener un impacto positivo en las relaciones comerciales. La Ltd., en cambio, a veces se asocia con menos seriedad en el entorno empresarial alemán, lo que debe ser considerado especialmente en relaciones comerciales con socios alemanes. Si su enfoque está en el mercado alemán, la GmbH podría ser la mejor opción para ganar la confianza de clientes y socios comerciales potenciales, a pesar de los costos más altos. La tributación también es diferente. Las ganancias de la GmbH están sujetas al impuesto sobre sociedades y al impuesto comercial, mientras que en la Ltd. solo se aplica el Corporation Tax. Sin embargo, la carga fiscal real depende de varios factores, como la cantidad de ganancias y la política de distribución de dividendos. Por lo tanto, es esencial contar con un asesoramiento fiscal detallado. Por ejemplo, si se desea reinvertir las ganancias para financiar el crecimiento empresarial, la Ltd. puede ser más ventajosa desde el punto de vista fiscal. La limitación de la responsabilidad a la aportación de capital se aplica tanto a la GmbH como a la Ltd. Sin embargo, es importante tener en cuenta que los directores en ambas formas jurídicas pueden ser responsables personalmente si incumplen sus deberes. Por lo tanto, una gestión cuidadosa y el cumplimiento de las normativas legales son esenciales en ambos casos. La decisión entre una GmbH o una Ltd. depende en última instancia de las necesidades y objetivos individuales de la empresa. Factores como la cantidad de capital inicial, los ingresos esperados, el mercado objetivo y la estrategia empresarial a largo plazo deben ser cuidadosamente considerados. Se recomienda un asesoramiento sólido por parte de un abogado o asesor fiscal para elegir la forma jurídica óptima para su empresa. La elección de la forma jurídica puede compararse con la elección de la herramienta adecuada: para diferentes tareas se necesitan diferentes herramientas. La GmbH y la Ltd. son dos herramientas distintas, adecuadas para diferentes objetivos empresariales. Además de los puntos ya mencionados, al elegir entre GmbH y Ltd., también debe considerar las respectivas regulaciones sobre la participación de los empleados. En Alemania, las GmbHs con más de 500 empleados están sujetas a una codeterminación legal que regula la influencia de los empleados en las decisiones empresariales. En el Reino Unido, las regulaciones sobre la participación de los empleados son menos exhaustivas. Este aspecto puede ser relevante si planea emplear un número mayor de

trabajadores. Otra diferencia se refiere a la flexibilidad en la redacción del contrato social. Mientras que el contrato social de una GmbH está sujeto a requisitos formales relativamente estrictos, la Ltd. ofrece más margen de maniobra. Esto permite regular de manera más individual la organización interna y los derechos y deberes de los socios. Esta flexibilidad puede ser especialmente ventajosa para joint ventures o empresas con estructuras de socios complejas. También debe pensar en el desarrollo futuro de su empresa. Si planea llevar su empresa a la bolsa más adelante, la elección de la forma jurídica también puede ser significativa. Mientras que una GmbH puede convertirse relativamente fácil en una sociedad anónima en Alemania, la conversión de una Ltd. en una sociedad cotizada en el Reino Unido implica un mayor esfuerzo. En resumen, la elección entre GmbH y Ltd. es una decisión compleja que debe ser cuidadosamente considerada. Tenga en cuenta todos los factores relevantes, como costos de constitución, costos operativos, obligaciones de informes, impuestos, responsabilidad, percepción pública y planes de desarrollo futuros. Se recomienda encarecidamente un asesoramiento profesional por parte de un abogado o asesor fiscal para tomar la decisión correcta para su empresa.

Bueno saber

Companies House

El registro mercantil británico donde se registran las Limiteds. Permite un registro en línea, lo que simplifica el proceso de constitución.

Corporation Tax

El impuesto sobre sociedades británico que se aplica a las ganancias de una Ltd. Es un factor importante en la consideración fiscal de la elección de la forma jurídica.

Limited (Ltd.)

Una forma jurídica británica de responsabilidad limitada, comparable a la GmbH alemana. Es conocida por sus menores costos de constitución y trámites administrativos más simples.

Comparación de Características Clave: GmbH vs. Ltd.

Comparación ilustrativa de los costos de constitución, el capital mínimo y la carga administrativa continua.

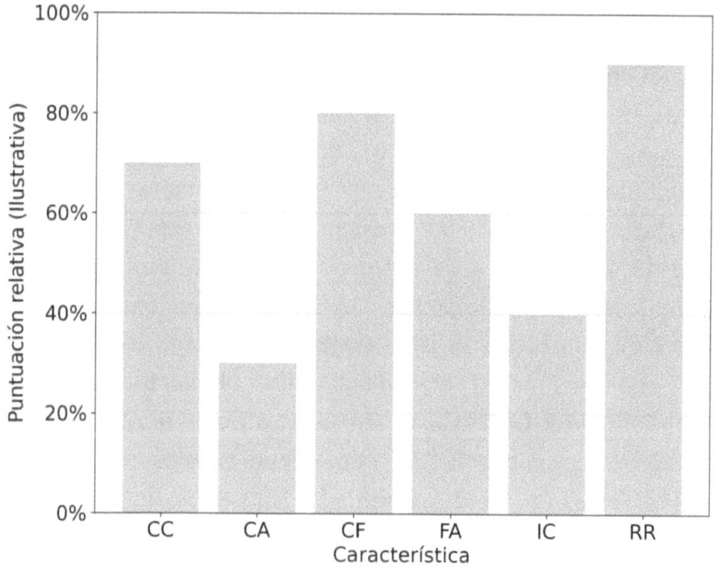

CA: Capital Mínimo
CC: Complejidad Contable
CF: Carga Administrativa
FA: Flexibilidad
IC: Costos de Incorporación
RR: Requisitos de Información

Mientras que la Ltd. cuenta con menores costos iniciales de constitución y un capital social mínimo, la GmbH demuestra unos requisitos administrativos continuos significativamente menores. Esto sugiere que, aunque constituir una Ltd. podría ser más barato al principio, la GmbH podría ofrecer un ahorro de costos a largo plazo debido a una administración simplificada. Los fundadores potenciales deberían sopesar estos factores en función de sus circunstancias individuales y sus planes de negocio a largo plazo.

GmbH vs. LLC (EE.UU.)

En comparación con la Limited británica (ltd), la GmbH alemana presenta ciertas similitudes, pero también diferencias significativas con respecto a la Limited Liability Company (LLC) estadounidense. Al igual que la GmbH y la Ltd., la LLC ofrece la ventaja de la responsabilidad limitada, protegiendo así el patrimonio personal de los socios frente a los riesgos comerciales. Sin embargo, el proceso de constitución es diferente. Mientras que la creación de una GmbH debe ser notariada y requiere un capital social mínimo de 25.000 euros, la constitución de una LLC es considerablemente más flexible y conlleva menores costos. Los requisitos de capital social varían de un estado a otro, pero generalmente son mucho más bajos que los de la GmbH. Una empresa que desee ingresar al mercado estadounidense con una inversión mínima podría considerar la LLC como una opción más ventajosa. Los costos de administración continua y las obligaciones de informes también difieren. La GmbH está sujeta a estrictas normativas contables y obligaciones de auditoría, lo que genera costos significativos. En cambio, los requisitos de contabilidad e informes de una LLC suelen ser menos complejos y varían según el estado y el tamaño de la empresa. Esto puede representar una ventaja de costos para startups y pequeñas empresas. Además, la GmbH está sujeta a impuestos comerciales, mientras que la LLC no lo está. La LLC está sujeta al impuesto sobre la renta a nivel federal y, posiblemente, a otros impuestos a nivel estatal. Por lo tanto, un análisis fiscal preciso de la situación respectiva es esencial. Una empresa que opere a nivel internacional debe considerar las implicaciones fiscales tanto en el mercado estadounidense como en su mercado de origen para desarrollar una estrategia fiscal óptima. La percepción pública de la GmbH y la LLC también difiere. Mientras que la GmbH goza de un alto prestigio en Alemania, la LLC es una forma jurídica ampliamente reconocida y aceptada en los EE.UU. Sin embargo, la LLC puede ser menos conocida en el entorno empresarial alemán. Si una empresa alemana planea ingresar al mercado estadounidense, la LLC es una forma empresarial común y aceptada. Inversamente, una empresa estadounidense que desee operar en Alemania podría considerar la GmbH como una opción más adecuada para generar confianza entre los socios comerciales alemanes. Por ejemplo, una empresa alemana que expande sus operaciones a EE.UU. y desea colaborar con socios locales podría optar por la LLC para aumentar su aceptación. La flexibilidad en la estructuración interna es otra diferencia. La LLC ofrece mayores libertades que la GmbH, cuyo contrato social está sujeto a estrictos requisitos formales. Los socios de una LLC pueden regular sus derechos y obligaciones en el Operating Agreement de manera bastante libre. Esta flexibilidad permite adaptar la LLC a necesidades específicas, lo que puede ser especialmente ventajoso en modelos de negocio complejos o joint ventures. Así, se pueden regular de manera flexible las distribuciones de ganancias y los poderes de decisión. Un aspecto importante también es el desarrollo futuro de la empresa. Una salida a bolsa de una GmbH requiere una transformación en una sociedad anónima (AG). En cambio, una LLC no puede ser cotizada directamente en una bolsa. Por lo tanto, para una empresa con ambiciones de cotización en EE.UU., la creación de una Corporation (por ejemplo, una C-Corp o una S-Corp) es más adecuada. Una empresa alemana que aspire a una salida a bolsa a largo plazo en EE.UU. debería considerar la creación de una Corporation en lugar de una LLC. La decisión entre una GmbH y una LLC es compleja y depende de factores individuales, como el modelo de negocio planificado, la financiación, los aspectos fiscales y los objetivos a largo plazo. Por lo tanto, es esencial contar con asesoría profesional de abogados y asesores fiscales con experiencia internacional. Esto ayuda a elegir la forma jurídica óptima para cada caso y a minimizar riesgos potenciales. Además, es importante tener en cuenta que las regulaciones sobre la LLC varían de un estado a otro. Por lo tanto, es fundamental realizar una investigación exhaustiva sobre las regulaciones específicas en cada estado.

Comparación de Estructuras Empresariales

Popularidad relativa de GmbH y LLC en comparación con otras estructuras empresariales.

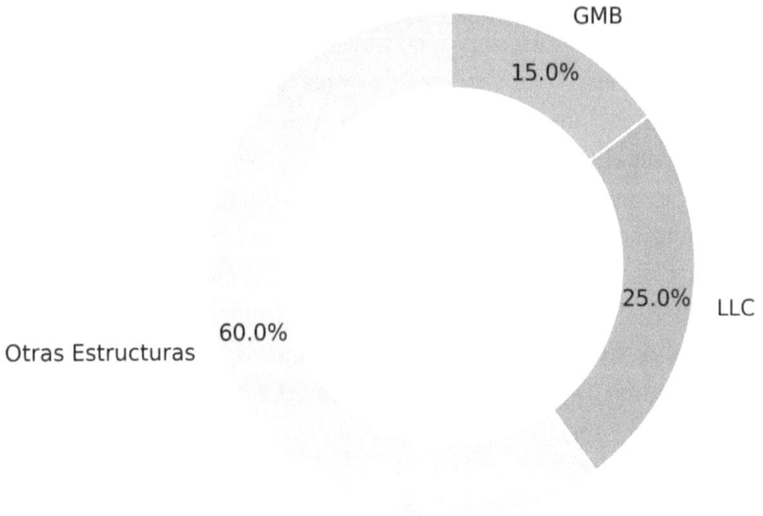

- GMB: GmbH (Alemania)
- LLC: LLC (EE. UU.)
- OTR: Otras Estructuras

Si bien tanto GmbH como LLC ofrecen responsabilidad limitada, la visualización destaca su prevalencia relativa. La participación significativamente mayor de 'Otros' subraya la diversidad de estructuras legales disponibles para las empresas tanto en Alemania como en los EE. UU. Esto sugiere que factores más allá de la responsabilidad, como los impuestos y la carga administrativa, juegan un papel crucial en la elección de una estructura empresarial.

GmbH vs. SARL (Francia)

La Société à responsabilité limitée (SARL) francesa presenta algunas similitudes con la GmbH alemana, pero también se diferencia en puntos centrales. Ambas formas societarias ofrecen responsabilidad limitada, lo que protege el patrimonio personal de los socios [s6]. Esta limitación de responsabilidad es un aspecto importante para los emprendedores que desean minimizar su riesgo personal. A diferencia de la GmbH, una SARL puede ser constituida con un solo socio y solo requiere un gerente (gérant) [s6]. Esta estructura puede ser ventajosa para emprendedores individuales o pequeños equipos que buscan una creación de empresa sin complicaciones. Una Joint Venture germano-francesa, donde la parte francesa solo desea aportar un socio, podría considerar la SARL como una estructura adecuada. El capital social mínimo de una SARL es de 1 euro, en comparación con los 25.000 euros de la GmbH. Aquí también se manifiesta la mayor flexibilidad de la SARL, especialmente para fundadores con recursos financieros limitados. Mientras que en la GmbH se debe aportar la mitad del capital social al momento de la constitución, en la SARL no existe tal requisito. Estas menores exigencias de capital pueden facilitar la entrada al mercado para las empresas. Una startup que desee iniciar en Francia con una inversión mínima de capital podría preferir la SARL a la GmbH. Las obligaciones contables y de informes de la SARL son menos extensas en comparación con la GmbH. Las SARL más pequeñas pueden estar exentas de la obligación de auditoría de cuentas anuales, lo que ahorra costos. La GmbH, en cambio, está sujeta a regulaciones más estrictas, especialmente al superar ciertos criterios de tamaño. Estas diferencias en los requisitos administrativos deben ser consideradas al elegir la forma jurídica. Una empresa que desee minimizar su carga administrativa podría encontrar la SARL más ventajosa. La percepción pública de ambas formas jurídicas es diferente. En Alemania, la GmbH goza de un alto prestigio y se considera seria. La SARL es la forma societaria más común en Francia para pequeñas y medianas empresas y también es reconocida. En el comercio germano-francés, ambas formas jurídicas están establecidas. La elección de la forma jurídica influye en la imagen externa de la empresa. Una empresa alemana que expande en Francia podría aumentar su aceptación entre socios comerciales franceses al optar por la SARL. También son relevantes los aspectos fiscales. La SARL está sujeta al impuesto sobre sociedades francés (impôt sur les sociétés), mientras que la GmbH está sujeta al impuesto sobre sociedades y al impuesto comercial alemanes. La carga fiscal efectiva depende de varios factores y debe ser evaluada caso por caso. Una planificación fiscal detallada es esencial para elegir la forma jurídica óptima. Una empresa que desee optimizar su carga fiscal debe analizar cuidadosamente los respectivos sistemas fiscales en Alemania y Francia. La decisión entre GmbH y SARL debe basarse en las necesidades y objetivos individuales de la empresa. Factores como la necesidad de capital, los requisitos administrativos, los aspectos fiscales y la estrategia empresarial a largo plazo deben ser considerados. Se recomienda la asesoría de expertos con experiencia germano-francesa. Esto ayuda a elegir la forma jurídica óptima y a minimizar riesgos potenciales. Una empresa que, por ejemplo, planea crecer significativamente en el futuro y contratar empleados, debe considerar las diferentes regulaciones sobre la participación de los trabajadores en Alemania y Francia.

Gérant

El gerente de una SARL, comparable al gerente de una GmbH. Dirige los negocios y representa a la sociedad.

Impuesto sobre sociedades

El impuesto sobre sociedades francés que se aplica a las ganancias de las empresas. Es un factor importante al elegir entre GmbH y SARL.

Joint Venture

Una empresa conjunta creada por dos o más empresas para llevar a cabo un proyecto o negocio específico. Puede ser una opción sensata para cooperaciones germano-francesas.

Participación de los trabajadores

La participación de los trabajadores en las decisiones de la empresa. Las regulaciones sobre la participación de los trabajadores difieren en Alemania y Francia y deben ser consideradas al elegir la forma jurídica.

Société à responsabilité limitée

Una forma jurídica francesa con responsabilidad limitada, comparable a la GmbH alemana. Ofrece ventajas como menores costos de constitución y estructuras de socios más flexibles.

SRL vs. SARL: Comparación de Requisitos de Fundación

Comparación de los requisitos de fundación para SRL (España) y SARL (Francia), considerando factores como el capital mínimo, los accionistas y la carga administrativa.

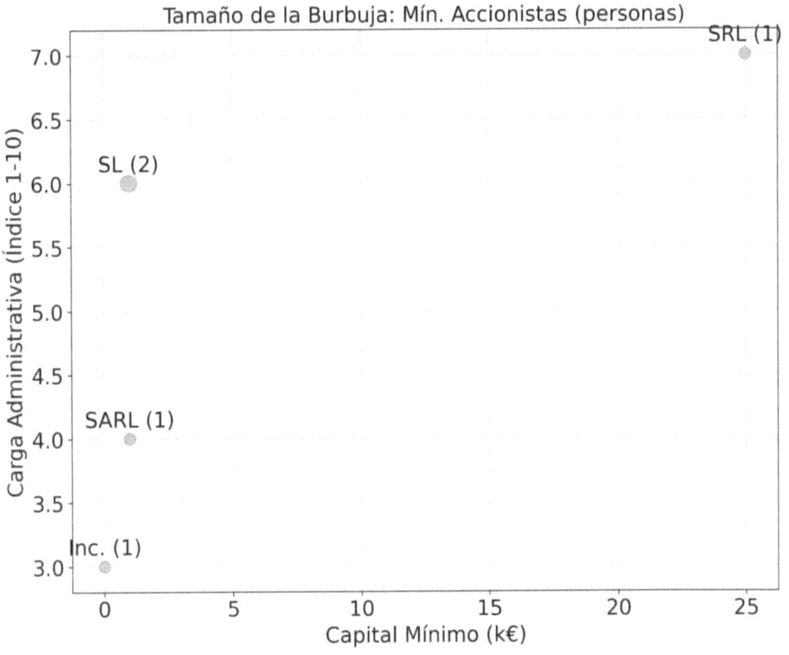

Blasengröße: Mín. Accionistas (personas)

Inc.: Inc. (EE. UU.)

SARL: SARL (Francia)

SL: S.L. (Reino Unido)

SRL: S.R.L. (España)

El gráfico indica que fundar una SARL generalmente implica menores requisitos de capital inicial en comparación con una SRL. Si bien la SRL exige más capital inicial, también parece ofrecer más flexibilidad en términos de estructura de accionistas. La SARL parece ser menos compleja administrativamente, lo que sugiere un proceso de constitución potencialmente más rápido.

Consejos concretos

- Compare la GmbH con la Limited, la LLC y la SARL en relación con los respectivos programas nacionales de apoyo para jóvenes empresas.
- Verifique si la jurisprudencia en el país de su forma societaria extranjera ofrece ventajas en la protección de la propiedad intelectual.
- Analice las diferencias en la legislación de protección de datos entre Alemania y el país de su elección, considerando las implicaciones para la fundación de su GmbH.
- Tenga en cuenta las diferencias culturales en el manejo de contratos y modalidades de pago en el respectivo país.
- Investigue si existen convenios de doble imposición entre Alemania y el país de la forma societaria extranjera y qué beneficios puede obtener de ellos.
- Evalúe la influencia de la estabilidad política y económica del país en la fundación internacional de su GmbH.
- Compare las disposiciones laborales vigentes en Alemania y en el país de su forma societaria extranjera, especialmente en lo que respecta al envío de empleados.
- Analice las diferentes regulaciones sobre insolvencia y sus efectos en su responsabilidad como socio.
- Considere las respectivas normativas para la lucha contra el lavado de dinero y la financiación del terrorismo y sus implicaciones para la fundación de su GmbH.
- Infórmese sobre las posibilidades de fundación y gestión digital de su forma societaria extranjera para simplificar procesos y reducir costos.
- Considere la creación de una estructura de holding para aprovechar ventajas fiscales y minimizar riesgos de responsabilidad.

3. 2 Fundación de una GmbH desde el extranjero

La creación de una GmbH desde el extranjero ofrece oportunidades atractivas para acceder al mercado alemán. Sin embargo, requiere una atención precisa a las normativas alemanas, desde cuestiones de visado y el nombramiento del director general hasta el depósito del capital social y la prevención del blanqueo de capitales. Estos desafíos afectan tanto a los fundadores como al futuro director general y requieren una planificación cuidadosa. Conozca los aspectos más importantes y logre con éxito la creación de su GmbH.

Los fundadores extranjeros deben tener en cuenta un margen en el capital social al establecer una GmbH en Alemania, para amortiguar las fluctuaciones del tipo de cambio y evitar pagos adicionales.

Requisitos legales para fundadores extranjeros

Los fundadores extranjeros que deseen establecer una GmbH en Alemania deben cumplir con diversos requisitos legales. La geschaeftsfaehigkeit es un requisito fundamental. Los menores de edad o las personas a quienes se les ha retirado la capacidad jurídica no pueden fundar una GmbH. La nacionalidad también juega un papel secundario: los fundadores pueden provenir de cualquier país. Es importante tener una residencia legal en Alemania o en la UE, que debe ser comprobada mediante un visado válido o un permiso de residencia. Para los ciudadanos no pertenecientes a la UE, puede ser necesario obtener un visado empresarial, que está sujeto a ciertos requisitos, como un plan de negocio convincente y la garantía de los costos de vida. Un fundador de EE. UU. necesita, por lo tanto, un visado correspondiente para fundar la GmbH, que le permita trabajar de manera independiente en Alemania. Otro aspecto importante es el registro de una residencia o sede empresarial en Alemania. La GmbH necesita una dirección comercial en el país, que sirva como lugar de entrega para documentos oficiales. El fundador no necesita tener una residencia alemana, pero debe poder presentar una dirección válida en la UE. Esta puede ser, por ejemplo, la dirección de un representante autorizado en Alemania. Esta dirección se inscribe en el handelsregister y es de acceso público. El cumplimiento de las regulaciones alemanas sobre prevención del lavado de dinero también es esencial. El origen del capital social debe ser presentado de manera transparente. Las transferencias deben realizarse directamente desde la cuenta del fundador y no a través de terceros, para que el origen del capital sea claramente verificable. La identificación de los fundadores se lleva a cabo a través del procedimiento de Post-Ident o procedimiento de Videoident. La escritura de la GmbH debe cumplir con las disposiciones legales alemanas. Regula las relaciones internas de la sociedad, como la gestión, la representación y la distribución de beneficios. La escritura debe ser notariada. El notario también asesora sobre los aspectos legales de la fundación y asegura que se cumplan todos los requisitos legales. El capital social de la GmbH es de al menos 25.000 euros. Al menos la mitad de esta cantidad, es decir, 12.500 euros, debe ser depositada al momento de la fundación. El depósito se realiza en una cuenta comercial de la GmbH, que solo puede abrirse después de la notariación de la escritura. La prueba del depósito debe ser presentada al notario. La inscripción de la GmbH en el registro mercantil es el último paso para la fundación completa. El notario registra la GmbH en el registro mercantil y presenta todos los documentos necesarios. Después de la inscripción, la GmbH obtiene su propia rechtspersoenlichkeit y puede participar en la vida empresarial.

Los fundadores extranjeros deben informarse con antelación sobre los requisitos legales y, si es necesario, buscar apoyo profesional, como un abogado o un asesor fiscal. Esto puede ayudar a evitar errores y acelerar el proceso de fundación. Una planificación y preparación cuidadosas son decisivas para el éxito de la fundación de la GmbH desde el extranjero. El conocimiento de las condiciones legales es la base para ello. Por ejemplo, la aclaración temprana de los requisitos de visado o la elección de una sede empresarial adecuada puede evitar dificultades posteriores y hacer que el proceso de fundación sea más eficiente. Una lista de verificación con todos los pasos y documentos necesarios puede ayudar a mantener el control. - Fundación de una GmbH desde el extranjero:

- Verificar la capacidad jurídica
- Asegurar el permiso de residencia/visado
- Registrar la sede empresarial/residencia
- Cumplir con las regulaciones de prevención del lavado de dinero
- Elaborar la escritura y notariarla
- Depositar el capital social
- Inscripción en el registro mercantil

La consideración de estos puntos permite a los fundadores extranjeros llevar a cabo una fundación legalmente segura y exitosa de su GmbH en Alemania.

Esfuerzo para la fundación de una GmbH

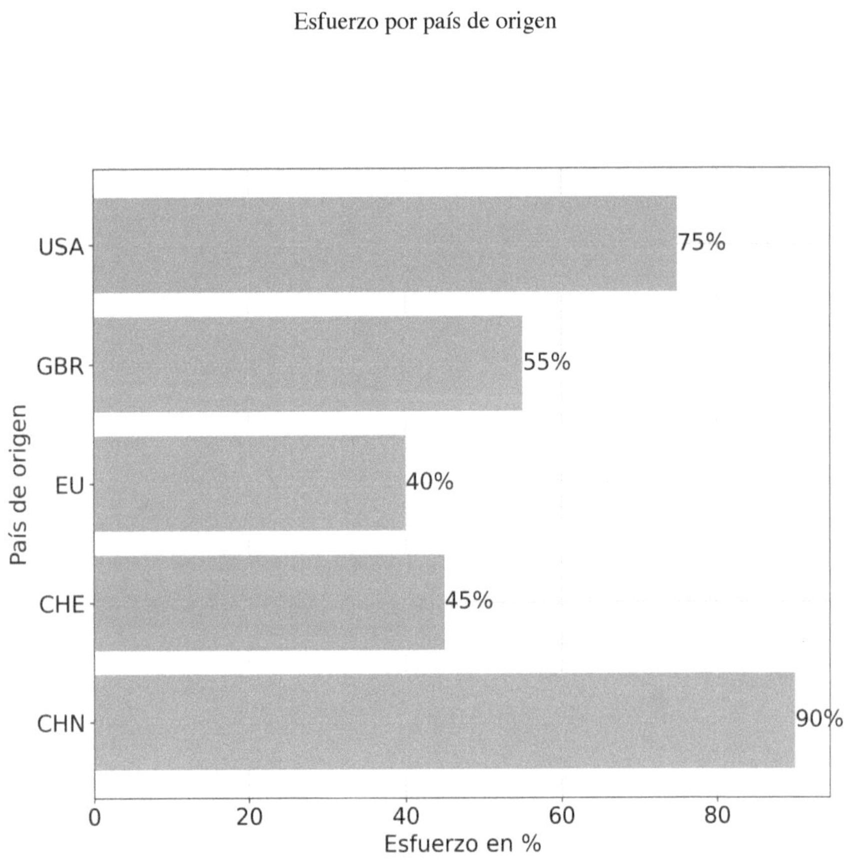

CHE: Suiza

CHN: China

EU: Estados miembros de la UE

GBR: Gran Bretaña

USA: EE. UU.

El esfuerzo para la fundación de una GmbH varía mucho según el país de origen. Algunos países requieren muchos más pasos y tiempo que otros. Los fundadores de países con mayor esfuerzo deben comenzar a planificar con anticipación y buscar asesoramiento profesional.

Particularidades en el nombramiento del gerente

El nombramiento de un gerente es esencial para una GmbH, pero presenta algunas particularidades para los fundadores extranjeros. El gerente representa a la GmbH judicial y extrajudicialmente y lleva a cabo los negocios de acuerdo con el contrato social y las disposiciones legales. No es necesario que sea ciudadano alemán o resida en Alemania. Una residencia dentro de la Unión Europea es suficiente para garantizar la accesibilidad para las autoridades y los tribunales. Si el gerente vive fuera de la UE, se puede nombrar un apoderado de notificación para asegurar el flujo de comunicación. Por lo tanto, un fundador estadounidense podría nombrar a un gerente de Francia o autorizar a un representante en Alemania. Otra particularidad se refiere a la notarielle_beurkundung del nombramiento del gerente. Esto es obligatorio en Alemania y se realiza en alemán. Por lo tanto, los fundadores extranjeros deben asegurarse de que el gerente nombrado tenga un dominio suficiente del idioma alemán o contrate a un traductor para evitar malentendidos y complicaciones posteriores. La autenticación también puede llevarse a cabo en el extranjero, siempre que el notario esté familiarizado con el derecho alemán. El poder para el nombramiento del gerente también puede ser notarialmente certificado en el extranjero para permitir que el futuro gerente represente en la cita de autenticación. También puede ser relevante el aufenthaltserlaubnis del gerente. Si el gerente proviene de un país no perteneciente a la UE, necesitará un permiso de residencia correspondiente para ejercer su actividad en Alemania y, si es necesario, un visado de trabajo. El tipo de permiso de residencia requerido depende de la nacionalidad y la duración de la actividad planificada. Es recomendable informarse con antelación sobre los requisitos de visado y obtener los documentos necesarios a tiempo. Así, un fundador de China puede asegurarse de que su gerente designado de Brasil obtenga los documentos necesarios para trabajar en Alemania. El nombramiento del gerente debe regularse en la estatuto de la GmbH o realizarse mediante una resolución de los socios separada. En este contexto, se deben definir claramente los poderes de representación del gerente, por ejemplo, si puede actuar solo o conjuntamente con otro gerente. Estas regulaciones son importantes para la capacidad de actuación de la GmbH y deben estar formuladas de manera clara y precisa. Esto puede evitar que decisiones importantes sean bloqueadas o que se realicen representaciones no autorizadas. Una formulación precisa del poder de representación en la resolución de los socios puede evitar disputas posteriores y asegurar la capacidad de acción de la GmbH. Finalmente, los fundadores extranjeros deben tener en cuenta las regulaciones alemanas sobre la geldwaeschepraevention al nombrar al gerente. La identidad del gerente debe ser claramente establecida y, si es necesario, se deben proporcionar detalles sobre el origen de su patrimonio. Esto sirve para combatir el lavado de dinero y la financiación del terrorismo y es un componente importante del derecho alemán. El incumplimiento de estas regulaciones puede resultar en sanciones significativas. A través de una cuidadosa verificación de la identidad y la situación patrimonial del gerente, la GmbH puede minimizar riesgos legales y proteger su reputación. Se recomienda una documentación exhaustiva de las verificaciones correspondientes.

Permiso de residencia [i19]

Escritura pública [i20]

Bueno saber

Apoderado de notificación

Un apoderado de notificación es una persona residente en Alemania que está autorizada a recibir documentos judiciales y administrativos para el gerente cuando este no tiene su residencia en Alemania. Esto es especialmente importante para los gerentes de países no pertenecientes a la UE, para asegurar que las comunicaciones importantes puedan ser entregadas a tiempo.

Resolución de los socios

Una resolución de los socios es una decisión de los socios de una GmbH que se toma en la asamblea de socios. Las decisiones importantes, como el nombramiento o destitución del gerente, requieren una resolución de los socios.

Visado de trabajo

Un visado de trabajo es una forma especial de permiso de residencia que permite a los ciudadanos extranjeros trabajar en Alemania. Generalmente se solicita antes de la entrada a Alemania en la embajada o consulado alemán en el país de origen y está sujeto a ciertas condiciones, como una oferta de trabajo concreta.

Directores generales de GmbHs alemanas fundadas desde el extranjero

Distribución de directores generales alemanes vs. extranjeros.

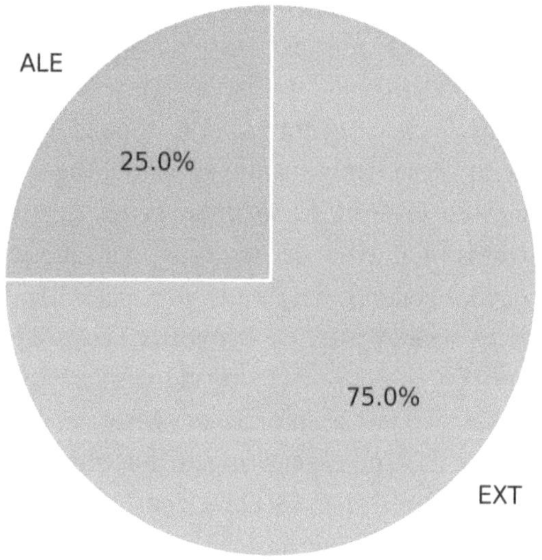

- ALE: Director General Alemán
- EXT: Director General Extranjero

La mayoría de las GmbHs fundadas desde el extranjero tienen directores generales extranjeros. Esto sugiere que los fundadores a menudo prefieren mantener el control directo sobre su filial alemana, aprovechando su experiencia existente y familiaridad con el negocio. Si bien nombrar a un director general alemán puede ser beneficioso para navegar por las regulaciones y prácticas comerciales locales, parece menos común, posiblemente debido a factores como el costo, la confianza o simplemente el deseo del fundador de una gestión práctica.

Depósito de capital social desde el extranjero

El depósito de capital social al fundar una GmbH desde el extranjero requiere atención especial. El mindeststammkapital es de 25.000 euros, de los cuales al menos la mitad, es decir, 12.500 euros, deben ser depositados en una cuenta comercial de la GmbH al momento de la fundación. Esta cuenta solo puede abrirse después de la notariellen_beurkundung del contrato social. El origen del capital debe ser transparente y verificable. Las transferencias deben realizarse directamente desde la cuenta del fundador para garantizar la geldwaeschepraevention. Un fundador de Japón podría realizar el depósito desde su cuenta bancaria japonesa a la cuenta comercial alemana de la GmbH. Se debe evitar el uso de cuentas de terceros o depósitos a través de terceros, ya que esto dificulta la trazabilidad y puede generar preguntas por parte de las autoridades. Para los fundadores extranjeros, es común realizar el depósito en una moneda extranjera. En este caso, el tipo de cambio en el momento del depósito es crucial, ya que el monto en euros es determinante para cumplir con los requisitos de capital social. Las fluctuaciones en el tipo de cambio pueden llevar a que se deba aportar capital adicional si el monto depositado al momento de la inscripción en el handelsregister ya no corresponde a los 12.500 euros requeridos. Para evitar esto, se recomienda realizar un depósito adicional de seguridad que compense las fluctuaciones del tipo de cambio. Una transferencia de, por ejemplo, 13.000 euros en lugar de los 12.500 euros mínimos requeridos puede garantizar esto. La prueba del depósito debe presentarse al notario que autentica la fundación. Generalmente se aceptan confirmaciones bancarias que documentan la entrada del pago en la cuenta de la GmbH. Esta confirmación debe contener toda la información relevante, como el monto transferido, la fecha de la transferencia y los números de cuenta del remitente y del destinatario. Además de los requisitos formales del depósito, es recomendable conservar cuidadosamente la documentación del flujo de

capital. Esta documentación no solo sirve para cumplir con las obligaciones de prevención del lavado de dinero, sino también como una prueba importante en caso de auditorías o discrepancias posteriores. Una documentación completa de todo el proceso de fundación, incluido el depósito de capital social, facilita la comunicación con las autoridades y los bancos y minimiza el riesgo de retrasos o complicaciones. Un sistema bien organizado para archivar todos los documentos relevantes, tanto en forma física como digital, es, por lo tanto, ventajoso. De este modo, el fundador extranjero puede presentar en cualquier momento las pruebas requeridas y demostrar la legalidad de la fundación. Esto genera confianza ante socios comerciales y autoridades y contribuye al establecimiento fluido de la GmbH en el mercado alemán. La cuidadosa atención a estos aspectos del depósito de capital social permite a los fundadores extranjeros un inicio exitoso en Alemania y forma una base sólida para el futuro crecimiento empresarial. Abordar estos puntos con antelación ayuda a evitar dificultades potenciales y a hacer el proceso de fundación más eficiente.

Bueno saber

Documentación del flujo de capital

La documentación del flujo de capital registra todas las entradas y salidas de capital de una sociedad. Es importante para la transparencia y la trazabilidad de los flujos financieros.

Tipo de cambio

El tipo de cambio indica la relación entre dos monedas. Al depositar el capital social en moneda extranjera, el tipo de cambio en el momento del depósito es relevante para cumplir con los requisitos de capital mínimo.

Costos de Transferencia de Capital Social

Comparación de los costos de transferencia para diferentes montos de capital social.

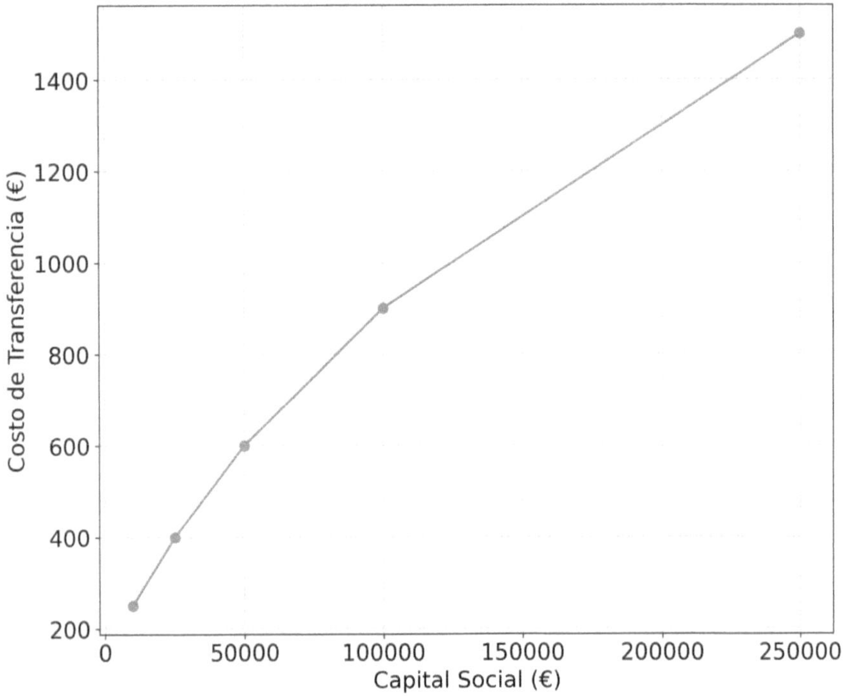

La transferencia de grandes cantidades de capital social incurre en mayores costos absolutos, pero el costo relativo (porcentaje del monto total) generalmente disminuye debido a las tarifas fijas y las economías de escala. La elección del método de transferencia óptimo requiere equilibrar la velocidad, la seguridad y la rentabilidad.

Consejos concretos

- Verifique si la creación de una sucursal o representación de su empresa existente en el extranjero es una alternativa a la fundación de una GmbH.
- Identifique redes de habla alemana en su país de origen que puedan ayudarle en la fundación de una GmbH en Alemania.
- Investigue historias de éxito de fundadores de su país en Alemania y contáctelos para un intercambio de experiencias.
- Visite Alemania antes de la fundación para hacerse una idea personal de la cultura empresarial y las condiciones locales.
- Utilice servicios de traducción en línea para el estatuto alemán, pero asegúrese de que un jurista alemán lo revise.
- Abra una cuenta comercial alemana antes de la fundación de la GmbH para simplificar el depósito del capital social.
- Contrate a un asistente virtual en Alemania que le ayude con tareas administrativas y la comunicación con las autoridades.
- Aprenda los fundamentos del idioma alemán para facilitar la comunicación con socios comerciales y autoridades.
- Considere si una cooperación con una empresa alemana podría facilitar su entrada al mercado.
- Verifique la posibilidad de solicitar fondos específicos para fundadores internacionales en Alemania.
- Consulte con la embajada o el consulado alemán en su país de origen sobre las condiciones legales para la fundación de una GmbH.
- Utilice las ofertas digitales de las autoridades alemanas para hacer el proceso de fundación sin papel y eficiente.

3. 3 Actividad comercial internacional

La actividad empresarial internacional amplía el horizonte de su GmbH y ofrece enormes oportunidades, pero también conlleva desafíos específicos. Esta sección ilumina los aspectos legales y prácticos de la expansión, desde la elección de la estructura empresarial adecuada en el extranjero – sucursal o filial – hasta las implicaciones fiscales y las particularidades culturales. La globalización ofrece diversas oportunidades para el crecimiento y el éxito: aproveche este potencial para su GmbH.

La actividad empresarial internacional requiere, además de aspectos legales y fiscales, la consideración de desarrollos socioeconómicos, políticos y culturales en un contexto global, así como una evaluación de riesgos anticipada y modelos de negocio flexibles.

Sucursalen en el extranjero

Una sucursal en el extranjero es una extensión legalmente no independiente de la GmbH alemana. Actúa bajo el nombre de la empresa matriz y es controlada por esta. La gran ventaja: La fundación suele ser más sencilla y rápida que la de una filial. De este modo, puede establecerse relativamente rápido en el mercado extranjero y ofrecer sus productos o servicios. La gestión también es más sencilla, ya que la sucursal está integrada en las estructuras de la GmbH. Piense en contabilidad unificada o gestión de personal. La empresa matriz es responsable de todas las obligaciones de la sucursal. Esto puede ser una desventaja, pero también ofrece la oportunidad de destacar ante bancos y socios comerciales en el extranjero con la solvencia de la GmbH alemana.

Análisis de mercado [i22]

La forma legal de la sucursal está determinada por la legislación del país anfitrión. Debe prestar atención a las leyes y regulaciones locales, entre otras cosas, en relación con:

- Registro comercial
- Impuestos
- Derecho laboral
- Obligaciones de reporte

Una sucursal debe tener generalmente una sede en el extranjero y nombrar un representante. Este actúa en nombre de la GmbH y debe poseer los poderes necesarios. Los costos de fundación varían según el país, pero suelen ser menores que los de una filial. También el esfuerzo administrativo continuo es generalmente menor. La elección entre sucursal y filial depende de varios factores, como la orientación estratégica, la presencia de mercado deseada y la situación fiscal. Una sucursal es adecuada si desea vincular estrechamente su actividad comercial en el extranjero con la de la empresa matriz y mantener el control total. Es especialmente adecuada para actividades de ventas o servicio al cliente. Si, por el contrario, busca una mayor independencia y desea limitar el riesgo, una filial es la mejor opción. El tratamiento fiscal de una sucursal es complejo y depende de los acuerdos de doble imposición. Las ganancias se gravan generalmente en el país anfitrión y luego se acreditan en el país de origen para evitar la doble imposición. Una planificación cuidadosa y el asesoramiento de expertos fiscales son esenciales para evitar desventajas fiscales y aprovechar las oportunidades de optimización. Así, puede beneficiarse de tasas impositivas más bajas en el país anfitrión. Sin embargo, tenga en cuenta que las regulaciones exactas varían de un país a otro. Infórmese con antelación sobre los requisitos específicos y consulte a expertos para encontrar la estructura óptima para su actividad comercial internacional. La fundación de una sucursal requiere una serie de pasos. Primero, debe verificar los requisitos legales en el país anfitrión y obtener los documentos necesarios. El registro en el registro comercial es obligatorio en la mayoría de los países. También la apertura de una cuenta bancaria y el registro en la oficina de impuestos son generalmente necesarios. Los procedimientos exactos y los documentos requeridos varían de un país a otro. Una lista de verificación con los puntos más importantes puede ayudarle a mantener el control y hacer que el proceso de fundación sea eficiente. Un ejemplo: Una empresa alemana desea distribuir sus productos en Francia. Una sucursal en París permite una presencia directa en el lugar y

simplifica el acceso al mercado francés. El director de ventas de la GmbH alemana puede ser nombrado como representante de la sucursal y llevar a cabo los negocios en el lugar. A través de la presencia directa en el mercado, la empresa puede reaccionar más rápidamente a las demandas de los clientes y fortalecer su posición en el mercado. Sin embargo, los aspectos fiscales deben ser examinados cuidadosamente para evitar la doble imposición. La comunicación entre la empresa matriz y la sucursal es crucial para el éxito. Responsabilidades claras, intercambio regular de información y procesos uniformes son importantes para garantizar flujos de trabajo sin problemas. Los medios de comunicación modernos, como videoconferencias y software de gestión de proyectos, pueden facilitar la colaboración y aumentar la eficiencia. Un sistema de informes bien funcionante asegura que la empresa matriz esté informada sobre las actividades de la sucursal y pueda intervenir si es necesario. La elección de la ubicación para la sucursal debe ser cuidadosamente considerada. Factores como la proximidad a clientes y proveedores, la infraestructura y la disponibilidad de mano de obra calificada son relevantes. También deben tenerse en cuenta las condiciones políticas y económicas en el país anfitrión. Un análisis de mercado detallado puede ayudar a identificar la ubicación óptima y aumentar las posibilidades de éxito de la sucursal. Las diferencias culturales en el país anfitrión no deben subestimarse. Las prácticas comerciales, los estilos de comunicación y las jerarquías pueden diferir significativamente de las costumbres alemanas. Una sensibilización intercultural de los empleados puede evitar malentendidos y mejorar la colaboración. Capacitación y talleres pueden contribuir a fortalecer la competencia intercultural de los empleados y fomentar el éxito de la sucursal.

Sensibilización intercultural [i21]

Distribución Internacional de Sucursales

Distribución de sucursales internacionales para una GmbH.

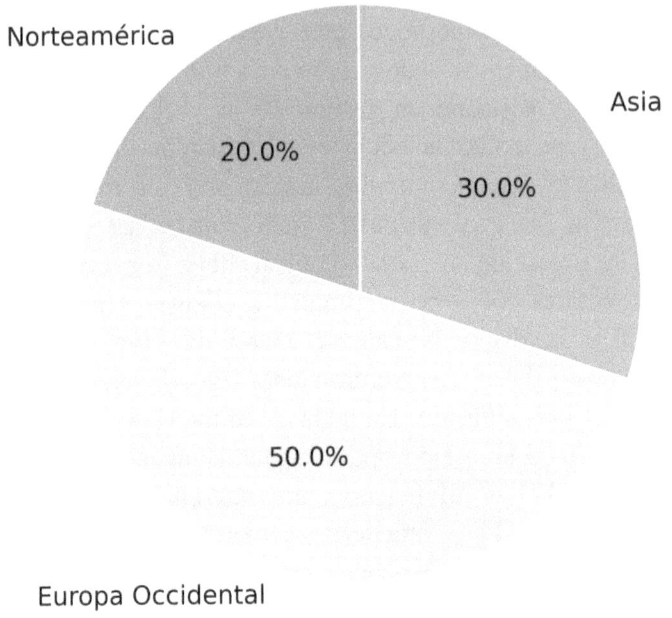

- ASI: Asia
- NAM: Norteamérica
- WEU: Europa Occidental

La visualización destaca un enfoque estratégico en la expansión europea, particularmente en Europa Occidental, lo que presenta oportunidades para acceder a mercados establecidos y mano de obra cualificada. Si bien la presencia en Norteamérica ofrece un punto de apoyo en una región económica clave, la menor participación sugiere un enfoque más cauteloso o potencialmente una etapa posterior de desarrollo. El mercado asiático representa una importante oportunidad de crecimiento, aunque las consideraciones relativas a las estrategias de entrada al mercado y las normativas locales son cruciales para el éxito.

Relaciones comerciales transfronterizas

Las relaciones comerciales transfronterizas son complejas y requieren un análisis exhaustivo de diversos factores. Además de la elección de la estructura empresarial óptima, como zweigniederlassung o tochtergesellschaft, las cooperaciones y asociaciones estratégicas influyen en el éxito en el mercado internacional. La colaboración con inversores de capital de riesgo (VC) en forma de sindicación transfronteriza puede fomentar la capacidad de innovación de las empresas. [s7] A través del acceso a conocimientos y recursos locales, se reduce la asimetría de información y las nuevas empresas obtienen legitimidad a través de la asociación estratégica. [s7] Estas cooperaciones también reducen los costos de búsqueda para las startups con pocos recursos. [s7] Las crisis globales, como la pandemia de COVID-19, han demostrado cómo las empresas multinacionales (MNEs) pueden adaptar sus modelos de negocio y abordar necesidades sociales. [s8] La reconversión de líneas de producción a bienes esenciales, como ropa de protección, ilustra la capacidad de adaptación de las MNEs. [s8] No solo el desarrollo de nuevas soluciones, sino también la modificación de procesos y productos existentes contribuyen a abordar problemas sociales. [s8] La pandemia ha intensificado el debate sobre el papel de las MNEs en el contexto del valor social y los desafíos globales como la salud y el desarrollo sostenible. [s8] Las empresas chinas de comercio electrónico demuestran cómo, al considerar las necesidades locales de los clientes y un eficiente gestión de la cadena de suministro, se puede expandir con éxito a los mercados europeos y americanos. [s9] Una oferta de servicios establecida paralelamente optimiza los procesos y fortalece la competitividad. [s9] Al mismo tiempo, la situación de los emprendedores migrantes transnacionales ilustra cómo los eventos globales afectan la movilidad transfronteriza y las cadenas de valor internacionales. [s10] La pandemia de COVID-19 ha afectado la actividad de este grupo de emprendedores debido a los efectos de deglobalización. [s10] Por lo tanto, para las GmbHs que operan internacionalmente, es recomendable analizar, además de los aspectos legales y fiscales en el país objetivo, también los desarrollos socioeconómicos y políticos en el contexto global. Una evaluación de riesgos proactiva y el desarrollo de modelos de negocio flexibles son cruciales para el éxito a largo plazo en el mercado internacional. Un monitoreo regular de las tendencias globales y la adaptación de la propia estrategia a las condiciones cambiantes son indispensables. De este modo, se pueden minimizar los riesgos potenciales y reconocer las oportunidades a tiempo. El desarrollo de escenarios para diferentes desarrollos globales puede fortalecer la capacidad de respuesta de la empresa y aumentar la resiliencia frente a choques externos.

Desglobalización [i23]

Aspectos relevantes de la actividad empresarial transfronteriza

Distribución de los factores importantes para la creación de una GmbH internacional.

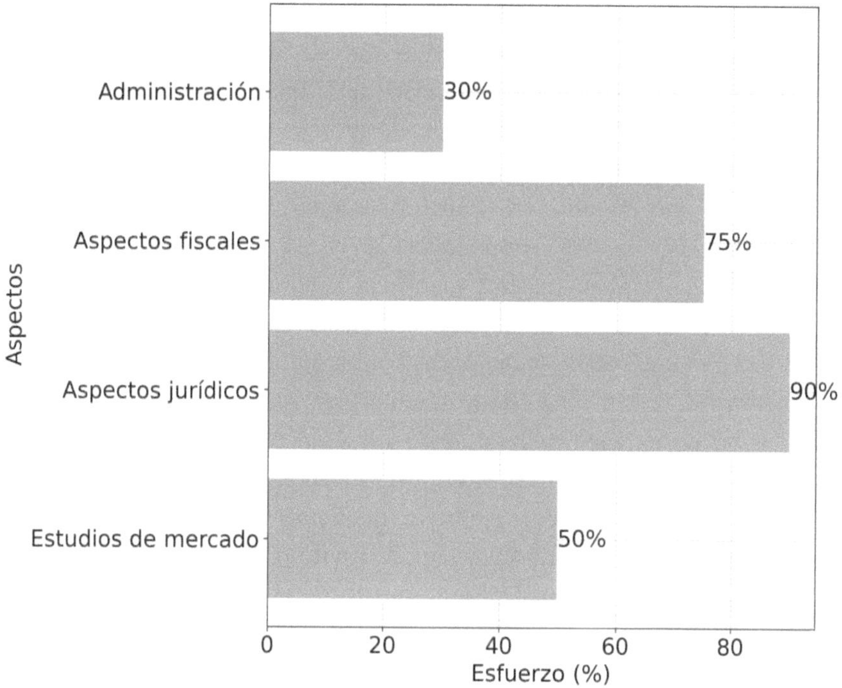

ADM: Administración

ASP: Aspectos fiscales

EST: Estudios de mercado

JUR: Aspectos jurídicos

Los mayores obstáculos para la actividad empresarial transfronteriza residen en el ámbito jurídico y fiscal. En particular, los aspectos fiscales requieren un análisis intensivo. La elección de la forma jurídica y los procesos administrativos asociados también son importantes, pero menos complejos que los retos fiscales. La investigación de mercado es relevante, pero requiere menos esfuerzo en comparación.

Marco jurídico de la UE para las GmbHs

El marco jurídico de la UE ofrece a las GmbHs alemanas que desean operar en el extranjero europeo algunas particularidades. La posibilidad de transformación transfronteriza, fusión o escisión de sociedades crea flexibilidad en la estructura empresarial. Así, una GmbH alemana puede cambiar su forma jurídica a la de otro estado miembro de la UE sin ser liquidada y sin interrumpir su actividad comercial [s11]. Esto permite la adaptación a las condiciones del mercado y puede ofrecer ventajas en términos de gestión, fiscalidad o acceso a fondos de apoyo. La Directiva de la UE 2019/2121, que regula las transformaciones, fusiones y escisiones transfronterizas, ha sido implementada en la legislación nacional y refuerza la seguridad jurídica para las empresas [s11]. Un aspecto importante es el reconocimiento de la transformación transfronteriza por parte del Tribunal de Justicia de la Unión Europea (TJUE). Incluso si la transformación en otro estado miembro se realiza principalmente por razones de optimización fiscal, esto no se considera automáticamente un abuso [s11]. Esto abre a las GmbHs la opción de optimizar su carga fiscal, por ejemplo, mediante una transformación en una Limited en el Reino Unido o una Société à responsabilité limitée (SARL) en Francia, y al mismo tiempo aprovechar las ventajas del mercado interior de la UE. La movilidad transfronteriza de las sociedades dentro de la UE ofrece, por lo tanto, nuevas oportunidades para la actividad comercial internacional de las GmbHs alemanas. Sin embargo, al planificar tales transformaciones, es esencial realizar un examen cuidadoso de las condiciones legales y fiscales en el país de destino para evitar consecuencias inesperadas.

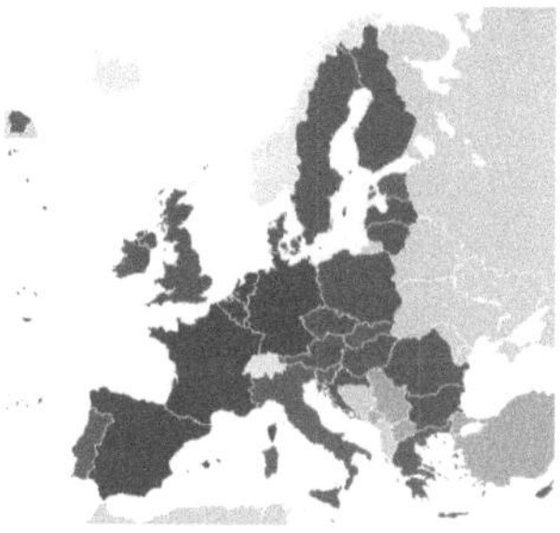

mercado único de la UE [i24]

Bueno saber

Mercado interior de la UE

El mercado interior de la UE permite la libre circulación de mercancías, servicios, capitales y personas entre los estados miembros. Esto facilita la actividad comercial para las GmbHs dentro de la UE.

Optimización fiscal

Al elegir una ubicación favorable para la GmbH o una de sus filiales, se pueden obtener ventajas fiscales. Sin embargo, esto debe hacerse dentro del marco de las disposiciones legales.

Transformación transfronteriza

Una GmbH puede cambiar su forma jurídica a la de otro país de la UE sin interrumpir su actividad comercial. Esto permite, por ejemplo, la transformación de una GmbH alemana en una SARL francesa.

Facilidad para hacer negocios en países seleccionados de la UE para la formación de GmbH

Facilidad relativa de los procedimientos de establecimiento de GmbH basados en datos hipotéticos.

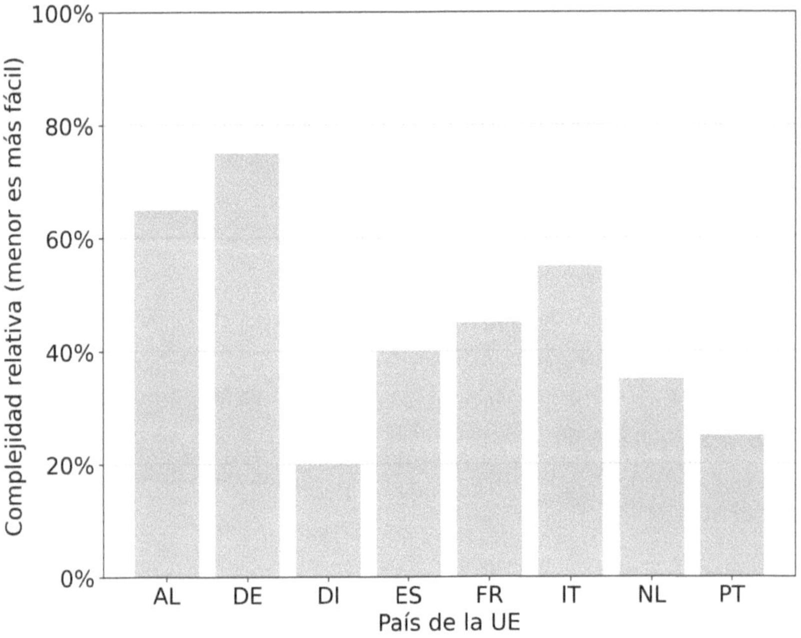

AL: Austria
DE: Alemania
DI: Dinamarca
ES: España
FR: Francia
IT: Italia
NL: Países Bajos
PT: Portugal

Mientras que Alemania y Austria demuestran una complejidad relativamente mayor en la formación de GmbH, varias otras naciones de la UE ofrecen un proceso más fluido. Esto sugiere que los emprendedores que buscan la forma más fácil de establecer una GmbH podrían considerar jurisdicciones como Dinamarca o Portugal. Sin embargo, se deben considerar las necesidades comerciales individuales y el asesoramiento legal antes de tomar una decisión.

Consejos concretos

- Establezca contactos tempranos con mentores locales en el país de destino que le brinden conocimientos específicos del país.
- Identifique posibles socios de cooperación en el país de destino para aprovechar sinergias y superar barreras de entrada al mercado.
- Desarrolle un concepto de marketing culturalmente adaptado para alcanzar eficazmente a su público objetivo en el extranjero.
- Visite regularmente ferias y eventos de la industria en el país de destino para ampliar su red y observar tendencias del mercado.
- Ofrezca capacitaciones interculturales a sus empleados para optimizar la colaboración con socios comerciales extranjeros.
- Evalúe la posibilidad de reclutar talentos locales en el país de destino para beneficiarse de sus conocimientos lingüísticos y experiencia cultural.
- Establezca un equipo de atención al cliente multilingüe para atender de manera óptima las necesidades de sus clientes internacionales.
- Apueste por métodos de gestión de proyectos ágiles para poder reaccionar con flexibilidad a los cambios en el entorno empresarial internacional.
- Analice el panorama competitivo en el país de destino para optimizar su posicionamiento en el mercado y desarrollar características únicas.
- Observe los desarrollos políticos y económicos en el país de destino para poder reaccionar a tiempo ante posibles riesgos.
- Utilice herramientas digitales para la investigación y análisis de mercado, a fin de tomar decisiones informadas en un contexto internacional.

3. 4 Particularidades fiscales

En la fundación internacional de una GmbH, surgen cuestiones fiscales complejas. Los convenios de doble imposición, los precios de transferencia y la tributación internacional de las ganancias influyen considerablemente en la carga fiscal y conllevan riesgos significativos. Un diseño erróneo puede dar lugar a altos pagos retroactivos y sanciones. Este capítulo ilumina los aspectos fiscales más importantes de las actividades comerciales transfronterizas. Se explican los mecanismos de los convenios de doble imposición y los desafíos de la fijación de precios de transferencia. También se aborda la influencia de la tasa impositiva mínima global. Obtenga claridad sobre las regulaciones fiscales relevantes y optimice su estrategia fiscal internacional; así sentará las bases para un éxito sostenible en el extranjero.

En la creación de GmbH internacionales, los convenios de doble imposición (CDI) y sus constantes modificaciones son centrales. Los CDI influyen significativamente en la carga fiscal y deben ser examinados proactivamente, incluyendo desarrollos futuros en el derecho fiscal internacional, para garantizar una optimización fiscal adecuada.

Convenios de doble imposición

Convenios de doble imposición (DBA) evitan que las ganancias de una GmbH sean gravadas tanto en el país de origen como en el extranjero. Los DBA regulan los derechos de imposición de ambos estados contratantes y establecen qué estado puede gravar qué ingresos. Por ejemplo, una GmbH alemana con una filial en Francia puede evitar que las ganancias de la filial sean gravadas tanto en Francia como en Alemania a través de un DBA. Por lo tanto, los DBA ofrecen ventajas significativas para las GmbHs que operan internacionalmente. Un DBA puede reducir considerablemente la carga fiscal de una GmbH. Al evitar la doble imposición, se fortalece la competitividad internacional y se fomentan las inversiones en el extranjero. Los DBA contienen disposiciones sobre la imposición de diferentes tipos de ingresos, como dividendos, intereses, regalías y ganancias de establecimientos permanentes. Establecen en qué estado y en qué medida se pueden gravar estos ingresos. Para ello, recurren a mecanismos como el método de imputación o el método de exención. En el método de imputación, el impuesto pagado en el extranjero se imputa al impuesto nacional. En el método de exención, los ingresos obtenidos en el extranjero están exentos de la imposición nacional. El mecanismo que se aplica en cada caso concreto está regulado en el respectivo DBA. Sin embargo, los DBA no solo ofrecen ventajas en la imposición de ganancias. A menudo también contienen disposiciones sobre el intercambio de información entre las autoridades fiscales de los estados contratantes. Este intercambio de información sirve para combatir la evasión y elusión fiscal. Aunque los DBA están sujetos a ciertos estándares, también están en constante cambio. La derogación de directrices, como las relacionadas con la imposición de intereses y regalías, puede ser compensada en parte por convenios fiscales bilaterales. Esto significa que las GmbHs deben estar atentas a los desarrollos actuales en el ámbito de la imposición internacional y a las repercusiones sobre los DBA existentes. Los cambios en la legislación del IVA de un país con el que

existe un DBA pueden presentar nuevos desafíos para la GmbH, especialmente en el comercio transfronterizo. Por lo tanto, una GmbH que opera en el extranjero debe examinar detenidamente los DBA de los países relevantes o consultar a un experto fiscal para lograr una planificación fiscal óptima. No solo se debe considerar el estado actual, sino también los desarrollos futuros en la legislación fiscal. (Placeholder para fuente 1 - por ejemplo, una obra de referencia sobre la creación de GmbH) (Fuente indicada 2)

Convenios de doble imposición

Los convenios de doble imposición (DBA) son contratos entre dos estados que regulan la imposición de personas y empresas que obtienen ingresos en ambos estados. El objetivo es evitar o reducir la doble imposición. Para una GmbH, esto significa que las ganancias obtenidas en el extranjero no deben ser gravadas tanto en el extranjero como en Alemania.

Convenios fiscales bilaterales

Los convenios fiscales bilaterales son acuerdos entre dos estados que regulan las relaciones fiscales entre estos estados. Sirven para evitar la doble imposición y fomentar la cooperación entre las autoridades fiscales. Para una GmbH, son relevantes cuando opera a nivel transfronterizo.

Método de exención

En el método de exención, ciertos ingresos obtenidos en el extranjero están exentos de imposición en Alemania. Esto significa que estos ingresos no se incluyen en el cálculo del impuesto alemán. Esto puede ser más ventajoso para una GmbH que el método de imputación, ya que la carga fiscal se elimina por completo.

Beneficios del Tratado Tributario para las GmbH

Beneficios típicos del tratado tributario relacionados con las ganancias de las GmbH.

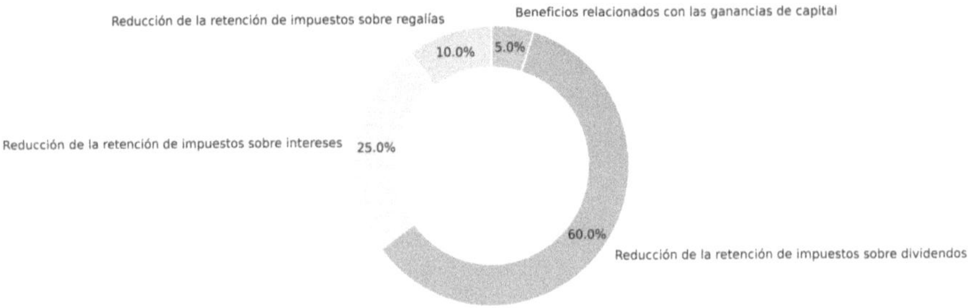

GGC: Beneficios relacionados con las ganancias de capital

RDI: Reducción de la retención de impuestos sobre dividendos

RII: Reducción de la retención de impuestos sobre intereses

RIR: Reducción de la retención de impuestos sobre regalías

La visualización destaca el impacto potencial de los tratados tributarios en la carga tributaria de una GmbH. Las reducciones de retenciones de impuestos sobre dividendos e intereses pueden mejorar significativamente la rentabilidad de las operaciones internacionales. Si bien la mayor parte representa los beneficios potenciales de la reducción de la retención de impuestos sobre dividendos, los otros segmentos muestran el impacto sobre los intereses, las regalías y las ganancias de capital. Una GmbH que participe en actividades transfronterizas debe considerar cuidadosamente estos beneficios potenciales al elegir las ubicaciones de inversión y estructurar sus acuerdos financieros.

Imposición internacional de beneficios

Las actividades empresariales transfronterizas dan lugar a cuestiones fiscales complejas. Los beneficios de una GmbH pueden estar sujetos a impuestos no solo en el país de origen, sino también en el extranjero. Los convenios de doble imposición (DBA) tienen como objetivo evitar esta doble imposición al asignar de manera clara los derechos de imposición de los estados involucrados. Un DBA regula, por ejemplo, si los beneficios de una GmbH alemana con una sucursal en EE. UU. se gravan en Alemania o en EE. UU., o si se produce una división de los derechos de imposición. Los DBA afectan directamente la carga fiscal y la rentabilidad de las actividades comerciales internacionales. Además de evitar la doble imposición, fomentan la competitividad internacional y las inversiones en el extranjero. Contienen regulaciones detalladas sobre la imposición de diferentes tipos de ingresos, como dividendos, intereses o ingresos por licencias. Se utilizan mecanismos como el anrechnungsmethode, donde el impuesto pagado en el extranjero se imputa al impuesto nacional, o el freistellungsmethode, donde los ingresos del extranjero están exentos de impuestos nacionales. El mecanismo aplicable está establecido en el respectivo DBA. Más allá de las regulaciones en los DBA, la tasa impositiva mínima global influye en la imposición internacional de beneficios. Esta tiene como objetivo minimizar la transferencia de beneficios a países de baja tributación y aumentar los ingresos fiscales a nivel mundial. Una empresa que opera en un país con una tasa impositiva por debajo de la tasa mínima debe pagar un impuesto adicional en su país de residencia para alcanzar la tasa mínima. Esto reduce las ventajas de la transferencia de beneficios. La tasa impositiva mínima global puede cambiar significativamente la planificación fiscal de las GmbHs que operan internacionalmente y debe ser considerada en la toma de decisiones estratégicas. Una GmbH con filiales en diferentes países debe analizar el impacto de la tasa mínima

en su estructura corporativa total y, si es necesario, ajustar su estrategia fiscal. Esto puede incluir, por ejemplo, la reubicación de actividades comerciales o la adaptación de precios de transferencia. La complejidad de la imposición internacional de beneficios requiere una planificación cuidadosa y asesoramiento por parte de expertos fiscales para minimizar los riesgos fiscales potenciales y garantizar la estructura fiscal óptima para la empresa. Tanto los DBA actuales como la tasa impositiva mínima global y sus desarrollos futuros deben ser siempre considerados en la configuración de las actividades comerciales internacionales de una GmbH.

Bueno saber

Convenios de doble imposición

Los convenios de doble imposición (DBA) son contratos entre estados que tienen como objetivo prevenir la doble imposición de empresas que operan en ambos países. Establecen qué país tiene el derecho de imposición sobre ciertos ingresos para evitar que los beneficios sean gravados dos veces.

Precios de transferencia

Los precios de transferencia son los precios que se calculan entre empresas vinculadas por bienes, servicios o activos intangibles. Deben cumplir con el principio de plena competencia, es decir, deben estar estructurados como si la transacción hubiera tenido lugar entre empresas independientes. Esto es importante para evitar la transferencia de beneficios a países de baja tributación.

Tasas de Impuestos Corporativos y PIB per Cápita

Comparación de las tasas de impuestos corporativos y el PIB per cápita en países seleccionados.

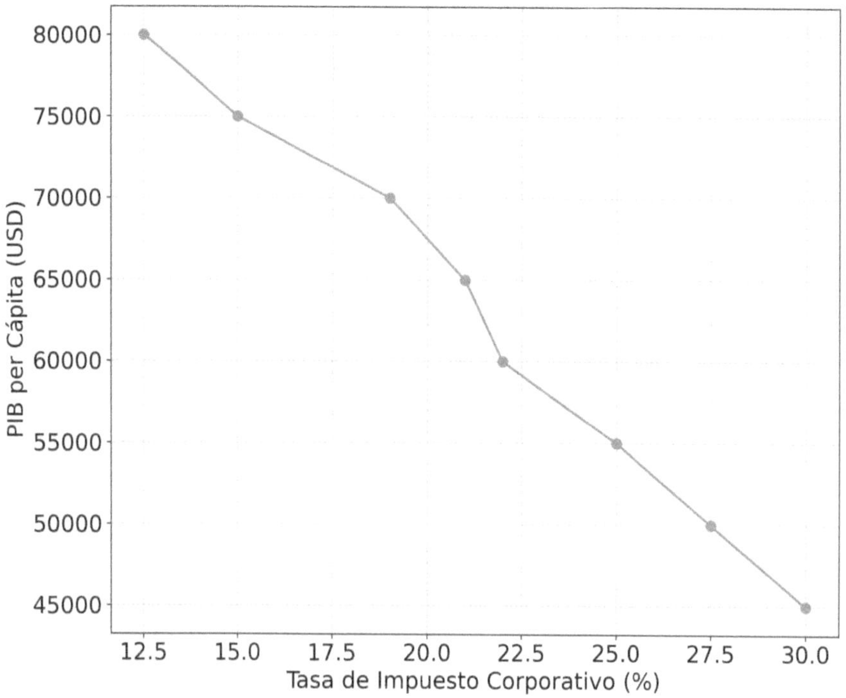

Este gráfico sugiere una posible correlación entre tasas de impuestos corporativos más bajas y un mayor PIB per cápita. Los países con tasas impositivas más bajas tienden a exhibir un PIB per cápita más alto, lo que podría indicar un impacto positivo en la actividad económica y la creación de riqueza. Sin embargo, se necesita un análisis más profundo que considere otros factores para establecer una relación causal definitiva.

Diseño de precios de transferencia

Los precios de transferencia adquieren importancia cuando una GmbH opera a nivel internacional y realiza transacciones con empresas vinculadas en otros países. Los servicios internos del grupo, como la entrega de bienes, regalías o servicios de gestión, deben fijarse a un precio. Este precio, el precio de transferencia, influye en la distribución de ganancias dentro del grupo y, por ende, en la carga fiscal en los respectivos países. [s12] La determinación de estos precios está sujeta a estrictas regulaciones basadas en el principio de comparación de mercado. Este principio establece que los precios deben fijarse como si la transacción se hubiera realizado entre partes independientes. Las desviaciones de esto pueden dar lugar a ajustes fiscales y sanciones. Las directrices de precios de transferencia de la OCDE ofrecen asistencia al proporcionar instrucciones detalladas sobre la aplicación del principio de comparación de mercado y presentan varios métodos para determinar los precios de transferencia, como la formación de precios comparables no dependientes de ganancias. Una GmbH que, por ejemplo, venda licencias de software a su filial en Irlanda, debe establecer un precio de transferencia que corresponda al precio de mercado para licencias de software comparables. Si un proveedor de software independiente puede adquirir la licencia por 100.000 €, el precio de transferencia interno también debería estar en esa región. [s12] La documentación de

los precios de transferencia es esencial para demostrar la conformidad con las regulaciones fiscales. Una documentación exhaustiva debe detallar el método de precios de transferencia elegido, el análisis realizado y los datos subyacentes. Las directrices de la OCDE se han actualizado recientemente y ahora ofrecen indicaciones adicionales sobre la selección del mejor método y la aplicación de métodos de ganancias basados en transacciones. También se tratan explícitamente las reestructuraciones empresariales. [s12] Un diseño de precios de transferencia bien fundamentado que cumpla con las directrices actuales minimiza el riesgo de disputas fiscales y contribuye a la optimización de la carga fiscal global. Especialmente en estructuras de grupo complejas y transacciones internacionales, es recomendable contar con la asesoría de expertos para garantizar el cumplimiento de las regulaciones y evitar riesgos potenciales.

Directrices de precios de transferencia de la OCDE
Directrices internacionales que establecen estándares para la determinación de precios de transferencia, con el fin de garantizar una tributación justa y consistente.

Empresas vinculadas
Empresas que están conectadas a través de participación de capital u otros acuerdos y, por lo tanto, no se consideran completamente independientes entre sí.

Formación de precios comparables no dependientes de ganancias
Un método para determinar precios de transferencia que utiliza precios de transacciones comparables entre empresas independientes.

Métodos de ganancias basados en transacciones
Métodos para determinar precios de transferencia que analizan las ganancias de una transacción específica entre empresas vinculadas.

Reestructuraciones empresariales
Cambios en la organización o estructura de una empresa que pueden afectar los precios de transferencia, como fusiones o escisiones.

Impacto de los Precios de Transferencia en la Rentabilidad de la GmbH

Impacto en las ganancias de diferentes métodos de precios de transferencia para una GmbH recién fundada.

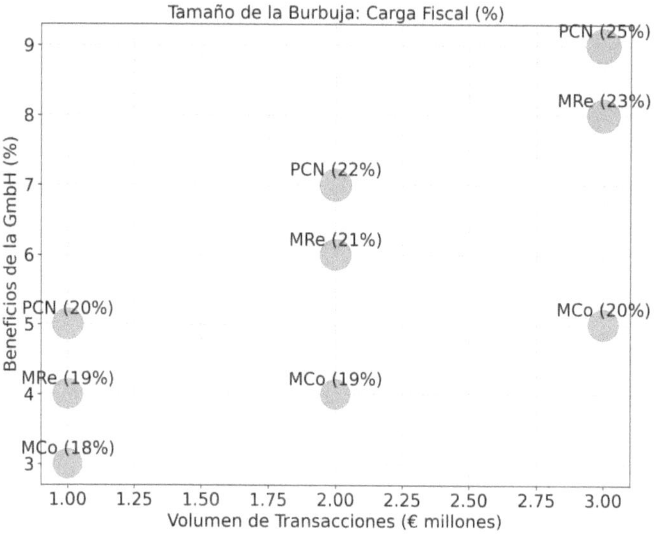

Blasengröße: Carga Fiscal (%)

- MCo: Método de Costo Más Margen
- MRe: Método del Precio de Reventa
- PCN: Precio Comparable No Controlado

El gráfico revela que el método del Precio Comparable No Controlado (PCN) generalmente conduce a mayores ganancias para la GmbH, especialmente cuando los volúmenes de transacciones son altos. Si bien el método de Costo Más Margen (MCo) ofrece ganancias más estables a volúmenes más bajos, su potencial de rentabilidad es limitado. El método del Precio de Reventa (MRe) muestra un aumento moderado de las ganancias con volúmenes crecientes, lo que indica un equilibrio entre riesgo y recompensa. Elegir el método correcto es crucial para optimizar el rendimiento financiero de la GmbH.

Consejos concretos

- Verifique si las estructuras holding en el extranjero pueden reducir la carga fiscal de su GmbH internacional y cuáles convenios de doble imposición son relevantes.
- Investigue en qué medida las sucursales en el extranjero ofrecen ventajas fiscales para su GmbH y cómo puede optimizarlas.
- Analice el impacto de los cambios en la legislación fiscal internacional, como la tasa impositiva mínima global, en la creación y operación de su GmbH.
- Evalúe las implicaciones fiscales de diferentes modelos de financiamiento para su GmbH internacional, como capital propio frente a capital ajeno.
- Compare los sistemas fiscales de diferentes países para identificar la ubicación óptima para la creación de su GmbH desde el punto de vista fiscal.
- Desarrolle una estrategia fiscal a largo plazo para su GmbH que considere tanto los desarrollos actuales como futuros en la legislación fiscal internacional.
- Tenga en cuenta las particularidades fiscales en el contexto internacional al elegir el año fiscal de su GmbH.
- Verifique si es posible aprovechar exenciones o reducciones fiscales para su GmbH en el extranjero.
- Consulte a un asesor fiscal internacional sobre los aspectos fiscales de la creación y gestión de su GmbH.
- Documente cuidadosamente todas las transacciones fiscales relevantes de su GmbH en el extranjero para proporcionar toda la información necesaria en caso de una auditoría.
- Tenga en cuenta las obligaciones de reporte relacionadas con asuntos fiscales internacionales para evitar sanciones.

3. 5 Cumplimiento normativo e informes

El cumplimiento y la presentación de informes son esenciales para el éxito en la creación de GmbH internacionales. Los diferentes estándares contables (por ejemplo, IFRS), las disposiciones legales de los países de origen de los socios y los requisitos de cumplimiento transfronterizo influyen en la presentación de informes financieros, impuestos y la estructura del grupo. La correcta implementación previene problemas legales y desventajas financieras. Los socios extranjeros traen consigo desafíos adicionales, desde controles de capital hasta diferentes culturas empresariales. El cumplimiento transfronterizo requiere la consideración de diversas leyes y regulaciones, pero también ofrece oportunidades de diseño, por ejemplo, en la optimización fiscal. Navegue con seguridad a través de este campo complejo: este capítulo le proporciona el conocimiento necesario.

Para las GmbHs que operan a nivel internacional, la planificación anticipada y la consideración de los requisitos de cumplimiento y reporte específicos de cada país son fundamentales para el éxito.

Normas internacionales de contabilidad

Las normas internacionales de contabilidad (IFRS) crean un lenguaje común para la presentación de informes financieros. El objetivo es aumentar la comparabilidad de los estados financieros de las empresas a través de las fronteras nacionales. [s13] Esta comparabilidad facilita a los inversores la evaluación de empresas de diferentes países y, por lo tanto, facilita las decisiones de inversión internacional. Para su GmbH, la aplicación de las IFRS significa que debe preparar sus datos financieros de acuerdo con las mismas reglas que las empresas comparables en el extranjero. Esto puede, entre otras cosas, facilitar el acceso a capital internacional. La aplicación de las IFRS puede aumentar la transparencia y credibilidad de su presentación de informes financieros, fortaleciendo así la confianza de inversores y prestamistas. [s13] Un factor importante para el éxito de la aplicación de las IFRS es la calificación de su contabilidad. Empleados bien capacitados con experiencia en IFRS son esenciales para aplicar correctamente las complejas reglas y preparar los datos financieros en consecuencia. [s13] Por lo tanto, es recomendable invertir en capacitación y formación continua para su equipo de contabilidad. También la comunicación interna y la comprensión de la dirección sobre las IFRS son cruciales. La dirección debe reconocer y apoyar los beneficios de la aplicación de las IFRS para garantizar una

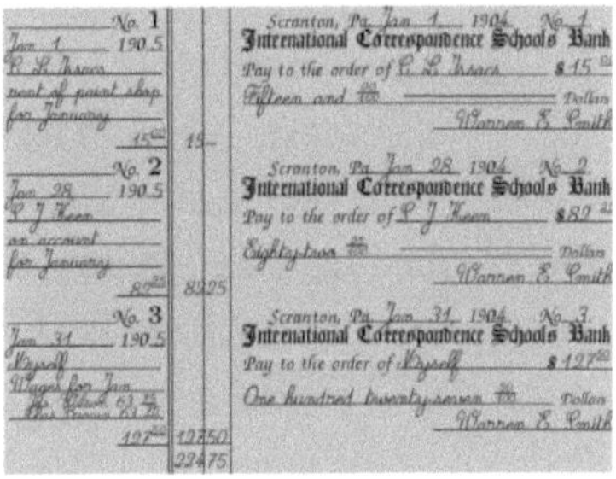

Contabilidad [i25]

Inversor [i26]

implementación fluida. [s13] Otro aspecto es el tamaño de la empresa: las empresas más grandes a menudo tienen más recursos y están más dispuestas a invertir en la implementación de las IFRS. [s13] La calidad de las actividades de auditoría también influye positivamente en la disposición a aplicar las IFRS. Una auditoría exhaustiva de los informes financieros por parte de auditores externos refuerza la confianza en la exactitud y fiabilidad de los datos. [s13] Además de los aspectos positivos, también hay factores que pueden dificultar la aplicación de las IFRS. Entre otros, la presión fiscal puede influir en la aplicación de las IFRS, ya que las leyes fiscales nacionales y las IFRS pueden diferir. [s13] Esto puede llevar a un esfuerzo adicional en la preparación de las declaraciones fiscales. Asimismo, la psicología de los contadores puede jugar un papel. La transición a las IFRS puede significar un cambio para algunos empleados y generar resistencia. Una comunicación clara y la capacitación pueden ayudar a superar estos obstáculos. [s13] El cumplimiento de las normas contables generales es la base para la exitosa introducción de las IFRS. [s13] Una práctica contable sólida y el cumplimiento de las regulaciones nacionales son requisitos previos para una transición exitosa a normas internacionales. Una aplicación consistente y correcta de las IFRS es crucial para aprovechar al máximo los beneficios de la comparabilidad y transparencia internacional y ganar la confianza de los inversores y otros stakeholders. Por lo tanto, la planificación y preparación anticipadas para la transición a las IFRS son esenciales para el éxito de su GmbH en el entorno internacional.

Bueno saber

Normas internacionales de contabilidad

Las IFRS son un conjunto de normas para unificar la presentación de informes financieros, con el fin de garantizar la comparabilidad de los informes de empresas internacionales. Para una GmbH, la aplicación puede facilitar el acceso a los mercados de capital globales y fortalecer la confianza de los inversores. Son especialmente relevantes cuando una GmbH busca cotizar en una bolsa extranjera o atraer inversores extranjeros.

Inversores

Personas o instituciones que invierten capital en una empresa, con la expectativa de un retorno financiero. Para una GmbH, los inversores son importantes para financiar el crecimiento y expandir las operaciones.

Stakeholders

Todas las personas o grupos que tienen un interés en el éxito de la GmbH, por ejemplo, empleados, clientes, proveedores y el público. Los stakeholders pueden ser influenciados por las decisiones de la GmbH y viceversa.

Requisitos de las NIIF frente a las del HGB

Complejidad de las normas

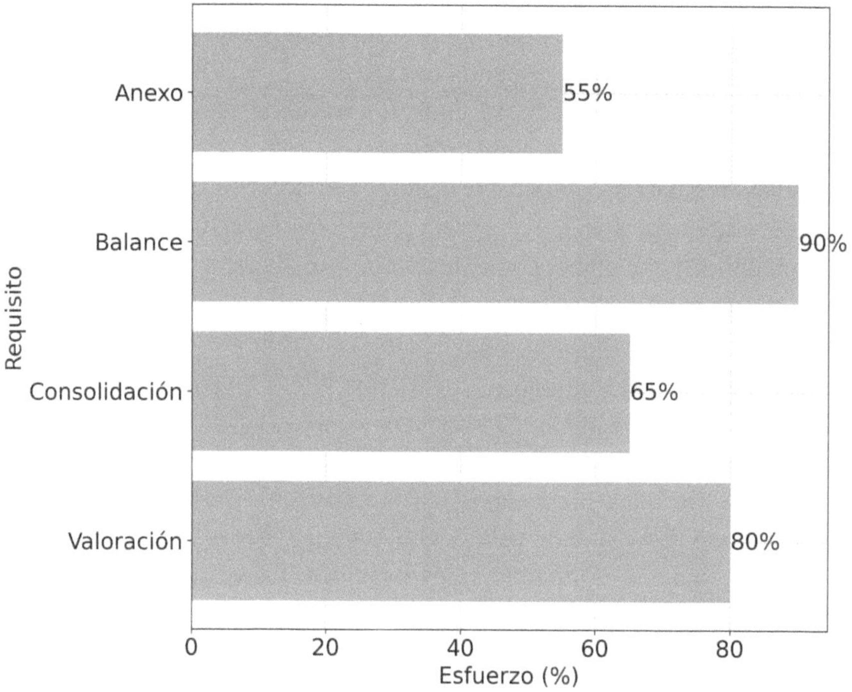

ANX: Anexo
BAL: Balance
CON: Consolidación
VAL: Valoración

El gráfico de barras ilustra el mayor esfuerzo necesario para aplicar las NIIF en comparación con el HGB. La diferencia es particularmente evidente en la consolidación y en el alcance de la información a revelar en el anexo. Por lo tanto, para una GmbH, la elección de las normas contables es de importancia estratégica.

Socios extranjeros

Los socios extranjeros traen consigo requisitos específicos en cuanto a cumplimiento normativo e informes para una GmbH. Son especialmente relevantes las disposiciones legales del país de origen del socio. Estas pueden incluir regulaciones sobre controles de capital, normativas fiscales o obligaciones de divulgación específicas. Por ejemplo, un socio estadounidense está sujeto a las regulaciones de la Ley de Cumplimiento Fiscal de Cuentas Extranjeras (FATCA), lo que obliga a la GmbH a cumplir con obligaciones de informes ampliadas. La GmbH debe asegurarse de que cumple con todas las regulaciones aplicables tanto del derecho alemán como del país de origen del socio. Esto puede significar un esfuerzo adicional en la contabilidad, la elaboración de estados financieros y la declaración de impuestos. Otro aspecto es la diferente cultura empresarial y comunicación. Las barreras lingüísticas, las diferentes zonas horarias y las particularidades culturales pueden dificultar la colaboración. Por lo tanto, son esenciales vías y procesos de comunicación claros para evitar malentendidos y retrasos. Reuniones regulares, documentación escrita y, si es necesario, el uso de servicios de traducción pueden ser útiles en este contexto. La estructura de socios también puede tener un impacto en el cumplimiento normativo y los informes. Especialmente en el caso de participaciones minoritarias de socios extranjeros, es importante respetar los derechos de todos los socios. Los estatutos de la GmbH deben contener regulaciones claras sobre los procesos de toma de decisiones, la distribución de beneficios y los derechos de información. Esto previene conflictos y asegura la transparencia dentro de la sociedad. Se recomienda colaborar con un asesor fiscal o abogado que esté familiarizado con el derecho societario internacional. Este puede ayudar en la correcta implementación de las regulaciones aplicables y detectar riesgos potenciales a tiempo. Además, la GmbH debería establecer mecanismos de control interno para garantizar el cumplimiento de las directrices de

cumplimiento normativo. Esto puede lograrse, por ejemplo, mediante capacitaciones regulares de los empleados, la implementación de un sistema de gestión de cumplimiento o la creación de una auditoría interna. Una documentación cuidadosa de todos los procesos y decisiones también es importante para poder presentar pruebas en caso de una auditoría. Al considerar estos aspectos, las GmbHs con socios extranjeros pueden enfrentar con éxito los desafíos en el área de cumplimiento normativo e informes y beneficiarse de las ventajas de la colaboración internacional. Una planificación temprana y exhaustiva es la clave del éxito.

Controles de capital

Medidas gubernamentales que regulan el flujo de dinero dentro y fuera de un país. Estas pueden ser relevantes para los socios extranjeros de una GmbH y deben ser consideradas en el marco del cumplimiento.

Obligaciones de divulgación

Regulaciones legales que obligan a las empresas a hacer públicas ciertas informaciones sobre sus finanzas, actividades comerciales o estructura de socios. Los socios extranjeros pueden estar sujetos a obligaciones de divulgación adicionales.

Obligaciones de informes

Obligaciones de enviar regularmente información a las autoridades, por ejemplo, en relación con impuestos, transacciones financieras o estructura de socios. Estas pueden variar según el país de origen del socio.

Sistema de gestión de cumplimiento

Un sistema para organizar y supervisar el cumplimiento de leyes, regulaciones y políticas internas en una empresa. Ayuda a minimizar riesgos y a regular claramente la responsabilidad en el área de cumplimiento.

Obligaciones de Cumplimiento para Accionistas Extranjeros de GmbH

Distribución de las áreas de cumplimiento para los accionistas extranjeros.

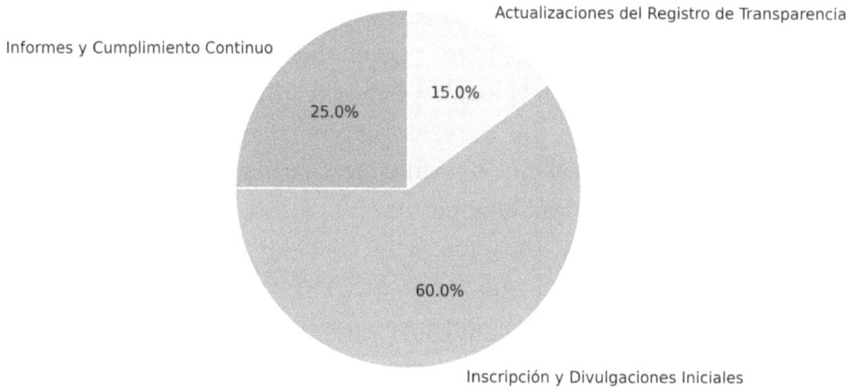

- INI: Inscripción y Divulgaciones Iniciales
- REP: Informes y Cumplimiento Continuo
- TRA: Actualizaciones del Registro de Transparencia

El segmento más grande destaca la importancia significativa del registro inicial y las divulgaciones al momento del establecimiento de la GmbH. Los informes y el cumplimiento continuo representan una porción más pequeña, pero crucial, que enfatiza la naturaleza continua de las obligaciones legales para los accionistas extranjeros. El cumplimiento de estos requisitos es vital para mantener una buena reputación y evitar sanciones.

Cumplimiento transfronterizo

El cumplimiento transfronterizo abarca el cumplimiento de todas las leyes y regulaciones relevantes en los países donde opera una empresa. Esto incluye, entre otros, las regulaciones de protección de datos, derecho laboral, lucha contra la corrupción y leyes fiscales. Especialmente en el caso de empresas internacionales con filiales o sucursales en el extranjero, surge una compleja red de requisitos legales. Una GmbH con una tochtergesellschaft en EE. UU. debe cumplir no solo con la legislación alemana, sino también con la legislación estadounidense, lo que puede generar procesos administrativos y costos adicionales. Las diferentes condiciones legales también pueden afectar la estructura corporativa internacional. Así, ciertos modelos de negocio o estructuras pueden ser permitidos en algunos países, pero prohibidos en otros. Por lo tanto, es esencial una cuidadosa revisión de la situación legal en todos los países relevantes. Otro aspecto del cumplimiento transfronterizo es la optimización fiscal dentro del marco de las leyes aplicables. La directiva de la UE sobre la transformación transfronteriza de sociedades de capital permite, entre otras cosas, la repatriación optimizada de dividendos mediante un cambio de forma jurídica. [s14] Por ejemplo, una GmbH alemana podría transformarse en una sociedad de otro estado miembro de la UE para evitar el impuesto de retención sobre los pagos de dividendos a socios en países terceros. [s14] Después de la transformación, los dividendos ya no estarían sujetos a impuesto de retención en Alemania, ya que la sociedad ha trasladado su sede. [s14] Sin embargo, tales estructuras requieren un análisis detallado de las implicaciones fiscales en todos los países involucrados y deben ser planificadas siempre en colaboración con un experto fiscal. Por lo tanto, el cumplimiento transfronterizo no solo es una cuestión de minimización de riesgos, sino que también ofrece oportunidades para optimizar la estructura corporativa y la carga fiscal. Para abordar los complejos requisitos del cumplimiento transfronterizo, se recomienda

colaborar con expertos en derecho fiscal y económico internacional. Estos pueden ayudar en el desarrollo e implementación de una estrategia de cumplimiento efectiva que minimice los riesgos y aproveche las oportunidades de internacionalización.

Complejidad del Cumplimiento Transfronterizo

Carga regulatoria relativa para nuevas GmbH

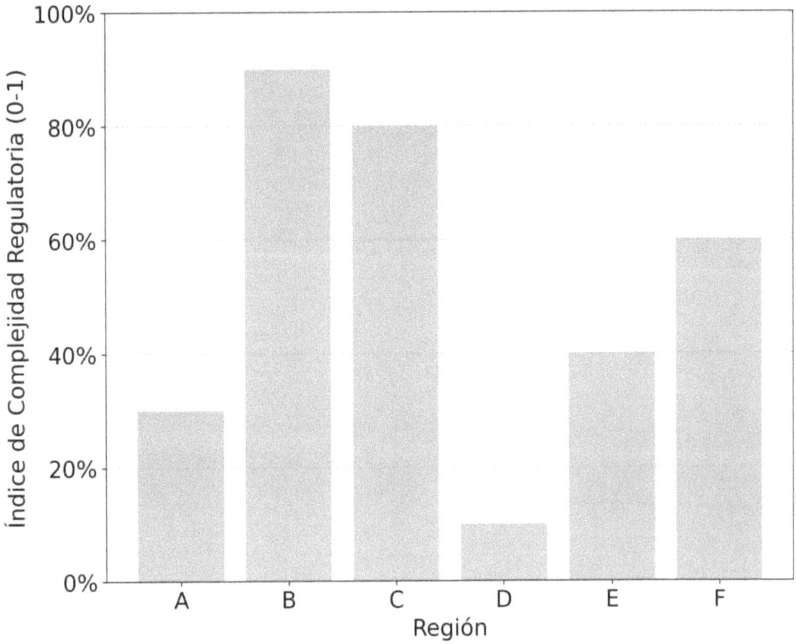

A: Región A

B: Región B

C: Región C

D: Región D

E: Región E

F: Región F

Establecer una GmbH es significativamente más complejo en algunas regiones debido a requisitos regulatorios más estrictos. Mientras que la región D ofrece un proceso simplificado, las regiones B y C presentan desafíos considerables para las empresas, lo que podría afectar los plazos y la asignación de recursos durante la fase de configuración. La elección de la jurisdicción correcta requiere una cuidadosa consideración de estos diversos panoramas de cumplimiento.

Consejos concretos

- Utilice un software que automatice los procesos de cumplimiento y reporte, integrándolos a nivel internacional para la fundación de su GmbH.
- Cree un panel de cumplimiento que le ofrezca una visión en tiempo real sobre el cumplimiento de todas las normativas relevantes en los diferentes países.
- Desarrolle un sistema de alerta temprana que le informe automáticamente sobre cambios en las leyes y regulaciones pertinentes de cada país.
- Realice auditorías de cumplimiento de manera regular para verificar la efectividad de sus medidas e identificar oportunidades de mejora.
- Establezca un proceso de comunicación transparente para transmitir toda la información relevante sobre cumplimiento a los empleados y socios responsables.
- Capacite a sus empleados de manera regular sobre los requisitos actuales de cumplimiento en los respectivos países, para aumentar la conciencia sobre el tema.
- Defina responsabilidades claras para el cumplimiento de las normativas en los diferentes países y áreas de la empresa.
- Implemente un sistema interno de denuncia anónima que permita a los empleados reportar violaciones de cumplimiento.
- Utilice tecnología blockchain para aumentar la seguridad y transparencia de sus procesos de reporte y prevenir manipulaciones.
- Cree un manual digital de cumplimiento que permita a todos los empleados acceder en cualquier momento y lugar a las políticas y regulaciones relevantes.

Revisión - 3. Fundación internacional de una GmbH

La fundación de una GmbH internacional abre oportunidades emocionantes, pero también conlleva desafíos complejos. Esta guía le ofrece recomendaciones prácticas para llevar a cabo con éxito la fundación de su GmbH internacional. En primer lugar, debe definir su estrategia de mercado. ¿Desea operar principalmente en el mercado alemán o planea una expansión al extranjero? Sus mercados objetivo influyen en la elección de la forma jurídica adecuada. Para un enfoque en Alemania, la GmbH ofrece ventajas debido a su seriedad y reconocimiento. Si tiene una orientación internacional, debe considerar formas jurídicas alternativas como la Limited británica, la LLC estadounidense o la SARL francesa. Tenga en cuenta los respectivos requisitos de fundación, costos operativos, obligaciones de informes y la percepción pública de la forma jurídica en el país de destino. Un asesoramiento sólido por parte de un abogado o asesor fiscal con experiencia internacional es esencial. Le ayudará a elegir la forma jurídica óptima para sus necesidades individuales y a minimizar riesgos potenciales.

Otro aspecto importante es el nombramiento del gerente. El gerente representa a su GmbH y no es necesario que resida en Alemania. Generalmente, una residencia dentro de la UE es suficiente. Si el gerente se encuentra fuera de la UE, debe nombrar a un apoderado en Alemania. Preste atención a la notarización del nombramiento del gerente y aclare con antelación los requisitos de visa, en caso de que el gerente provenga de un país no perteneciente a la UE. El depósito del capital social también requiere atención especial. Tenga en cuenta el capital social mínimo y transfiera el monto directamente desde su cuenta para garantizar la prevención del lavado de dinero. Al realizar depósitos en moneda extranjera, considere las fluctuaciones del tipo de cambio y, si es necesario, deposite un monto de seguridad.

La elección entre una sucursal y una filial en el extranjero depende de su orientación estratégica. Una sucursal es más fácil de fundar y gestionar, pero la empresa matriz es responsable de sus obligaciones. Una filial ofrece más independencia y minimización de riesgos, pero requiere un mayor esfuerzo administrativo. Examine la forma jurídica de la sucursal en el país anfitrión y tenga en cuenta las leyes y regulaciones locales. Los convenios de doble imposición (CDI) juegan un papel importante en la tributación internacional de las ganancias. Previenen la doble imposición de las ganancias en el país y en el extranjero. Analice los CDI relevantes y optimice su estrategia fiscal dentro del marco de las leyes aplicables. La fijación de precios de transferencia entre empresas vinculadas debe cumplir con el principio de comparación independiente. Documente cuidadosamente sus precios de transferencia para minimizar riesgos fiscales.

Las Normas Internacionales de Información Financiera (NIIF) aumentan la comparabilidad de los estados financieros de las empresas. La aplicación de las NIIF puede facilitar el acceso a capital internacional y fortalecer la confianza de los inversores. Invierta en la capacitación de su contabilidad y asegure la comunicación interna. Los socios extranjeros traen consigo requisitos adicionales de cumplimiento y reporte. Tenga en cuenta las disposiciones legales del país de origen del socio y establezca vías de comunicación claras. El cumplimiento transfronterizo requiere la observancia de todas las leyes y regulaciones relevantes en los países en los que opera. Un examen cuidadoso de la situación legal y la colaboración con expertos son esenciales. La fundación de una GmbH internacional es un proyecto complejo, pero con la planificación y preparación adecuadas, puede superar los desafíos y aprovechar con éxito las oportunidades del mercado internacional. Sea valiente, actúe estratégicamente y construya su negocio internacional paso a paso.

4. Gestión financiera

Quien desee dirigir su GmbH con éxito debe tener más que una buena idea de negocio. El manejo profesional de las finanzas a menudo determina el éxito o el fracaso de una empresa. Desde la primera inversión de capital hasta la gestión diaria de las cuentas comerciales, es fundamental establecer estructuras claras y cumplir con las normativas legales. La organización sistemática de los flujos de dinero constituye la base para un crecimiento sostenible y una estabilidad económica. En este capítulo, le mostraremos en qué consiste realmente la gestión financiera de su GmbH.

4. 1 Administración de capital

La gestión de capital constituye la base para la salud financiera de su GmbH. Desde el capital social hasta el capital propio y la planificación de liquidez, esta sección aborda los aspectos centrales que influyen en el éxito financiero de su empresa. Aprenderá sobre el marco legal y comprenderá qué desafíos y oportunidades conlleva la gestión de capital. Una gestión de capital sólida es la clave para un crecimiento sostenible y una estabilidad a largo plazo: establezca ahora la base para su éxito.

El capital social es, aunque es la base financiera de la GmbH y es importante para inversiones y gastos comerciales, principalmente un medio de protección para los acreedores y no debe ser utilizado para fines privados.

Administración del capital social

El capital social es la base financiera de su GmbH y asciende a un mínimo de 25.000 €. Este monto no tiene que ser depositado en su totalidad al momento de la constitución, pero al menos la mitad, es decir, 12.500 €. Las stammeinlagen de los socios se transfieren a la geschaeftskonto de la GmbH. Es importante que los depósitos puedan ser claramente asignados a cada uno de los socios. Por lo tanto, utilice transferencias separadas y especifique en el concepto de pago el nombre del socio y la adición "aportación de capital". Así evitará problemas posteriores en la trazabilidad. La administración del capital social está sujeta a estrictas normas. Sirve para la protección de los acreedores y no puede ser utilizada para fines privados de los socios. Forma la base para la actividad comercial y debe asegurar la solvencia de la empresa. El capital social se documenta en el contrato social y está inscrito en el handelsregister. Los cambios en el capital social, tanto aumentos como reducciones, deben ser notariados y publicados en el registro mercantil. Un uso razonable del capital social en la fase inicial es la adquisición de bienes de equipo necesarios, como máquinas, computadoras o muebles de oficina. También es permitido cubrir los costos operativos, como alquiler, salarios o gastos de marketing. Es importante que los gastos estén en interés de la sociedad y sirvan para la promoción del objeto social. Las inversiones que apoyan el crecimiento de la GmbH

Planificación financiera [i27]

Inversiones [i28]

también son un uso razonable del capital social. Piense a largo plazo y planifique sus inversiones estratégicamente para fortalecer la empresa de manera sostenible. Una planificación financiera detallada le ayudará a mantener el control sobre sus finanzas y utilizar el capital social de manera efectiva. La GmbH puede generar ganancias que pueden ser distribuidas a los socios como dividendas. La cantidad de la distribución es decidida por la gesellschafterversammlung. Es importante que las distribuciones no pongan en peligro la estabilidad financiera de la GmbH. Una parte de las ganancias debe ser retenida, es decir, mantenida en la empresa para financiar futuras inversiones y fomentar el crecimiento. Así asegura la existencia a largo plazo y el éxito de su GmbH. Una forma especial de administración del capital social es la reserva de capital. Esta es una parte del patrimonio neto que no proviene del capital social. La reserva de capital puede formarse, entre otras cosas, a partir de ganancias, montos de ágio al emitir nuevas participaciones o de otros aportes de los socios. Sirve como reserva financiera adicional y fortalece la base de capital de la GmbH. La reserva de capital está sujeta a menos regulaciones estrictas que el capital social y puede ser utilizada de manera más flexible. Por ejemplo, puede ser utilizada para cubrir pérdidas o financiar inversiones. La correcta administración del capital social es esencial para el éxito y la estabilidad de su GmbH. Una contabilidad transparente y comprensible es indispensable. Contrate

a un asesor fiscal que le ayude con la contabilidad y la elaboración del balance anual. Un asesor fiscal experimentado también puede asesorarle en cuestiones fiscales y ayudarle a optimizar su carga tributaria. Cumpla con las regulaciones legales y documente todos los procesos cuidadosamente. Así evitará problemas legales y asegurará el futuro de su GmbH. Un aspecto importante de la administración del capital social es la prevención de la subcapitalización. Una subcapitalización ocurre cuando los activos de la GmbH son inferiores a la mitad del capital social. En este caso, debe tomar medidas inmediatas para eliminar la subcapitalización. Las posibles medidas incluyen la inyección de nuevo capital por parte de los socios, la reducción del capital social o la reestructuración de la empresa. Si detecta una subcapitalización, consulte de inmediato a un abogado o asesor fiscal para iniciar los pasos necesarios y evitar las consecuencias legales. La responsabilidad de los socios de una GmbH está, en principio, limitada a la cantidad de su aportación de capital. Esto significa que los socios no son responsables con su patrimonio personal en caso de quiebra de la GmbH. Excepciones son los casos en los que los socios violan sus deberes de gestión o garantizan personalmente las deudas de la GmbH. Por lo tanto, una administración cuidadosa y diligente del capital social también es en el interés de los socios para minimizar su responsabilidad personal. Preste atención a una planificación financiera sólida y a una gestión empresarial transparente para minimizar el riesgo de quiebra y limitar la responsabilidad de los socios. La administración del capital social es un tema complejo con muchos aspectos legales y fiscales. Infórmese a fondo sobre las regulaciones relevantes y busque apoyo profesional si es necesario. Una administración sólida del capital social es la base para el éxito y la existencia a largo plazo de su GmbH. Invierta tiempo y recursos en la planificación y ejecución de una administración efectiva del capital social para fortalecer su empresa de manera sostenible y alcanzar sus objetivos. Una planificación temprana y cuidadosa evita complicaciones posteriores y contribuye significativamente al éxito de su GmbH. Así crea una base sólida para su empresa y puede concentrarse en lo esencial: el desarrollo y el crecimiento de su negocio.

Composición del Capital Social de Example GmbH

Desglose del capital inicial típico de una GmbH.

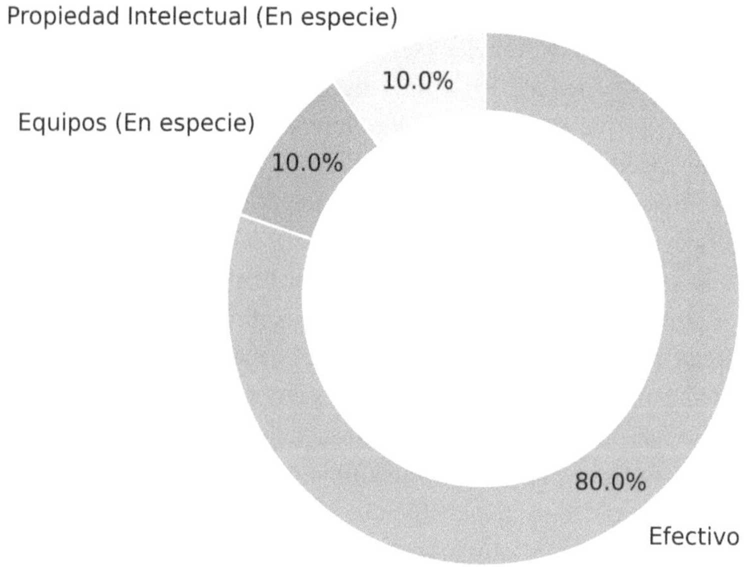

- EFECT: Efectivo
- EQUIP: Equipos (En especie)
- PROPINT: Propiedad Intelectual (En especie)

Este ejemplo muestra una distribución común del capital inicial, destacando la flexibilidad de las contribuciones. El segmento más grande representa una contribución en efectivo, lo que resalta su prevalencia. Los segmentos más pequeños ilustran el potencial de las contribuciones en especie, que, si bien son menos frecuentes en general, ofrecen alternativas valiosas para los fundadores.

Optimización del capital propio

La optimización del capital propio tiene como objetivo equilibrar de la mejor manera posible la relación entre el capital propio y el capital ajeno en la empresa, ampliando así la estabilidad financiera y el margen de maniobra. Un alto porcentaje de capital propio reduce la dependencia de los financiadores externos y fortalece la solvencia. [s15] Esto mejora las condiciones al solicitar préstamos y reduce los costos de financiamiento. Por ejemplo, la GmbH puede negociar tasas de interés más favorables para préstamos si puede demostrar una sólida base de capital propio. Además de mejorar la solvencia, un alto porcentaje de capital propio también proporciona un mayor colchón financiero en tiempos de crisis. Permite a la GmbH amortiguar mejor las fluctuaciones económicas o gastos inesperados sin caer inmediatamente en dificultades financieras. Una forma de fortalecer el capital propio es la retención de ganancias. En lugar de distribuir todas las ganancias generadas como dividendos, se puede retener una parte en la empresa, aumentando así el capital propio. Esta estrategia permite un crecimiento continuo y orgánico sin depender de fuentes de financiamiento externas. Otra opción es la incorporación de nuevos socios que aporten capital fresco a la GmbH. Es importante tener en cuenta las participaciones de los socios existentes y los derechos de voto asociados. Un aumento de capital mediante nuevos socios puede ampliar la base financiera y aportar nuevas competencias a la empresa. Además, los montos de agio que se obtienen al emitir nuevos geschaeftsanteile por encima del valor nominal también pueden contribuir al fortalecimiento del capital propio. Estos montos fluyen directamente a la reserva de capital y, por lo tanto, aumentan el capital propio sin afectar las relaciones de voto. [s15] La optimización del capital propio es un proceso continuo que debe adaptarse a la situación empresarial específica. Un análisis regular de los indicadores financieros y una planificación financiera proactiva financiera ayudan a

encontrar la estructura de capital óptima y asegurar la salud financiera de la GmbH a largo plazo. Así, se crea una base estable para inversiones y crecimiento, minimizando al mismo tiempo los riesgos financieros.

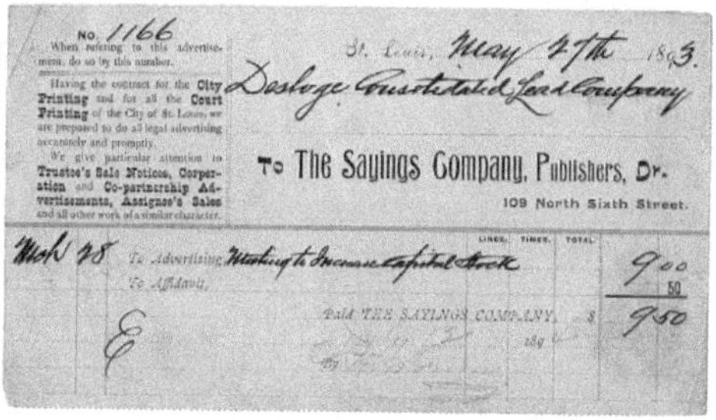

No. 1166
When referring to this advertisement, do so by this number.
Having the contract for the City Printing and for all the Court Printing of the City of St. Louis, we are prepared to do all legal advertising accurately and promptly.
We give particular attention to Trustee's Sale Notices, Corporation and Co-partnership Advertisements, Assignee's Sales and all other work of a similar character.

St. Louis, May 4th 1893.

Desloge Consolidated Lead Company

To The Sayings Company, Publishers, Dr.
109 North Sixth Street.

		Lines.	Times.	Total.
Mch 28	To Advertising Meeting to Increase Capital Stock			9 00
	To Affidavit,			50
	Paid THE SAYINGS COMPANY,			$ 9 50

Aumento de capital [i29]

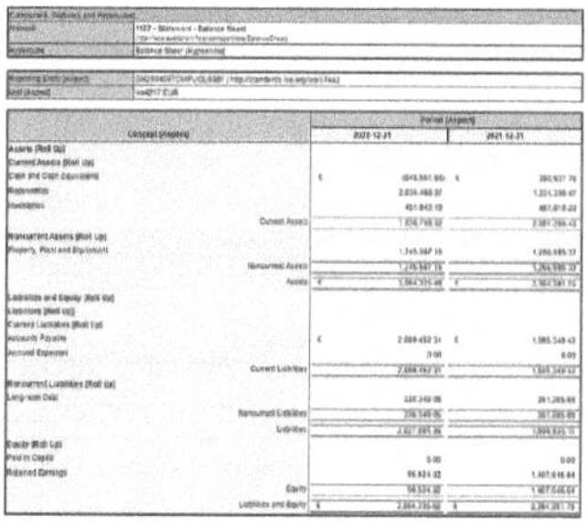

Balance General [i30]

Desarrollo del Ratio de Capital

Desarrollo proyectado del ratio de capital durante los primeros 3 años de operación.

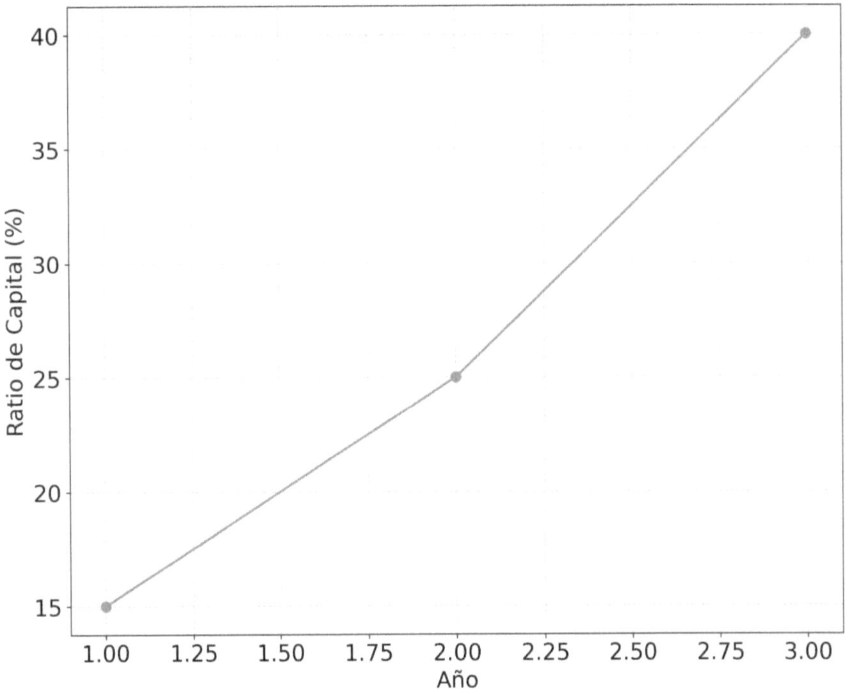

El gráfico muestra una tendencia positiva en el ratio de capital, lo que indica una creciente estabilidad financiera y una reducción del riesgo para la GmbH. Inicialmente, el ratio es más bajo debido a los costos típicos de inicio y a las menores ganancias, pero mejora constantemente a medida que el negocio crece y genera retornos positivos.

Planificación de liquidez

La planificación de liquidez es el control y monitoreo continuo de los flujos de entrada y salida de su empresa, para garantizar la solvencia en todo momento. Forma la base para la planificación financiera a corto plazo y es esencial para la GmbH, para evitar cuellos de botella financieros y mantener la actividad operativa. Una gestión de liquidez efectiva ayuda a identificar riesgos potenciales de manera temprana y a tomar las medidas adecuadas. Una planificación detallada de los ingresos y gastos durante un período definido, como tres, seis o doce meses, es indispensable. Esta planificación debe considerar todos los ingresos esperados, como ingresos por ventas o pagos de clientes, así como todos los gastos planificados, como facturas de proveedores, salarios o alquileres. La comparación de entradas y salidas hace visible el desarrollo de la liquidez esperada y proporciona información sobre posibles brechas de financiación. Un saldo negativo señala una falta de liquidez y requiere medidas, como el uso de líneas de crédito o el aplazamiento de inversiones. La inclusión de indicadores financieros, como los grados de liquidez, ofrece más posibilidades de análisis para evaluar la capacidad de pago. Una planificación de liquidez efectiva requiere más que la elaboración de un plan estático. Es un proceso dinámico que requiere ajustes y actualizaciones regulares. Controle su planificación de liquidez de manera continua y compare los valores pronosticados con las entradas y salidas reales. De este modo, puede identificar desviaciones a tiempo y, si es necesario, intervenir de manera correctiva. Además de las entradas y salidas operativas, también deben considerarse las inversiones y financiamientos en la planificación de liquidez. Inversiones más grandes pueden afectar significativamente la liquidez a corto plazo, mientras que la obtención de un préstamo puede mejorar la liquidez. Un ejemplo: la adquisición de una nueva máquina por 50.000 € representa una carga considerable para la liquidez. Si la financiación de esta inversión no está asegurada, puede llevar a una falta de liquidez. A través de la planificación anticipada y la consideración de tales inversiones en la planificación de liquidez, puede encontrar soluciones de financiación a tiempo, como un préstamo o leasing, y así garantizar la capacidad de pago. La planificación de liquidez es, por lo tanto, una herramienta central para la gestión financiera de su GmbH y contribuye significativamente a la estabilidad a largo plazo y al éxito de su empresa. Le permite minimizar riesgos financieros y utilizar los recursos disponibles de manera óptima. La revisión y ajuste regular a la evolución actual del negocio es crucial para garantizar la precisión de la planificación y poder reaccionar de manera flexible a los cambios. Una planificación de liquidez bien pensada le proporciona la seguridad necesaria para dirigir su empresa con éxito a través de la fase inicial y más allá. Establece la base para decisiones estratégicas y le permite aprovechar oportunidades de crecimiento sin comprometer la estabilidad financiera.

Bueno saber

Grados de liquidez

Los grados de liquidez son indicadores que miden la capacidad de una empresa para cumplir con sus obligaciones de pago a corto plazo. Proporcionan información sobre la estabilidad financiera y la capacidad de pagar facturas y otras deudas a tiempo. Existen diferentes grados de liquidez que iluminan diferentes aspectos de la capacidad de pago.

Leasing

El leasing es una alternativa de financiación a la compra de activos. En lugar de comprar la máquina directamente, se alquila al arrendador. Esto preserva la liquidez, ya que no se requiere una gran inversión inicial. Las cuotas de leasing se contabilizan como gastos operativos.

Planificación de Liquidez para Startup

Ratios de liquidez proyectados a lo largo del tiempo para una nueva GmbH.

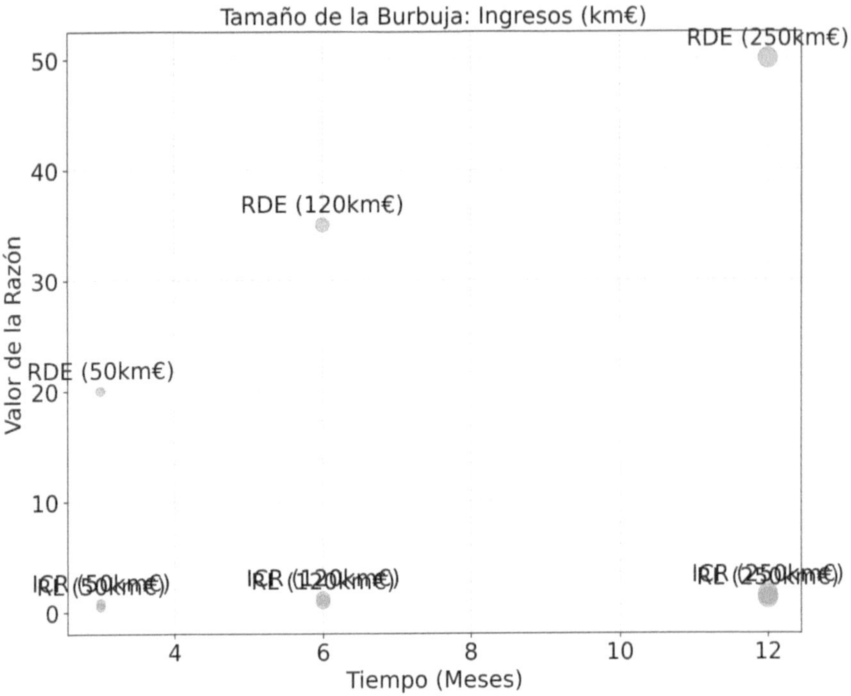

Blasengröße: Ingresos (km€)

- ICR: Índice de Corriente
- RDE: Reserva de Días de Efectivo
- RL: Razón Líquida

El gráfico revela una tendencia positiva en la liquidez, con ratios clave que mejoran en el plazo proyectado. Inicialmente, la empresa opera con menor liquidez, pero la gestión financiera estratégica conduce a una posición más sólida. Esto sugiere un plan financiero sostenible, capaz de superar posibles desafíos a corto plazo. Sin embargo, el monitoreo continuo y la adaptación son cruciales para el éxito a largo plazo.

Consejos concretos

- Revise anualmente el desarrollo de su capital social y ajuste su estrategia empresarial en consecuencia.
- Forme reservas a partir de las ganancias de manera temprana para fortalecer la estabilidad financiera de su GmbH y permitir futuras inversiones.
- Utilice la reserva de capital de manera estratégica, por ejemplo, para fomentar innovaciones o amortiguar fluctuaciones inesperadas del mercado.
- Considere su capital social no como una cifra estática, sino como una herramienta dinámica para gestionar el crecimiento de su empresa.
- Desarrolle diferentes escenarios para la futura evolución de su capital social y derive de ellos opciones de acción.
- Considere si un aumento del capital social a través de nuevos socios o la aportación de activos es sensato.
- Revise regularmente si la cantidad de su capital social sigue cumpliendo con los requisitos actuales de su modelo de negocio.
- Documente todos los cambios y transacciones relacionados con su capital social de manera transparente y comprensible.
- Establezca objetivos realistas para el desarrollo de su capital social y supervise el progreso regularmente.
- Intercambie experiencias con otros empresarios sobre su gestión del capital social y aprenda de ejemplos de mejores prácticas.
- Reflexione sobre su estrategia de gestión del capital social regularmente y ajústela a las condiciones cambiantes del mercado.
- Vea su capital social como una inversión en el futuro de su GmbH y utilícelo para crear valores a largo plazo.

4. 2 Contabilidad de la GmbH

La contabilidad constituye la base para decisiones fundamentadas en su GmbH. Desde la fundación, le acompañan amplias obligaciones para la recopilación exhaustiva de todas las transacciones comerciales, que no solo son legalmente requeridas, sino también esenciales para la gestión de su empresa. Una contabilidad errónea puede llevar a desventajas financieras y consecuencias legales. Los principios de contabilidad adecuada (GoB) establecen el marco para una representación transparente y comprensible de la situación de activos, finanzas y resultados. El cierre del ejercicio, la contabilidad de costos y la contabilidad de activos fijos le proporcionan indicadores clave para analizar el desarrollo de su empresa y desarrollar estrategias futuras. Este capítulo le ofrece una visión general de los requisitos centrales de la contabilidad de la GmbH y le allana el camino hacia una base financiera sólida para su empresa.

La contabilidad adecuada no solo es un requisito legal, sino que también es la base para decisiones empresariales fundamentadas y, por lo tanto, para el éxito a largo plazo de la GmbH.

Obligaciones de contabilidad

Como fundador de una GmbH en Alemania, se enfrenta a amplias obligaciones de contabilidad. Estas comienzan con la fundación y lo acompañan durante todo el ciclo de vida de su empresa. La contabilidad adecuada no solo es un requisito legal, sino que también forma la base para decisiones empresariales fundamentadas. Le proporciona la información necesaria sobre la situación financiera de su empresa y le permite evaluar mejor los desarrollos futuros. La base de la obligación de contabilidad para las GmbHs es el Código de Comercio (HGB). Define los GoB (Principios de contabilidad adecuada), que garantizan una representación uniforme y comprensible de la situación de activos, finanzas y resultados. Los principios centrales de los GoB incluyen claridad, integridad, exactitud, consistencia y prudencia. Una violación de estos principios puede resultar en multas y desventajas fiscales. La obligación de contabilidad abarca el registro completo de todas las transacciones comerciales. Cada transacción, ya sea compra, venta, pago o inversión, debe ser documentada y registrada cronológicamente en los libros. Esta documentación se realiza mediante comprobantes como facturas, recibos y extractos bancarios. El período de conservación para estos comprobantes es generalmente de diez años. Por ejemplo, también debe conservar la factura de un nuevo portátil durante diez años. La contabilidad se divide en diferentes áreas. La contabilidad corriente, también llamada contabilidad financiera, registra todas las transacciones comerciales de manera sistemática en cuentas. Forma la base para el cierre del ejercicio. La contabilidad de costos, por otro lado, sirve para el control interno de costos y proporciona información importante para la fijación de precios y la valoración de productos. La contabilidad de activos fijos documenta la adquisición, depreciación y enajenación de activos fijos como máquinas o inmuebles. El cierre del ejercicio es un resultado importante de la contabilidad. Consiste en el balance, la cuenta de pérdidas y ganancias (GuV) y el anexo. El balance proporciona una visión general de los activos y deudas de la empresa en una fecha determinada. La GuV muestra los ingresos y gastos de un período y determina el excedente o déficit anual. El anexo contiene explicaciones sobre el balance y la GuV. Dependiendo del tamaño y la forma jurídica de la GmbH, se pueden aplicar diferentes simplificaciones en la elaboración del cierre del ejercicio. La contabilidad digital ha ganado mucha importancia en los últimos años. Las soluciones de software facilitan el registro y procesamiento de datos contables. Ofrecen funciones de automatización, reducen el esfuerzo manual y minimizan el potencial de errores. Además, permiten un acceso rápido a indicadores clave y reportes. La elección del software adecuado depende de las necesidades individuales y del tamaño de su empresa. Además de las obligaciones internas de contabilidad, también existen obligaciones de reporte externas. Debe enviar regularmente declaraciones de IVA y declaraciones de impuestos sobre la nómina a la oficina de impuestos. También pueden ser necesarios reportes estadísticos a la Oficina Federal de Estadística. El incumplimiento de estas obligaciones de reporte puede resultar en altas multas. Para manejar la carga de la contabilidad y concentrarse en su negocio principal, puede contratar a un asesor fiscal. Un asesor fiscal no solo se encarga de la contabilidad corriente y la elaboración del cierre del ejercicio, sino que también le asesora en cuestiones fiscales y empresariales. Puede ayudarle a aprovechar potenciales de optimización fiscal y minimizar riesgos. Los costos de un asesor fiscal son deducibles como gastos operativos. El cumplimiento de las obligaciones de contabilidad es esencial para cada GmbH. Una contabilidad adecuada crea transparencia, permite decisiones fundamentadas y minimiza el riesgo de problemas fiscales. Por lo tanto, invierta desde el principio en una contabilidad profesional y asegure el éxito a largo plazo de su empresa. Al abordar tempranamente los requisitos y utilizar apoyo profesional, sienta las bases para una sólida base financiera de su GmbH. Un intercambio temprano con un asesor fiscal sobre la elección del software de contabilidad adecuado y los requisitos individuales de

su empresa puede ahorrarle tiempo y costos a largo plazo. Así, por ejemplo, puede establecer las estructuras necesarias al fundar su GmbH y asegurarse de que se cumplan todos los requisitos legales.

Bueno saber

Declaración de IVA

Las empresas deben enviar regularmente declaraciones de IVA a la oficina de impuestos. En ellas se contrasta el IVA que la empresa ha recaudado y el que ha pagado. La diferencia se paga a la oficina de impuestos o se reembolsa por la misma.

Gastos operativos

Los gastos operativos son los gastos que surgen en relación con la actividad empresarial de una empresa. Reducen las ganancias y, por lo tanto, también la carga fiscal de la empresa.

Código de Comercio

El HGB es una ley central en Alemania que establece las reglas para comerciantes y sociedades comerciales, incluida la GmbH. Contiene disposiciones importantes sobre contabilidad, cierre del ejercicio y otros aspectos del derecho comercial.

Oficina Federal de Estadística

La Oficina Federal de Estadística es una autoridad responsable de la elaboración de estadísticas en Alemania. Las empresas deben enviar reportes estadísticos a la Oficina Federal de Estadística en ciertos casos para crear la base de datos para estas estadísticas.

Obligaciones contables GmbH

Resumen de las obligaciones contables

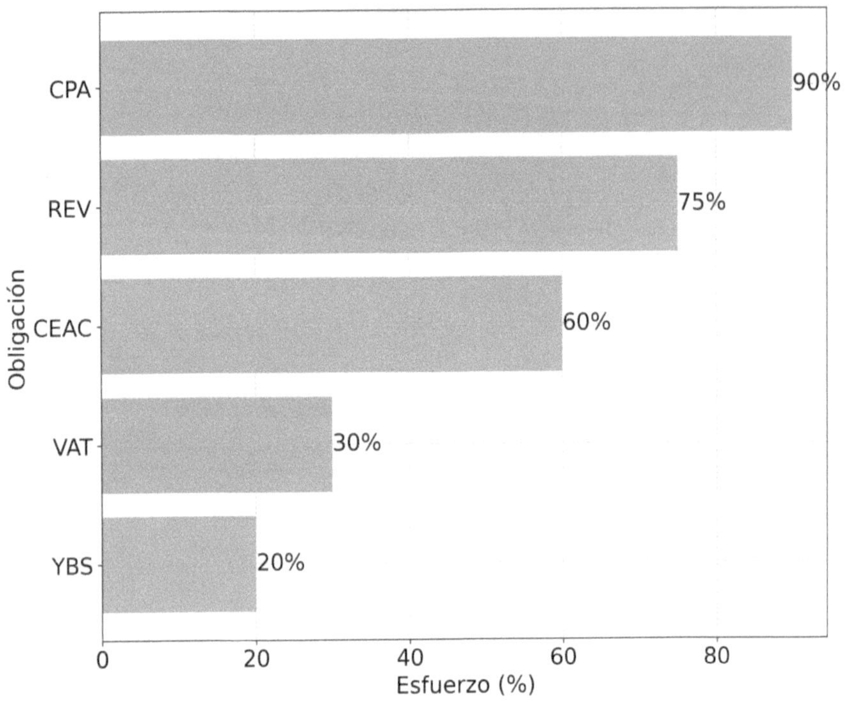

BKP: Comprobación de documentos

CPA: Contabilizaciones periódicas

UST: Declaración previa de IVA

CEAC: Crear plan de cuentas

JAB: Balance anual

Las principales obligaciones contables requieren una parte considerable, mientras que las actividades preparatorias requieren menos tiempo. Los registros contables actuales requieren atención continua. El balance anual representa el mayor esfuerzo, seguido de la declaración previa del IVA.

Cierre del ejercicio Elaboración

El cierre del ejercicio de su GmbH documenta el desarrollo económico dentro de un año fiscal y es la base para decisiones empresariales importantes. Se compone de balance, cuenta de pérdidas y ganancias (CuP) y anexo. El balance proporciona una instantánea del patrimonio y las deudas de la empresa en una fecha determinada, generalmente el 31 de diciembre. Los activos (uso de fondos) y pasivos (origen de fondos) deben coincidir. La CuP registra todos los ingresos y gastos del año fiscal anterior y determina así la ganancia o pérdida. El anexo proporciona información adicional y explicaciones sobre el balance y la CuP, como los métodos de contabilidad y valoración aplicados. La estructura y el contenido del cierre del ejercicio están regulados por la hgb. Dependiendo del tamaño de su GmbH, puede beneficiarse de ciertas facilidades, como un balance abreviado. Infórmese con antelación sobre las regulaciones aplicables a su GmbH. La elaboración del cierre del ejercicio es un proceso complejo que requiere no solo conocimientos contables, sino también un entendimiento de las disposiciones legales relevantes. Comience con la recopilación completa de todas las transacciones comerciales del año. Luego, verifique la exactitud y la integridad de sus documentos contables. Un sistema coherente de archivo de documentos facilita enormemente este paso. Recuerde conservar todos los documentos relevantes, como facturas y extractos bancarios, de manera ordenada y durante el período legalmente requerido. Un archivo digital claro con una nomenclatura precisa de los archivos puede ser ventajoso. En el siguiente paso, se asignan las transacciones comerciales a las cuentas correspondientes. Preste atención a la correcta aplicación de los métodos de contabilidad y valoración. Por ejemplo, los activos fijos deben ser depreciados de manera planificada. La cantidad de depreciación se determina según la vida útil del bien en cuestión. Para un ordenador, por ejemplo, se asume comúnmente una vida útil de tres años. Después de la contabilización de todas las transacciones comerciales, elabore el balance, la CuP y el anexo. Es esencial una revisión cuidadosa de todas las partidas para evitar errores. Verifique, por ejemplo, si la suma de los activos coincide con la suma de los pasivos. El cierre del ejercicio finalizado debe ser aprobado por la dirección y luego divulgado. La obligación de divulgación sirve para la transparencia y permite a terceros informarse sobre la situación económica de su GmbH. Dependiendo del tamaño y la forma jurídica de su GmbH, debe presentar el cierre del ejercicio en el Boletín Oficial Electrónico. El plazo para la divulgación es de doce meses después de la fecha de balance. Una divulgación tardía puede resultar en multas. Además de la obligación de divulgación, las GmbHs también están obligadas a elaborar un balance fiscal. Este sirve como base para el cálculo del impuesto sobre sociedades y el impuesto comercial. El balance fiscal puede diferir del balance comercial, ya que se orienta a las disposiciones fiscales. Por ejemplo, ciertos gastos que son deducibles en el balance comercial pueden no serlo en el balance fiscal. La elaboración del cierre del ejercicio es una tarea exigente que consume tiempo y recursos. Para reducir el esfuerzo y evitar errores, se recomienda colaborar con un asesor fiscal. Este cuenta con el conocimiento especializado y la experiencia necesarios para apoyarle en todas las cuestiones relacionadas con el cierre del ejercicio. Un asesor fiscal no solo puede ayudarle en la elaboración del cierre del ejercicio, sino también asesorarle en la optimización fiscal. Por ejemplo, puede señalar oportunidades para reducir la carga fiscal. Los costos de un asesor fiscal son deducibles como betriebsausgaben y, por lo tanto, reducen su ganancia. Una planificación anticipada y la inclusión de un asesor fiscal facilitan enormemente el proceso de elaboración del cierre del ejercicio y contribuyen a cumplir con los requisitos legales y asegurar la estabilidad financiera de su GmbH.

Anexo [i31]

Plan de cuentas [i32]

Componentes del estado financiero anual

Distribución del esfuerzo para la creación del estado anual de la GmbH.

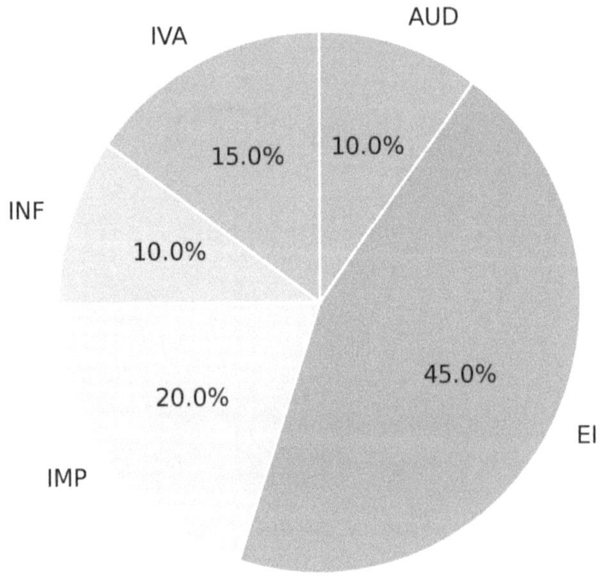

AUD: Preparación de la auditoría

EI: Estados Financieros (Balance General, Estado de Resultados, Flujo de Efectivo)

IMP: Informe de Gestión

INF: Valoración de Inventario

IVA: Cálculos de impuestos

La mayor parte del tiempo se dedica a preparar los estados financieros, lo que destaca su complejidad. Los cálculos de inventario e impuestos también representan partes significativas, lo que sugiere posibles áreas de optimización mediante mejoras de procesos o software especializado. Si bien los informes de gestión y auditoría son partes más pequeñas, son cruciales para el cumplimiento legal y la comunicación con las partes interesadas, lo que requiere una atención cuidadosa.

bilanzierung

La contabilización es un proceso central de la contabilidad y forma la base para el cierre del ejercicio de su GmbH. Implica la recopilación, valoración y presentación sistemática de activos, deudas y capital propio a una fecha determinada. El objetivo es proporcionar una imagen que refleje la situación real de los activos, la situación financiera y los resultados. La contabilización sigue los principios de contabilidad adecuada (gob) y las regulaciones del Código de Comercio (HGB). Un aspecto importante es el principio de imparcialidad, que establece que se deben considerar todos los riesgos y pérdidas previsibles, pero solo los beneficios realizados. Esto sirve como precaución y protege contra una representación demasiado optimista de la situación de la empresa. Un caso típico es la formación de provisiones para pérdidas inminentes de litigios pendientes. El balance se divide en activos y passiva. Los activos muestran el uso de los fondos, es decir, cómo se invierte el capital de la empresa. Aquí se encuentran partidas como activos fijos (por ejemplo, máquinas, edificios), activos circulantes (por ejemplo, inventarios, cuentas por cobrar) y fondos líquidos (por ejemplo, saldos bancarios). Los pasivos, en cambio, muestran la procedencia de los fondos, es decir, de dónde proviene el capital. Esto incluye capital propio (por ejemplo, capital social, reservas de ganancias), provisiones (por ejemplo, para pensiones) y deudas (por ejemplo, deudas con proveedores, préstamos bancarios). Los activos y pasivos deben coincidir siempre, ya que cada capital utilizado debe tener una fuente. La valoración de las distintas partidas del balance se realiza según diferentes métodos. Los bienes del activo fijo se contabilizan generalmente a costos de adquisición menos amortizaciones planificadas. El método de amortización y la vida útil influyen en el valor contable y, por ende, en las ganancias. Por ejemplo, para un vehículo de empresa con costos de adquisición de 30.000 € y una vida útil de 6 años, se obtiene una amortización anual de 5.000 €. Los activos circulantes se valoran al menor valor entre el costo de adquisición y el valor realizable. Esto significa que, si el valor de los inventarios disminuye debido a cambios en los precios del mercado, esta pérdida de valor debe ser considerada en el balance. Además del balance propiamente dicho, el anhang y la cuenta de pérdidas y ganancias (GuV) son componentes importantes del cierre del ejercicio. La GuV compara los ingresos y gastos de un período y así determina el resultado del período. El anexo contiene explicaciones adicionales sobre el balance y la GuV, que son necesarias para entender las cifras. Aquí se explican, por ejemplo, los métodos de contabilización y valoración aplicados. Una presentación transparente y comprensible es importante para los destinatarios del cierre del ejercicio, como bancos, inversores y socios comerciales. La correcta contabilización es compleja y requiere conocimientos sólidos de los principios contables. Los errores en la contabilización pueden llevar a conclusiones erróneas sobre la situación económica de la empresa y, en el peor de los casos, tener consecuencias legales. Por lo tanto, es recomendable que la contabilización sea realizada por un asesor fiscal experimentado. Este no solo puede garantizar la correcta aplicación de las regulaciones, sino también señalar oportunidades para optimizar la contabilización dentro de los límites legales. Una consulta temprana con un asesor fiscal puede ayudarle a hacer más eficientes los procesos de contabilización y garantizar la estabilidad financiera de su GmbH. Al elegir un software de contabilidad adecuado, adaptado a las necesidades de su GmbH, puede reducir el esfuerzo de contabilización y mejorar la calidad de los datos. Las soluciones digitales también ofrecen la posibilidad de acceder a cifras actuales en cualquier momento y tomar decisiones fundamentadas.

Ejemplo de balance simplificado (GmbH)

Estructura ilustrativa del balance para una GmbH recién establecida.

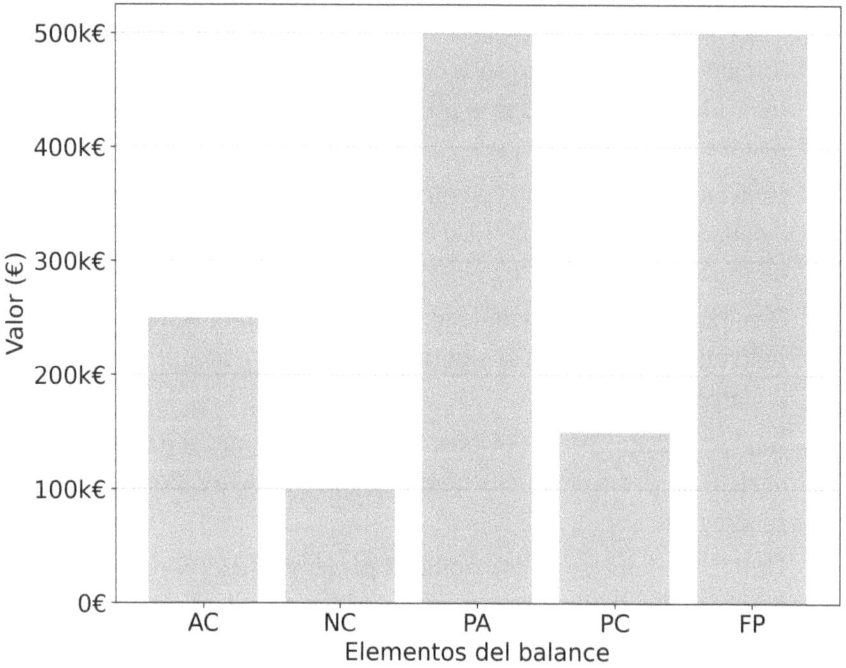

AC: Activo circulante

NC: Pasivo no corriente

PC: Pasivo corriente

FP: Fondos propios

PA: Activo no corriente

Este balance de situación de ejemplo demuestra una posición financiera sólida con suficientes activos para cubrir los pasivos. El patrimonio relativamente alto sugiere una sólida base de capital. Sin embargo, se simplifica y los balances de situación reales de las GmbH serán más complejos y contendrán información más detallada.

Consejos concretos

- Utilice la contabilidad de su GmbH para desarrollar indicadores individuales que vayan más allá de los indicadores estándar y reflejen su industria específica.
- Establezca un sistema de planificación financiera continua que le proporcione pronósticos actualizados sobre liquidez, ingresos y resultados.
- Simule diferentes desarrollos comerciales y sus impactos en sus indicadores financieros para poder reaccionar a los cambios de manera anticipada.
- Conecte su contabilidad con un sistema CRM para analizar detalladamente la rentabilidad de los clientes y optimizar su control de ventas.
- Realice análisis de rentabilidad regulares para productos o servicios individuales, con el fin de optimizar su cartera e identificar áreas no rentables.
- Implemente un sistema de contabilidad digital que genere informes y análisis automatizados, liberándole tiempo para decisiones estratégicas.
- Utilice los datos de su contabilidad para tomar decisiones basadas en datos y optimizar continuamente su estrategia empresarial.
- Compare regularmente sus indicadores financieros con benchmarks de la industria para evaluar su competitividad e identificar oportunidades de mejora.
- Integre su contabilidad en un sistema de gestión financiera integral que refleje todos los procesos financieros desde la planificación hasta el control.
- Visualice sus datos financieros en forma de paneles y gráficos claros para captar y comunicar rápidamente relaciones complejas.

4. 3 Planificación fiscal

La planificación fiscal influye de manera decisiva en el éxito financiero de su GmbH. La elección de la ubicación, los métodos de depreciación y la estructura de financiamiento afectan directamente la carga fiscal. También la elección de la forma jurídica y la redacción de contratos ofrecen potenciales de optimización. Este capítulo le muestra qué factores debe tener en cuenta para minimizar los riesgos financieros y maximizar la rentabilidad de su empresa. Siga leyendo y descubra cómo optimizar su carga fiscal de manera legal y efectiva.

La planificación fiscal es un proceso continuo que requiere ajustes regulares a las leyes, el desarrollo empresarial y la estructura de la empresa. La asesoría profesional asegura ventajas fiscales a largo plazo y minimiza riesgos.

Impuesto de sociedades Optimización

La carga del impuesto de sociedades influye en el éxito financiero de su GmbH. Un tipo impositivo bajo aumenta las ganancias que pueden ser reinvertidas o distribuidas. La carga fiscal se puede optimizar mediante diversas opciones legales de diseño. Un factor clave es la elección de la ubicación adecuada. El tipo impositivo de sociedades no varía dentro de Alemania, pero sí a nivel internacional. Una estructura de holding con sede en un país de baja tributación puede reducir la carga fiscal total, pero requiere una planificación cuidadosa y consideración de las leyes fiscales internacionales. Además, no debe ignorar el gewerbesteuer, que se establece a nivel municipal y afecta la rentabilidad de la ubicación de su empresa. Un municipio con un coeficiente de impuesto bajo puede reducir significativamente la carga fiscal. Las ganancias se generan a partir de la diferencia entre ingresos y gastos. Por lo tanto, la deducibilidad fiscal de los betriebsausgaben es esencial. Todos los gastos que estén directamente relacionados con su propósito comercial pueden ser reclamados para reducir impuestos. Esto incluye, por ejemplo, salarios, alquileres, material de oficina y depreciaciones sobre bienes económicos. Las inversiones en nuevas máquinas o vehículos reducen las ganancias a través de la depreciación y, por lo tanto, la carga fiscal en el año correspondiente. Asegúrese de llevar una documentación completa de todos los gastos para poder presentar todas las pruebas en caso de una auditoría fiscal. También la estructura de financiamiento afecta la carga fiscal. Los intereses de fremdkapital son deducibles como gastos operativos, mientras que los pagos de dividendos a los socios se realizan a partir de las ganancias gravadas. Por lo tanto, un mayor porcentaje de capital ajeno puede ser fiscalmente ventajoso, pero también aumenta el riesgo financiero. Por lo tanto, es recomendable tener una estructura de capital equilibrada. Además, las oportunidades de apoyo fiscal, como la subvención para investigación, ofrecen potencial para la optimización fiscal. Esta subvención apoya la investigación y el desarrollo y permite la deducción fiscal de una parte de los gastos. Verifique si su GmbH cumple con los requisitos para tales programas de apoyo. La elección de la forma jurídica también juega un papel importante. Mientras que la GmbH corresponde a la clásica sociedad de capital, existen formas jurídicas alternativas como la sociedad de responsabilidad limitada o la Limited, que pueden ofrecer ventajas fiscales en ciertas circunstancias. Infórmese sobre las ventajas y desventajas de las diferentes formas jurídicas para elegir la estructura óptima para su empresa. La redacción de contratos con socios comerciales también puede tener implicaciones fiscales. Por ejemplo, los derechos de licencia o las cuotas de arrendamiento pueden ser deducibles como gastos operativos. Preste atención a los aspectos fiscales al redactar contratos para aprovechar las oportunidades de optimización. La planificación y optimización fiscal continua es un proceso constante. Los cambios en las leyes fiscales, el desarrollo empresarial o la estructura de la empresa requieren ajustes en la estrategia fiscal. Por lo tanto, se recomienda una revisión regular de la estructura fiscal por parte de un steuerberater. Un asesor fiscal puede ayudarle a comprender las complejas leyes fiscales y desarrollar la estrategia fiscal óptima para su GmbH. De este modo, podrá minimizar su carga fiscal a largo plazo y asegurar el éxito financiero de su empresa. Un asesor fiscal también puede ayudar en la elaboración de la declaración de impuestos y en la comunicación con la agencia tributaria. Tenga en cuenta que los modelos de planificación fiscal agresiva están asociados con altos riesgos y son examinados críticamente por las autoridades fiscales. Concéntrese en estrategias de optimización legales y sostenibles para asegurar ventajas fiscales a largo plazo. Una estructura fiscal transparente y comprensible minimiza el riesgo de pagos de impuestos atrasados y sanciones. La elección del método de depreciación también influye en la carga fiscal. Puede elegir entre depreciación lineal y degressiva. La depreciación degressiva permite una mayor depreciación en los primeros años y, por lo tanto, una reducción fiscal más rápida. Verifique qué método es más ventajoso

para su empresa. Para bienes económicos que se vuelven obsoletos rápidamente, como computadoras, la depreciación degressiva puede ser útil para hacer valer la disminución de valor fiscalmente más rápido. En resumen, la optimización del impuesto de sociedades es un tema complejo que requiere una planificación y ejecución cuidadosas. Al considerar los aspectos mencionados, puede reducir legal y sosteniblemente la carga fiscal de su GmbH y aumentar el éxito empresarial.

Carga fiscal corporativa vs. Beneficios

Ilustra la carga fiscal corporativa en relación con las ganancias para una GmbH.

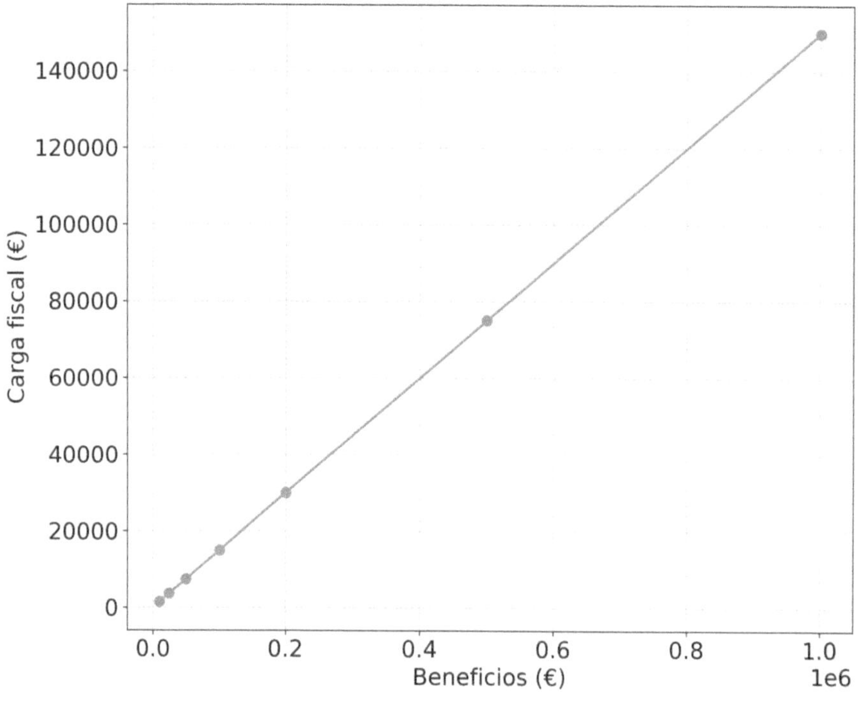

El gráfico muestra cómo la carga fiscal corporativa aumenta proporcionalmente con los beneficios. Las ganancias más bajas experimentan una carga fiscal menor, mientras que las ganancias más altas resultan en una obligación tributaria significativamente mayor. Esto destaca la importancia de la planificación fiscal, especialmente a medida que crecen las ganancias, para optimizar los ingresos netos después de impuestos.

Planificación del impuesto industrial

El impuesto industrial, que se aplica sobre el rendimiento empresarial, representa un factor de costo relevante para las GmbHs. La cuantía de este impuesto está influenciada por el coeficiente municipal de cada localidad. Las empresas ubicadas en municipios con un coeficiente bajo se benefician de una menor carga fiscal. Por lo tanto, un análisis de los coeficientes de posibles ubicaciones antes de la fundación puede generar ventajas financieras. Además del coeficiente, también influyen en el rendimiento empresarial los exenciones fiscales y adiciones. Entre otras cosas, las adiciones incluyen ciertos gastos de alquiler e intereses. Una planificación y cálculo detallados de estos factores ayudan a minimizar la carga del impuesto industrial. En el marco de una planificación a largo plazo, también se puede considerar una futura reubicación de la sede de la empresa a un municipio más favorable, sopesando los costos asociados con las ventajas fiscales. Además de la elección de ubicación dentro de Alemania, el cambio transfronterizo de la forma jurídica dentro de la UE ofrece oportunidades para la optimización fiscal, especialmente en la repatriación de dividendos. [s16] La elección de un estado miembro de la UE sin retención unilateral de impuestos sobre dividendos puede ser decisiva en este contexto. [s16] Sin embargo, estas opciones de diseño deben evaluarse siempre en el contexto de la estrategia empresarial general y teniendo en cuenta la jurisprudencia del TJUE. [s16] Por ejemplo, las estructuras de holding en ciertos países pueden ofrecer ventajas fiscales en la distribución de dividendos. A través de un diseño inteligente de los flujos financieros dentro del grupo empresarial, se puede reducir la carga fiscal en general. Es importante que la estructura elegida tenga una justificación económica y no persiga exclusivamente motivos fiscales, para evitar acusaciones de abuso. Una asesoría integral por parte de un experto fiscal es indispensable en tales configuraciones internacionales, para evaluar correctamente las implicaciones legales y fiscales y minimizar posibles riesgos. La planificación debe orientarse no solo al impuesto industrial, sino a la carga fiscal total de la empresa, para lograr un resultado óptimo.

Bueno saber

Adiciones

Las adiciones son montos que se suman a las ganancias de una empresa para determinar el rendimiento empresarial. Ejemplos de esto son ciertos gastos de alquiler e intereses. Las adiciones aumentan el rendimiento empresarial y, por lo tanto, el impuesto industrial.

Coeficiente municipal

El coeficiente municipal es un factor establecido por cada municipio que influye en la cuantía del impuesto industrial. Un coeficiente más alto resulta en una mayor carga fiscal para las empresas en ese municipio.

Estructuras de holding

Las estructuras de holding son estructuras empresariales especiales en las que una sociedad holding posee participaciones en otras empresas (filiales). Estas estructuras pueden ofrecer ventajas fiscales, por ejemplo, en la distribución de dividendos.

Exenciones fiscales

Las exenciones fiscales reducen el rendimiento empresarial y, por lo tanto, el impuesto industrial a pagar. Existen diferentes exenciones fiscales que se aplican a ciertas empresas o bajo ciertas condiciones.

Comparación del impuesto de actividades económicas (ejemplo)

Comparación de las tasas del impuesto de actividades económicas en diferentes ciudades alemanas

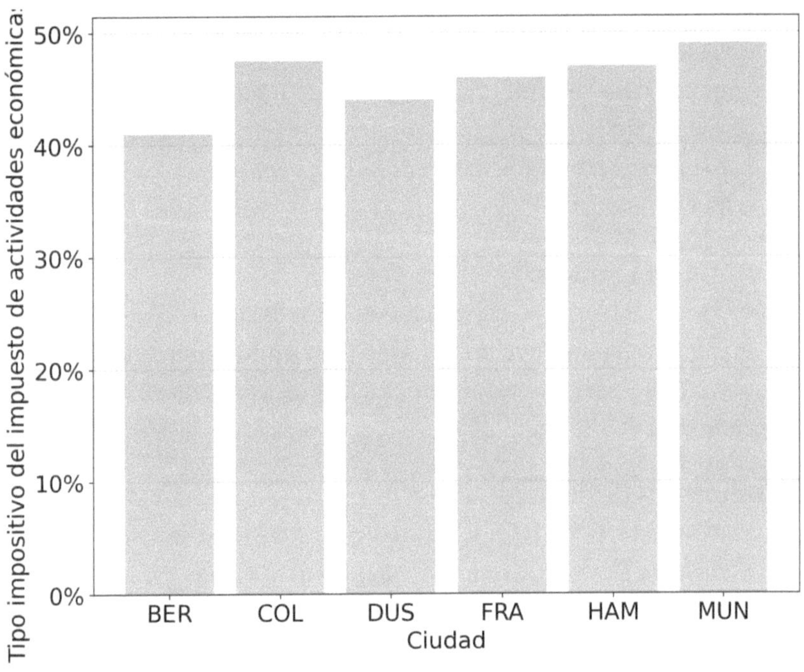

BER: Berlín

COL: Colonia

DUS: Düsseldorf

FRA: Fráncfort

HAM: Hamburgo

MUN: Múnich

Este gráfico ilustra la variación significativa en las tasas del impuesto de actividades económicas en diferentes ciudades alemanas. La elección de una ubicación con una menor carga fiscal de actividades económicas puede afectar significativamente la rentabilidad de una GmbH. Las empresas deben considerar cuidadosamente este factor al seleccionar su domicilio social.

Distribución de beneficios

Las distribuciones de beneficios a los socios de una GmbH se realizan en forma de dividendos y representan, tras el pago del koerperschaftsteuer, una decisión central en la gestión financiera. La cantidad de la distribución influye en la liquidez de la GmbH y en los ingresos de capital de los socios. Una alta distribución aumenta los rendimientos de los socios, pero reduce las reservas financieras para inversiones y el crecimiento de la empresa. Una baja distribución mantiene la sustancia financiera de la GmbH, pero puede disminuir su atractivo para los inversores. Por lo tanto, se debe buscar un equilibrio entre retención de beneficios y distribución. El impuesto sobre la renta de las personas jurídicas en Alemania es del 26,375% desde 2009, compuesto por un 25% de impuesto sobre dividendos más un 5,5% de recargo de solidaridad [s17]. Este abgeltungssteuer se deduce directamente en la fuente, es decir, en la GmbH que paga los dividendos. Para el socio, el dividendo, tras la deducción del impuesto de retención, generalmente está completamente gravado. La GmbH debe transferir el impuesto retenido a la oficina de impuestos a tiempo para evitar recargos por demora. Una política de distribución inteligente considera tanto los aspectos fiscales como las necesidades financieras de la GmbH y sus socios. Las

subvenciones públicas pueden fortalecer la capacidad financiera de la empresa y permitir así mayores distribuciones [s18], pero no deben ser el factor primario en las decisiones de distribución. Más bien, se debe garantizar la estabilidad financiera a largo plazo y la capacidad de crecimiento de la GmbH. Una distribución excesiva, impulsada por subvenciones a corto plazo, puede llevar a problemas de liquidez y poner en riesgo futuras inversiones [s18]. Por lo tanto, la política de distribución debe considerarse en el contexto general de la estrategia empresarial y la planificación financiera a largo plazo.

Recargo por demora

Cargos adicionales que se aplican cuando los impuestos no se transfieren a tiempo a la oficina de impuestos. Esto también se aplica al impuesto de retención sobre los dividendos.

Retención de beneficios

La decisión de mantener las ganancias en la empresa en lugar de distribuirlas como dividendos. Esto fortalece el capital propio y permite futuras inversiones.

Subvenciones

Apoyo financiero del estado que la GmbH puede recibir para ciertos fines. Las subvenciones pueden aumentar la liquidez de la GmbH y así ofrecer la posibilidad de mayores distribuciones.

Distribución de Beneficios después de Impuestos (GmbH)

Cómo se asignan típicamente las ganancias en una GmbH alemana después de los impuestos corporativos.

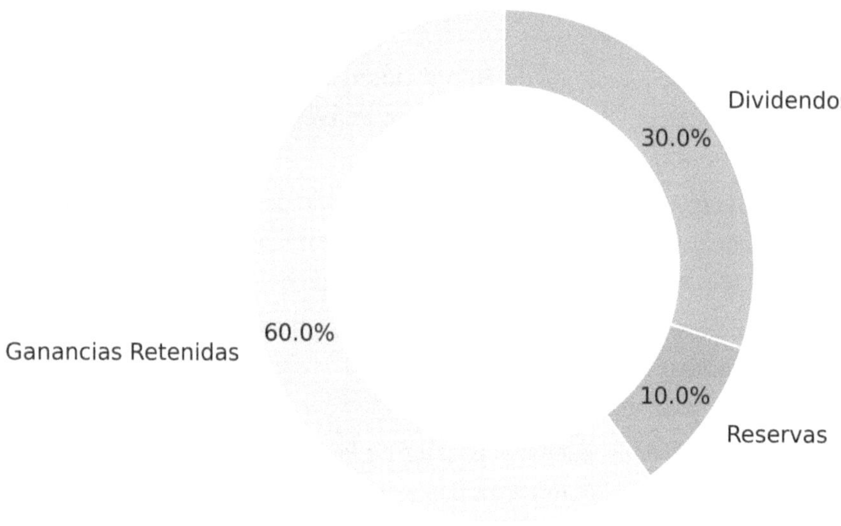

- DIV: Dividendos
- GAN: Ganancias Retenidas
- RES: Reservas

Este gráfico ilustra una estrategia común de asignación de ganancias para una GmbH. Una parte significativa se retiene para reinversión y crecimiento futuro, lo que demuestra un enfoque en la estabilidad a largo plazo. Se distribuyen dividendos a los accionistas, recompensando la inversión y proporcionando un retorno. Una parte menor se asigna a las reservas, lo que proporciona un colchón financiero para circunstancias imprevistas o inversiones futuras. Este enfoque equilibrado permite que la GmbH crezca al mismo tiempo que proporciona retornos a los inversores y mantiene la seguridad financiera.

Consejos concretos

- Considere una estructura de participación de empleados optimizada fiscalmente para aumentar la motivación y al mismo tiempo reducir la carga tributaria.
- Examine las posibilidades de deducibilidad fiscal de los costos de formación y utilícelas activamente para fomentar las competencias de sus empleados.
- Optimice su estrategia de amortización evaluando y documentando de manera realista la vida útil de los activos para lograr una carga fiscal óptima.
- Aproveche las oportunidades de formación de provisiones para obligaciones inciertas, con el fin de reducir la carga tributaria en el ejercicio fiscal actual y prever gastos futuros.
- Evalúe las implicaciones fiscales de diferentes estructuras contractuales con socios comerciales, por ejemplo, al elegir entre compra y leasing.
- Analice las consecuencias fiscales de las medidas de reestructuración, como fusiones o escisiones, y planifíquelas cuidadosamente para evitar efectos negativos.
- Tenga en cuenta los aspectos fiscales al fijar los precios de sus productos y servicios para optimizar el margen de beneficio.
- Revise regularmente su estrategia fiscal y ajústela a las condiciones cambiantes, como nuevas leyes o desarrollos comerciales.
- Cuestione críticamente las ofertas de modelos de planificación fiscal y consulte a un experto independiente para minimizar riesgos.
- Documente todas las decisiones y acciones relevantes para la fiscalidad de manera cuidadosa, para garantizar transparencia y trazabilidad en caso de una auditoría.

Revisión - 4. Gestión financiera

Una gestión financiera sólida es la base del éxito de su GmbH. Desde la fundación, debe pensar estratégicamente y gestionar activamente sus finanzas. La administración inteligente del capital social es el primer paso. Vaya más allá del mínimo requerido y considere su capital social como una base de inversión para un crecimiento a largo plazo. Defina objetivos claros para el uso de estos fondos y priorice las inversiones que generen el mayor valor para su empresa. Documente todas las transacciones cuidadosamente y garantice la trazabilidad de cada gasto. Una contabilidad transparente no solo es un requisito legal, sino también en su propio interés, para mantener el control y tomar decisiones informadas. Tenga en cuenta desde el principio las estrictas normas sobre el uso del capital social y evite mezclarlo con finanzas personales. Esto lo protege de problemas legales y fortalece la confianza de inversores y socios comerciales.

La optimización del capital propio es otro factor decisivo para la estabilidad financiera de su GmbH. Un alto ratio de capital propio mejora su solvencia y le proporciona condiciones más favorables en la financiación. La retención de ganancias es un método efectivo para fortalecer orgánicamente el capital propio y reducir la dependencia de financiadores externos. Revise regularmente sus indicadores financieros y ajuste su estrategia a la situación empresarial correspondiente. Una planificación financiera proactiva le ayuda a identificar riesgos potenciales a tiempo y a tomar medidas adecuadas. También considere formas alternativas de financiación, como el leasing, para preservar su liquidez y permitir inversiones sin sobrecargar demasiado el capital propio. La incorporación de nuevos socios también puede ser una opción para generar capital fresco y al mismo tiempo aportar nuevas competencias a la empresa. Sin embargo, evalúe cuidadosamente el impacto en los derechos de voto y asegúrese de que los nuevos socios compartan la visión y los objetivos de su empresa.

Una planificación de liquidez confiable es esencial para garantizar la capacidad de pago de su GmbH en todo momento. Elabore planes de liquidez detallados para diferentes períodos y considere todos los ingresos y gastos esperados. Monitoree su liquidez de manera continua y compare regularmente los valores pronosticados con las cifras reales. De este modo, podrá identificar desviaciones a tiempo y tomar medidas para evitar problemas de liquidez. Establezca márgenes financieros para poder hacer frente a gastos inesperados o fluctuaciones económicas. Una gestión de liquidez efectiva le brinda la seguridad de mantener su actividad comercial incluso en tiempos difíciles y aprovechar oportunidades de crecimiento. También utilice herramientas digitales y soluciones de software para simplificar su planificación financiera y aumentar la transparencia.

El cumplimiento de las obligaciones contables y la elaboración de un balance anual correcto son esenciales para cada GmbH. Invierta desde el principio en una contabilidad profesional y no dude en solicitar el apoyo de un asesor fiscal experimentado. Un asesor fiscal no solo puede ayudarle a cumplir con los requisitos legales, sino que también puede ofrecer valiosos impulsos para la optimización fiscal y la planificación financiera estratégica. Los costos de un asesor fiscal son una buena inversión que se paga a largo plazo. Con una gestión financiera sólida, crea una base estable para su empresa y puede concentrarse en lo esencial: el desarrollo y el crecimiento de su negocio. Sea proactivo, piense estratégicamente y gestione sus finanzas activamente; así sentará las bases para un futuro exitoso de su GmbH.

5. Dirección estratégica de la empresa

¿Por qué fracasan tantas jóvenes GmbHs a pesar de tener ideas de negocio prometedoras? La diferencia entre el éxito y el fracaso a menudo no radica en el producto o en la situación del mercado, sino en la forma de gestión empresarial. Una estrategia bien pensada forma la base para un crecimiento sostenible y permite mantener la perspectiva incluso en tiempos turbulentos. La correcta organización de la dirección y una gestión profesional de las relaciones entre socios son determinantes para la viabilidad futura de la empresa. En este capítulo, aprenderá cómo establecer su GmbH de manera estratégica desde el principio y evitar errores de liderazgo típicos.

5. 1 Gerencia

La gestión de una GmbH implica una amplia responsabilidad y conlleva riesgos de responsabilidad significativos. Las obligaciones legales, así como los deberes de lealtad y diligencia, marcan la rutina diaria y requieren una actuación siempre correcta para evitar consecuencias personales. Desde la convocatoria de juntas de socios hasta la gestión de crisis, las tareas son diversas y requieren un conocimiento sólido. Esta sección le ofrece orientación y muestra en qué debe prestar atención. Navegue con seguridad a través del complejo conjunto de obligaciones del director de una GmbH.

Una documentación cuidadosa y la formación continua minimizan los riesgos de responsabilidad y protegen la existencia personal del director de la GmbH.

Obligaciones del gerente

Como gerente de una GmbH, usted asume amplias responsabilidades. Sus obligaciones se pueden clasificar en obligaciones legales, de lealtad y de diligencia. Las obligaciones legales surgen directamente de la Ley de GmbH y otras normativas relevantes. Esto incluye la convocatoria y realización de juntas de socios, la elaboración del balance anual y su divulgación en el Boletín Federal. Aquí, la precisión y el cumplimiento de plazos son esenciales, ya que las omisiones pueden llevar a riesgos de responsabilidad personal. No olvide, por ejemplo, que la lista de socios registrada en el handelsregister debe estar siempre actualizada. Los cambios en las relaciones de participación deben ser reportados de inmediato. La obligación de lealtad le exige salvaguardar y promover los intereses de la sociedad. Esto significa que debe tomar decisiones en beneficio de la empresa y evitar conflictos entre sus intereses personales y los de la GmbH. Un ejemplo concreto: no puede aprovechar oportunidades comerciales que pertenecen a la GmbH para su beneficio personal. Si está involucrado en una empresa que compite con su GmbH, debe revelar este conflicto de interés y, si es necesario, renunciar a su participación en la empresa competidora.

La obligación de diligencia requiere que actúe con el mismo cuidado que un empresario prudente en una posición comparable. Esto abarca una variedad de tareas, desde la gestión diaria hasta la dirección del personal y la gestión de riesgos. Debe asegurarse de que la GmbH cumpla con sus obligaciones legales, como el pago puntual de impuestos y contribuciones sociales. También es su responsabilidad garantizar el cumplimiento de las normativas de seguridad laboral y de protección de datos. Un sistema de control efectivo puede ayudarle a mantener una visión general de los indicadores financieros de la empresa y a reaccionar a tiempo ante desarrollos negativos. La implementación de un sistema de alerta temprana para problemas de liquidez es especialmente recomendable en este contexto. Además de estas obligaciones básicas, existen otras responsabilidades específicas que varían según la industria y el modelo de negocio. Por ejemplo, los gerentes de empresas que manejan sustancias peligrosas deben tomar precauciones de seguridad especiales. En el sector de servicios financieros, se aplican estrictas normas de cumplimiento, cuya observancia debe garantizar el gerente. La creciente importancia de la protección de datos también presenta nuevos desafíos

para los gerentes. Deben asegurarse de que la GmbH cumpla con los requisitos del Reglamento General de Protección de Datos (dsgvo). Esto incluye, entre otras cosas, la implementación de medidas técnicas y organizativas para proteger los datos personales. El incumplimiento de las obligaciones del gerente puede tener consecuencias significativas. Además de las reclamaciones de responsabilidad civil de la sociedad o de terceros, también pueden surgir sanciones penales. En caso de insolvencia, el administrador concursal examina si el gerente ha incumplido sus obligaciones. Si se determina un incumplimiento, puede hacer que el gerente sea responsable personalmente. Para prevenir estos riesgos, debe informarse regularmente sobre la jurisprudencia actual y, en caso de duda, consultar a un abogado. Una documentación cuidadosa de todas las transacciones comerciales también es esencial para poder demostrar en caso de disputa que ha cumplido con sus obligaciones. Recuerde elaborar actas de las juntas de socios y de decisiones comerciales importantes y guardarlas de manera segura. Un archivo bien organizado puede ayudarle a mantener el control y acceder rápidamente a los documentos necesarios en caso de necesidad. Comparado con un diario bien llevado en un barco, documenta su rumbo y puede justificar sus decisiones en cualquier momento.

sistema de alerta temprana [i33]

Bueno saber

Administrador concursal

Persona designada en caso de insolvencia para gestionar y liquidar los activos de la empresa insolvente. El administrador concursal también verifica si la dirección ha incumplido sus obligaciones.

Boletín Federal

Plataforma pública donde las empresas deben publicar ciertos datos financieros para garantizar la transparencia.

Normas de cumplimiento

Regulaciones y directrices específicas que las empresas deben seguir para evitar violaciones legales y otros incumplimientos.

Sistema de alerta temprana

Un sistema que advierte tempranamente sobre riesgos o problemas potenciales, como problemas de liquidez. Tal sistema permite a la dirección tomar medidas a tiempo para proteger a la GmbH de daños.

Sistema de control

Sistema para supervisar y gestionar el rendimiento empresarial. Un sistema de control efectivo ayuda a la dirección a tomar decisiones informadas y a asegurar la estabilidad financiera de la GmbH.

Tareas del Director General

Distribución de tareas del Director General

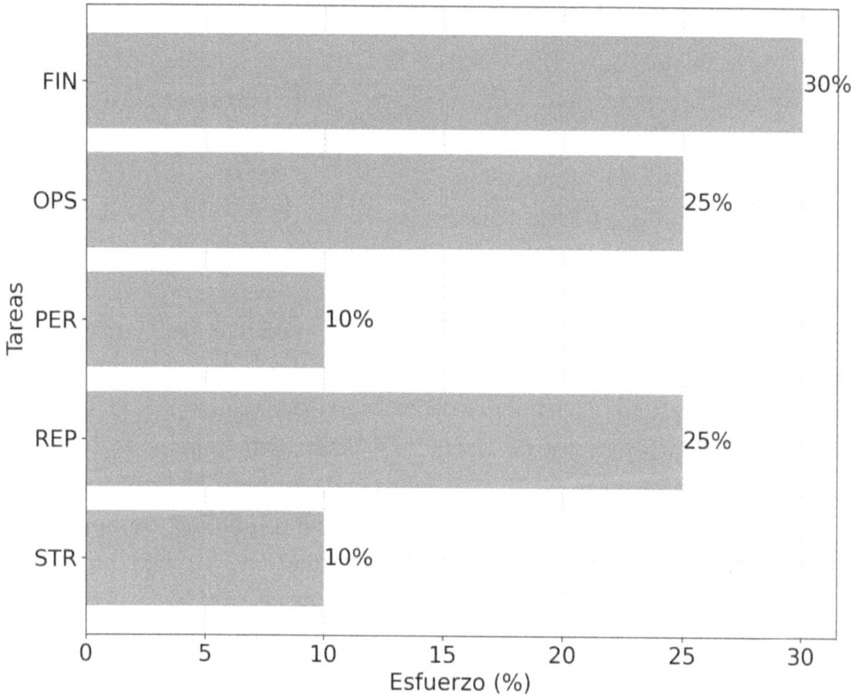

FIN: Finanzas

OPS: Implementación operativa

PER: Personal

REP: Representación

STR: Estrategia

Las tareas más importantes del director general son la dirección estratégica (STR), la representación (REP) y la implementación operativa (OPS). La gestión de personal (PER) y la gestión financiera (FIN) también son áreas de tareas importantes, pero requieren menos tiempo en comparación.

Riesgos de responsabilidad

Los directores de una GmbH son responsables personalmente por infracciones y violaciones de deberes. Esta responsabilidad se extiende a diversas áreas y puede tener consecuencias tanto civiles como penales. Un riesgo central de responsabilidad radica en la violación de deberes de diligencia. Esto incluye, por ejemplo, la contabilidad incorrecta o la falta de respuesta oportuna ante dificultades económicas. Un director que reconozca signos de insolvencia debe actuar de inmediato y tomar medidas adecuadas, como iniciar intentos de reestructuración o presentar un pedido de insolvencia. Si no lo hace, puede ser responsable por los daños que esto cause a la GmbH. Otro aspecto importante es la responsabilidad por deudas fiscales. Aunque la GmbH, como persona jurídica, es en principio el deudor fiscal, los directores pueden ser considerados responsables personalmente por impuestos no pagados en ciertas circunstancias. Esto es especialmente cierto si violan sus deberes de diligencia y, por ejemplo, no declaran o no pagan impuestos a tiempo. La violación de regulaciones laborales, como el no pago de contribuciones a la seguridad social o el incumplimiento de normativas de seguridad laboral, también puede llevar a la responsabilidad personal. La responsabilidad también se activa en caso de violaciones a la ley de GmbH, como la convocatoria o realización incorrecta de asambleas de socios o el incumplimiento de regulaciones de conservación de capital. Así, el pago unilateral de ganancias a los socios, a pesar de que el capital social de la GmbH se haya consumido por pérdidas, puede desencadenar la responsabilidad del director. Lo mismo se aplica al incumplimiento de las regulaciones sobre la aportación de capital al fundar la GmbH. También el comportamiento anticompetitivo, como la publicidad engañosa o la violación de derechos de marca, puede conllevar riesgos de responsabilidad para el director. Cabe señalar que, aunque la GmbH es responsable por violaciones de competencia, el director puede ser considerado personalmente responsable si causa la infracción de manera intencionada o negligente. Por último, los directores también pueden ser responsables por violaciones ambientales. Si la GmbH opera una

instalación de la que emanan sustancias peligrosas y el director no ha tomado las medidas de seguridad necesarias, puede ser considerado personalmente responsable por los daños causados. Para minimizar el riesgo de responsabilidad personal, los directores deben cumplir con sus deberes de manera diligente, informarse regularmente sobre cambios legales y buscar asesoramiento profesional en caso de dudas. Una documentación exhaustiva de todas las transacciones comerciales y decisiones también es recomendable para poder demostrar, en caso de responsabilidad, que se ha actuado con la debida diligencia. Una organización de cumplimiento bien estructurada y revisada regularmente también puede ayudar a identificar y evitar riesgos de responsabilidad de manera temprana. Si, a pesar de todas las precauciones, se produce un caso de responsabilidad, es importante buscar asistencia legal de inmediato. Los riesgos de responsabilidad para los directores de GmbH son diversos y pueden alcanzar dimensiones que amenazan la existencia. Por lo tanto, es esencial abordar estos riesgos desde el principio y tomar las precauciones adecuadas. La formación continua y el intercambio con otros directores o expertos pueden ayudar a mantener una visión general y estar preparados para nuevos desafíos. Un examen cuidadoso de los contratos, el cumplimiento de las regulaciones legales y la implementación de mecanismos de control efectivos son esenciales para minimizar los riesgos de responsabilidad y proteger la existencia personal. Un director que toma en serio su responsabilidad y actúa proactivamente no solo puede proteger a la empresa, sino también a sí mismo de consecuencias negativas.

Comportamiento anticompetitivo

El comportamiento anticompetitivo abarca todas las acciones que violan las reglas de la competencia leal, como la publicidad engañosa o la violación de derechos de marca.

Deber de diligencia

Los directores están obligados a actuar con la diligencia de un empresario ordinario. Esto incluye la gestión cuidadosa y prudente de los negocios en el mejor interés de la GmbH.

Insolvencia

Una GmbH es insolvente cuando no puede cumplir con sus obligaciones de pago exigibles.

Pedido de insolvencia

El pedido de insolvencia es un procedimiento judicial que determina la insolvencia de una empresa y tiene como objetivo la satisfacción equitativa de los acreedores. Los directores están obligados a presentar un pedido de insolvencia en ciertas circunstancias.

Regulaciones de conservación de capital

Las regulaciones de conservación de capital sirven para proteger a los acreedores y asegurar que el capital social de la GmbH se mantenga y no se distribuya a los socios a expensas de los acreedores.

Riesgos de responsabilidad para la gerencia de GmbH

Exposición al riesgo de responsabilidad en diferentes áreas de negocio para la gerencia de GmbH.

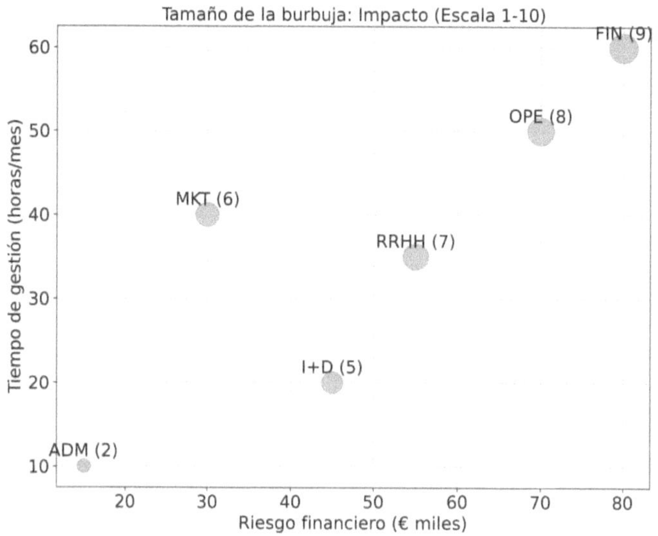

Blasengröße: Impacto (Escala 1-10)

ADM: Administración

I+D: Investigación y desarrollo

OPE: Operaciones

FIN: Finanzas

MKT: Marketing y ventas

RRHH: Recursos humanos

El gráfico revela una concentración de riesgos de responsabilidad de alto impacto en las áreas de finanzas y operaciones, lo que sugiere la necesidad de estrategias de mitigación de riesgos priorizadas en estas áreas. Marketing y ventas, si bien presentan un menor riesgo financiero, aún conllevan una importante inversión de tiempo para la gerencia en la gestión de posibles responsabilidades. I+D, aunque requiere menos tiempo de gestión, presenta un riesgo financiero moderado, lo que podría indicar la necesidad de un seguro especializado o una redacción cuidadosa de los contratos.

Consejos concretos

- Reconsidere la planificación anual clásica e implemente ajustes estratégicos continuos para reaccionar de manera flexible a los cambios del mercado.
- Desarrolle una visión para su GmbH que vaya más allá de la mera maximización de beneficios y que genere un valor social.
- Cree una cultura empresarial que entienda los errores como oportunidades de aprendizaje y fomente la innovación.
- Observe megatendencias como la inteligencia artificial y evalúe su impacto en su estrategia empresarial a largo plazo.
- Invierta en el desarrollo de sus líderes para asegurar la viabilidad futura de su GmbH.
- Realice "talleres de futuro" de manera regular para desarrollar ideas innovadoras junto con sus empleados.
- Analice los modelos de negocio de startups exitosas y transfiera enfoques adecuados a su GmbH.
- Establezca una gestión sistemática de la innovación para desarrollar nuevos productos y servicios.
- Apueste por la innovación abierta e involucre a socios externos en su proceso de innovación.
- Fomente el intercambio con instituciones de investigación y universidades para beneficiarse de los últimos hallazgos científicos.
- Cuestione regularmente sus procesos comerciales existentes y busque potenciales de optimización.
- Utilice indicadores para medir y ajustar el éxito de sus medidas estratégicas.

5. 2 Estructuras de holding

Las estructuras de holding ofrecen oportunidades para la limitación de la responsabilidad, la optimización de la sucesión empresarial y ventajas fiscales. Al mismo tiempo, presentan a los empresarios decisiones complejas en cuanto a la forma jurídica, el grado de participación y la orientación estratégica de las filiales. El diseño óptimo de la estructura de holding influye de manera decisiva en el éxito de todo el grupo empresarial. Descubra en este capítulo cómo desarrollar la estructura de holding adecuada para sus necesidades individuales y establecer las bases para un crecimiento sostenible.

La elección de la estructura de la holding, sus funciones y su gestión de participaciones debe realizarse de manera estratégica y adaptarse individualmente a las necesidades y objetivos de la empresa para garantizar el éxito a largo plazo.

Creación de una sociedad holding

La creación de una sociedad holding requiere decisiones estratégicas en cuanto a su forma jurídica y su participación en las filiales. La holding en sí es una sociedad de gestión pura, que no ejerce actividad comercial operativa propia, sino que posee participaciones en otras empresas y, por lo tanto, influye en su dirección estratégica. Una forma jurídica común para la holding es la GmbH, que ofrece responsabilidad limitada y es relativamente fácil de establecer. Alternativamente, también se puede considerar una sociedad anónima (AG), que, sin embargo, conlleva mayores costos de establecimiento y una gestión administrativa más compleja. La elección de la forma jurídica debe orientarse a las necesidades y objetivos individuales de la empresa. La participación de la holding en las filiales puede estructurarse de diversas maneras. Una participación total, es decir, la posesión del 100% de las acciones, permite a la holding el control absoluto sobre la filial. En una participación mayoritaria, es decir, la posesión de más del 50% de las acciones, la holding también tiene un fuerte derecho de voto y puede influir significativamente en las decisiones de la filial. Una participación minoritaria, es decir, la posesión de menos del 50% de las acciones, otorga a la holding influencia, pero no control total. La magnitud de la participación determina el grado de influencia de la holding y debe ser cuidadosamente considerada. La sociedad holding puede asumir diversas funciones. Puede, por ejemplo, funcionar como holding financiera, coordinando y optimizando la financiación de las filiales. Como holding estratégica, dirige la estrategia general del grupo empresarial y asegura sinergias entre las filiales. La holding también puede actuar como holding operativa, centralizando ciertos servicios para las filiales, como recursos humanos o contabilidad. Las funciones de la holding deben estar claramente definidas y registradas en el gesellschaftsvertrag. Al igual que con los diferentes modelos de propiedad de centros de operaciones ambulatorias (ASCs), también existen diferentes enfoques para la estructuración de holdings. Así, una holding puede ser propiedad exclusiva de una sola persona o familia, comparable a la propiedad médica única de un ASC.

Alternativamente, la holding también puede ser propiedad de varios socios, similar a un joint_venture entre médicos y una empresa de gestión. La elección del modelo adecuado depende de las circunstancias y objetivos individuales de las partes involucradas. Una estructura de holding puede ser útil, por ejemplo, para minimizar el riesgo de responsabilidad, regular la sucesión empresarial o aprovechar ventajas fiscales. Al agrupar participaciones en una sociedad holding, las actividades empresariales pueden ser gestionadas de manera más eficiente y aseguradas a largo plazo. Por lo tanto, la estructuración de la holding debe ser bien planificada y adaptada a las necesidades específicas. Una estructura de holding con varias filiales puede, por ejemplo, limitar la responsabilidad a las sociedades individuales, mientras que la holding misma permanece protegida.

sociedad anónima (S.A.) [i34]

Distribución de la Estructura del Holding

Distribución típica del capital en una estructura de holding.

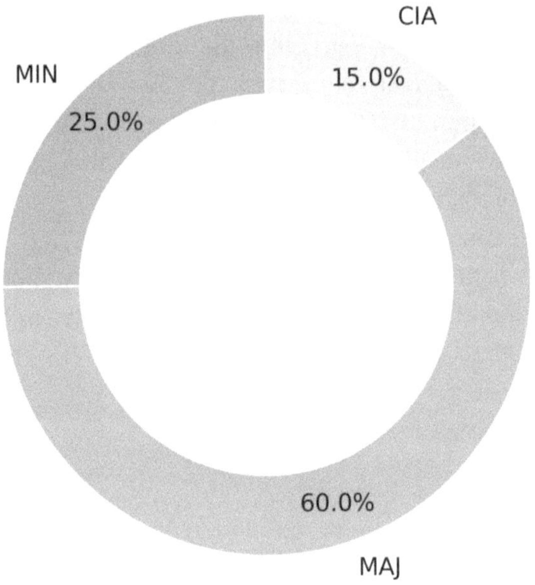

- CIA: Compañía Operativa
- MAJ: Accionista Mayoritario
- MIN: Accionista Minoritario

El accionista mayoritario (MAJ) tiene un control significativo, lo que le permite tomar decisiones estratégicas. El accionista minoritario (MIN) tiene una participación menor, lo que podría representar a un inversor o cofundador. La propia compañía operativa (CIA) posee una parte de su propio capital, lo que podría indicar acciones de tesorería u opciones sobre acciones para empleados, lo que contribuye a la estabilidad a largo plazo y a la alineación de intereses.

Gestión de participaciones

La gestión de participaciones en una estructura de holding abarca la dirección estratégica y el control de las tochtergesellschaften. Esto incluye una variedad de tareas, desde la definición de la estrategia de participación hasta la supervisión continua del rendimiento de las empresas subsidiarias. Un aspecto central es la definición de objetivos claros para cada participación. Si la filial debe contribuir principalmente al crecimiento de ingresos, se enfoca en la ganancia de cuota de mercado y el desarrollo de productos. Si la participación se orienta más hacia la diversificación de riesgos, se presta más atención a flujos de efectivo estables y a una baja deuda. La fijación de estos objetivos influye en todas las decisiones de gestión posteriores. La forma de control sobre las filiales depende del grado de participación. En una participación total, la holding tiene el poder de decisión absoluto y puede dirigir la filial directamente. En una participación mayoritaria, influye significativamente en la dirección estratégica a través de su mayoría de votos en la asamblea de accionistas. Si la holding solo posee una participación minoritaria, sus posibilidades de influencia son limitadas. Sin embargo, aún puede contribuir a la política empresarial a través de sus representantes en el consejo de supervisión o en el consejo asesor. Una holding que posea alrededor del 20% de una empresa de software podría influir en sus inversiones en investigación y desarrollo. Otro aspecto importante de la gestión de participaciones es la coordinación y el intercambio de información entre las filiales y la holding. La elaboración de informes regulares permite a la holding seguir el desarrollo de las participaciones y, si es necesario, intervenir de manera correctiva. Se pueden utilizar indicadores estandarizados (KPIs) para evaluar objetivamente el rendimiento de las filiales, como la rentabilidad sobre ventas o el EBITDA. Además, deberían llevarse a cabo conversaciones regulares entre la dirección de la holding y los directores generales de las filiales para discutir cuestiones estratégicas e identificar sinergias. Por ejemplo, una holding que posea tanto una empresa de logística como un comerciante en línea podría lograr sinergias en el envío. Finalmente, la gestión activa de

portafolios también forma parte de la gestión de participaciones. Esto implica la revisión regular de las participaciones en cuanto a su adecuación estratégica y viabilidad económica. Si es necesario, se deben vender participaciones o adquirir nuevas para implementar de manera óptima la estrategia general de la holding. Así, una holding que desee enfocarse en energías renovables podría vender sus participaciones en empresas del sector de energía fósil e invertir en empresas de energía solar o eólica. Una gestión activa del portafolio requiere una observación continua del mercado y la capacidad de adaptarse a las condiciones cambiantes del mercado. La gestión efectiva del portafolio de participaciones es crucial para el éxito a largo plazo de una estructura de holding.

Efectos sinérgicos [i35]

Flujo de efectivo

El flujo de efectivo es la entrada neta real de fondos líquidos en una empresa durante un período determinado. Muestra la capacidad financiera y la habilidad para cumplir con las obligaciones de pago.

Estrategia de participación

Una estrategia de participación establece los objetivos y principios para las inversiones en otras empresas. Define qué tipos de empresas son elegibles para una participación, qué cuotas de participación se buscan y cómo la holding desea dirigir y controlar sus filiales.

Portafolio

Un portafolio es la totalidad de las participaciones de una sociedad holding. Incluye todas las filiales y otros activos que posee la holding.

Rendimiento

El rendimiento se refiere a la eficacia o el resultado de una empresa, una inversión u otra actividad. Se mide a través de indicadores como ventas, ganancias o rentabilidad.

Rentabilidad sobre ventas

La rentabilidad sobre ventas es un indicador que expresa la ganancia en relación con las ventas. Indica cuánto beneficio genera una empresa por cada euro de ventas.

Rendimiento de la Estructura de Participaciones

Comparación del rendimiento de diferentes estructuras de participaciones.

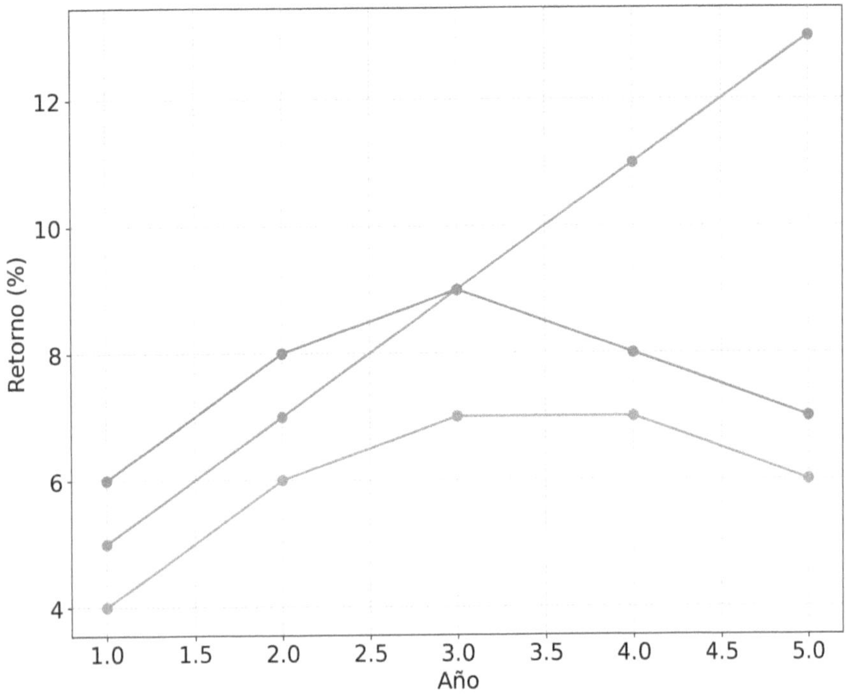

La Estructura A muestra rendimientos consistentemente más altos a lo largo del tiempo en comparación con las Estructuras B y C. Esto sugiere posibles ventajas en términos de eficiencia de gestión y/o estrategia de inversión. La Estructura C, aunque inicialmente prometedora, experimenta un descenso, lo que indica posibles riesgos o ineficiencias. Se recomienda una mayor investigación de los factores subyacentes que impulsan estas diferencias de rendimiento.

Control del grupo

El control del grupo en una estructura de holding implica la dirección y supervisión de las filiales para alcanzar los objetivos comunes del grupo empresarial. Un aspecto esencial es la alineación estratégica uniforme. La holding define la estrategia general y asegura su implementación en las filiales. Es importante aprovechar las fortalezas individuales de cada empresa y crear sinergias. Una holding que, por ejemplo, posee tanto un proveedor de materias primas como una planta de producción puede realizar ventajas de costos mediante la coordinación interna de cadenas de suministro y procesos de producción. La alineación estratégica debe revisarse regularmente y ajustarse a las condiciones cambiantes del mercado. Otro punto importante es la gestión financiera. La holding optimiza los flujos financieros dentro del grupo, coordina medidas de financiamiento y gestiona el riesgo. Esto puede incluir, por ejemplo, la agrupación de solicitudes de financiamiento ante bancos para obtener condiciones más favorables. Al mismo tiempo, la holding supervisa el rendimiento financiero de las filiales a través de indicadores como ingresos, ganancias y flujo de caja. De este modo, se puede reaccionar tempranamente a desarrollos negativos y, si es necesario, tomar medidas correctivas. La holding también puede actuar como un proveedor de servicios financieros interno y distribuir liquidez entre las filiales. [s19] La gobernanza corporativa también juega un papel crucial. La holding establece los principios para la gestión empresarial y supervisa su cumplimiento en las filiales. Esto incluye las regulaciones sobre la remuneración de los directivos, el control interno y la transparencia de los procesos empresariales. Una estructura de propiedad equilibrada puede fortalecer el efecto de gobernanza y influir positivamente en el comportamiento de las empresas. [s20] Un ejemplo de esto sería la implementación de un sistema de compliance a nivel de grupo para minimizar riesgos legales. El control del grupo requiere sistemas de información y comunicación efectivos. Un intercambio regular de información entre la holding y las filiales es esencial para garantizar una gestión transparente y eficiente. Esto puede llevarse a cabo mediante informes regulares, reuniones y procesos de planificación conjunta. La digitalización ofrece diversas oportunidades para optimizar la comunicación y el intercambio de datos. Por ejemplo, una holding podría establecer una plataforma de datos central donde se reúnan toda la información relevante para la gestión del grupo. Finalmente, el control del grupo debe ser flexible y adaptable. Los cambios en el entorno del mercado, nuevas tecnologías o reorientaciones estratégicas requieren un ajuste continuo de las herramientas de gestión. La holding debe ser capaz de reaccionar rápida y eficazmente a nuevos desafíos y orientar las filiales en consecuencia. Por lo tanto, el control del grupo es un proceso dinámico que debe desarrollarse continuamente para asegurar el éxito a largo plazo del grupo empresarial.

Flujo de caja [i36]

Bueno saber

Gobernanza Corporativa

La gobernanza corporativa abarca las reglas y procesos según los cuales se dirige y controla una empresa. Establece las responsabilidades de la dirección, el consejo de supervisión y los accionistas, y busca garantizar la transparencia y la conducta responsable. Una buena gobernanza corporativa fortalece la confianza de los inversores y contribuye al éxito a largo plazo de la empresa.

Sinergia

Las sinergias surgen cuando la colaboración de empresas en una holding conduce a un éxito conjunto mayor que el que podrían alcanzar las empresas individualmente. Por ejemplo, mediante el uso compartido de recursos o estrategias coordinadas, se pueden reducir costos o abrir nuevos mercados.

Indicador

Los indicadores son medidas que se utilizan para evaluar la situación económica y el rendimiento de una empresa. Ejemplos son ingresos, ganancias, rentabilidad o grado de endeudamiento. En estructuras de holding, se utilizan indicadores para supervisar el rendimiento de las filiales y evaluar la efectividad del control del grupo.

Mecanismos de Control en Estructuras de Holding

Influencia de diferentes mecanismos de control en el rendimiento de las subsidiarias

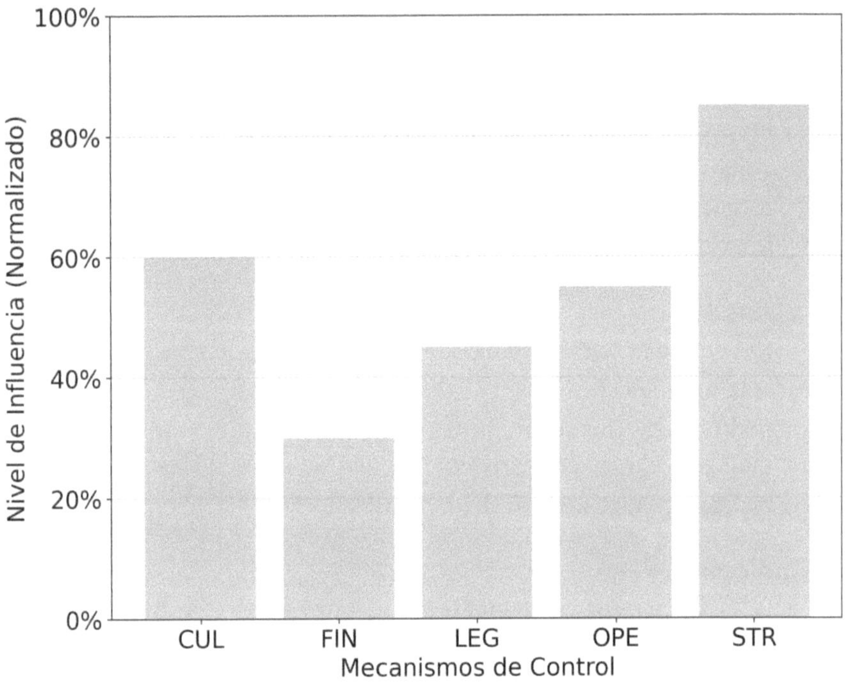

CUL: Control Cultural

FIN: Control Financiero

LEG: Control Legal

OPE: Control Operativo

STR: Control Estratégico

El Control Estratégico muestra el mayor impacto, lo que sugiere un fuerte enfoque en alinear los objetivos de las subsidiarias con la estrategia general del holding. Si bien el Control Operativo es menos influyente, todavía juega un papel importante, probablemente para garantizar una ejecución eficiente. El Control Financiero, aunque importante para monitorear el rendimiento, parece tener el menor impacto directo en los resultados de las subsidiarias en este escenario. Esto destaca la importancia de un enfoque equilibrado, priorizando la alineación estratégica junto con la eficiencia operativa y la supervisión financiera.

Consejos concretos

- Utilice la estructura de holding para obtener capital de riesgo para filiales innovadoras y así asegurar el negocio principal.
- Establezca un centro de competencias interno dentro de la holding que asesore a las filiales en áreas estratégicamente importantes como la digitalización o la sostenibilidad.
- Cree una red grupal para el intercambio de mejores prácticas entre las filiales, con el fin de maximizar sinergias y efectos de aprendizaje.
- Implemente un sistema de alerta temprana a nivel de holding que identifique de manera anticipada riesgos económicos y políticos en los mercados de las filiales.
- Desarrolle un portafolio de participaciones que esté posicionado de manera contracíclica para compensar las fluctuaciones económicas y garantizar la estabilidad de la holding.
- Fomente activamente el intercambio de líderes entre la holding y las filiales para fortalecer la transferencia de conocimientos y la creación de redes.
- Aproveche la estructura de holding para consolidar actividades de compra comunes y así lograr ventajas de costo para todo el grupo.
- Fundar una filial que se concentre exclusivamente en el desarrollo de nuevos modelos de negocio y que funcione como un laboratorio de innovación para la holding.
- Implemente un reporte de sostenibilidad a nivel grupal para hacer visible la responsabilidad ecológica y social de la holding.
- Defina responsabilidades claras y vías de decisión entre la holding y las filiales para garantizar una acción eficiente.

5. 3 Relaciones con los socios

Las relaciones entre socios forman la base de una GmbH exitosa. Regulaciones claras para las resoluciones de los socios y la transferencia de participaciones minimizan conflictos y aseguran la capacidad de acción de la empresa. Desde el nombramiento de la dirección hasta la distribución de ganancias, este apartado destaca los puntos esenciales que son relevantes para una convivencia armoniosa y eficiente entre los socios. Siga leyendo y descubra cómo hacer que estos aspectos importantes sean legalmente seguros.

Se debe buscar un equilibrio adecuado entre la protección de los socios existentes y la flexibilidad de la empresa.

Resoluciones de los socios

Las resoluciones de los socios son el núcleo de la gestión de la GmbH. Regulan todas las decisiones importantes, desde el nombramiento de la dirección hasta las inversiones y la distribución de beneficios. La Ley de GmbH (GmbHG) exige que ciertas decisiones sean aprobadas obligatoriamente por una resolución de los socios. Esto incluye, por ejemplo, cambios en los estatutos, aumentos de capital o el nombramiento y destitución de directores. Otras decisiones pueden, pero no necesariamente deben, ser reguladas por resolución de los socios. Los estatutos pueden establecer otros temas de resolución y también regular los requisitos de mayoría de manera diferente a la ley. Un contrato de socios por escrito también puede contener estos puntos y, en caso de duda, complementar o incluso modificar los estatutos. La convocatoria de una gesellschafterversammlung se realiza generalmente por el director. También los socios pueden solicitar la convocatoria bajo ciertas condiciones. La invitación debe incluir los puntos del orden del día sobre los que se va a decidir. Así, los socios pueden prepararse y sopesar sus posiciones. Un socio que, por ejemplo, debe votar sobre la venta de una parte importante de la empresa, necesita información detallada con antelación para tomar una decisión informada. Por lo tanto, la invitación debe incluir, dependiendo de la importancia del tema de la resolución, la documentación correspondiente o ponerla a disposición de los socios para su revisión. Las resoluciones de los socios se adoptan en la asamblea de socios. Aquí, los socios discuten los diferentes puntos del orden del día y luego votan. La GmbHG exige una mayoría simple de los votos emitidos para la mayoría de las resoluciones. Para cambios en los estatutos o la disolución de la GmbH, generalmente se requiere una mayoría de tres cuartos. También aquí, los estatutos pueden establecer regulaciones diferentes, como una mayoría más alta o más baja para ciertos temas de resolución. Una resolución adoptada con la mayoría requerida es vinculante para todos los socios, incluso para aquellos que votaron en contra o no asistieron a la reunión. La documentación de las resoluciones de los socios es esencial. La GmbHG exige que se registren las resoluciones. El acta debe registrar el lugar y la hora de la reunión, los socios presentes, las resoluciones adoptadas y el resultado de la votación respectiva. Debe ser firmada por el presidente de la reunión y otro socio. La cuidadosa documentación sirve para la seguridad jurídica y puede ser de crucial importancia en caso de disputa. Un acta incompleta o errónea puede poner en peligro la validez de la resolución. Si, por ejemplo, se cuestiona posteriormente si una resolución determinada fue adoptada con la mayoría requerida, el acta sirve como prueba. Además de las resoluciones ordinarias de los socios, también existe la posibilidad de resoluciones circulares. Estas pueden adoptarse sin que se celebre una asamblea de socios. Los socios votan por escrito, por correo electrónico o por fax sobre el tema de la resolución. Las resoluciones circulares son un medio eficiente, especialmente en GmbHs más pequeñas o en decisiones urgentes. Sin embargo, los estatutos deben prever la posibilidad de resoluciones circulares. También pueden excluir ciertos temas de resolución de las resoluciones circulares, como la modificación del contrato social. La documentación también es importante en las resoluciones circulares. Las votaciones escritas de los socios deben ser cuidadosamente conservadas. La nulidad y la impugnabilidad de las resoluciones de los socios son otros aspectos importantes. Una resolución es nula si infringe disposiciones legales obligatorias, por ejemplo, si tiene un objeto ilegal. Una resolución también puede ser impugnable si infringe los estatutos o el contrato social, o si se cometieron errores de procedimiento durante la adopción de la resolución. Un socio que considere que una resolución es impugnable puede impugnarla judicialmente. El plazo de impugnación es generalmente de un mes. Para evitar la impugnabilidad de las resoluciones, es importante observar cuidadosamente las disposiciones legales, los estatutos y el contrato social, así como preparar y llevar a cabo la adopción de la resolución con cuidado. Una formulación clara y precisa de los temas de resolución y una correcta

documentación de los resultados de la votación también contribuyen a la seguridad jurídica. En caso de duda, se recomienda buscar asesoramiento legal para garantizar la validez de las resoluciones de los socios. De este modo, se pueden evitar conflictos posteriores y disputas legales.

Contrato de socios

Un contrato entre los socios de una GmbH que contiene los acuerdos y regulaciones individuales que van más allá de los estatutos, como regulaciones especiales sobre la distribución de beneficios o la salida de socios.

Directores

Los directores gestionan la GmbH y la representan externamente. Son nombrados por los socios y son responsables ante ellos.

Plazo de impugnación

El plazo dentro del cual un socio puede impugnar judicialmente una resolución impugnable. El plazo de impugnación está regulado por ley y generalmente es de un mes.

Requisito de mayoría

El número de votos necesarios para adoptar una resolución en la asamblea de socios. La Ley de GmbH establece los requisitos de mayoría para diferentes tipos de resoluciones.

Resolución circular

Una forma de adoptar resoluciones de socios sin una reunión formal, generalmente por escrito o electrónicamente. Los requisitos exactos para las resoluciones circulares están regulados por la Ley de GmbH y los estatutos.

Distribución de Votos de los Accionistas

Distribución típica del poder de voto en las resoluciones de los accionistas.

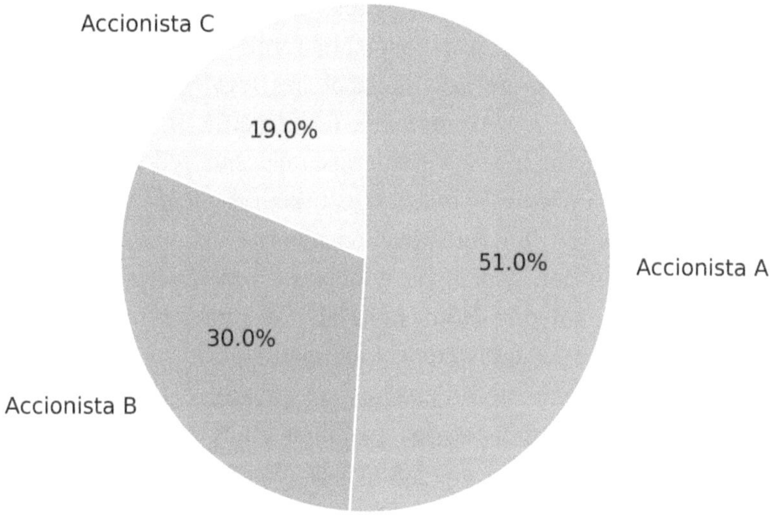

- A: Accionista A
- B: Accionista B
- C: Accionista C

Este gráfico visualiza un posible escenario de distribución del poder de voto dentro de una GmbH. Un accionista mayoritario (ACC-A) tiene una influencia significativa, capaz de controlar eficazmente la mayoría de las decisiones. Mientras que los otros accionistas (ACC-B y ACC-C) poseen una participación combinada que supera a la de ACC-A, su poder de voto individual es limitado. Esto pone de relieve la importancia de considerar cuidadosamente los acuerdos de accionistas para equilibrar el poder y proteger los intereses de todas las partes implicadas, especialmente los accionistas minoritarios.

Transferencia de acciones

La transferencia de participaciones de una GmbH es un proceso complejo con amplias consecuencias. La Ley de GmbH (GmbHG) establece ciertas reglas para proteger a todas las partes involucradas. En principio, la enajenación de participaciones de GmbH, a diferencia de las acciones, requiere la notariellen_beurkundung. Este requisito formal tiene como objetivo informar a las partes sobre las implicaciones legales de sus acciones y prevenir decisiones erróneas. Imagine la situación en la que un socio desea vender rápidamente sus participaciones sin reflexionar. En este caso, el notario informa sobre las consecuencias y así contrarresta decisiones impulsivas. La autenticación notarial documenta la voluntad de las partes de manera vinculante y aclara las relaciones de propiedad. Además de la autenticación notarial, se pueden acordar otras disposiciones sobre la transferencia de participaciones en el contrato social. Es común encontrar derechos de preferencia para los demás socios, que buscan evitar que las participaciones caigan en manos de terceros ajenos. También son prácticas habituales los reservas de consentimiento, donde los demás socios deben aprobar la transferencia, lo que les otorga un derecho de veto. Tales cláusulas pueden restringir el círculo de compradores potenciales. Una empresa joven podría, por ejemplo, acordar un derecho de preferencia para los fundadores, con el fin de mantener el control sobre la empresa en sus manos. De este modo, se evita que inversores externos con visiones divergentes se involucren. También son posibles períodos de bloqueo, que prohíben la enajenación durante un período determinado. [s21] La configuración específica de estas cláusulas es negociable y debe adaptarse a las necesidades individuales de la sociedad. Sin embargo, un diseño demasiado restrictivo, como a menudo ocurre en empresas familiares, puede obstaculizar el desarrollo de la empresa. Una fuerte concentración de la propiedad en manos de la familia puede llevar a una cultura empresarial aversa al riesgo. Las innovaciones y expansiones pueden evitarse por temor a poner en peligro el patrimonio familiar. [s21] Por lo tanto, se debe buscar un equilibrio adecuado entre la protección de los socios existentes y la flexibilidad de la empresa. Al formular las regulaciones de transferencia en el contrato social, se debe sopesar cuidadosamente qué restricciones son necesarias y razonables. Además de las regulaciones contractuales, también se deben considerar aspectos fiscales en la transferencia de participaciones. Las ganancias de la enajenación de participaciones de GmbH están sujetas al impuesto sobre la renta. La magnitud de la carga fiscal depende de varios factores, como el tiempo de tenencia de las participaciones y la tasa impositiva personal del vendedor. Por lo tanto, se recomienda una asesoría fiscal temprana para minimizar las consecuencias fiscales de la transferencia de participaciones. La transferencia de participaciones también puede tener relevancia en términos de impuesto sobre sucesiones, por ejemplo, en el contexto de la planificación de sucesiones. Aquí se ofrecen diversas opciones de diseño para reducir la carga fiscal para los herederos. También en este caso, una asesoría competente es indispensable.

Impuesto sobre la renta [i37]

Bueno saber

Derecho de preferencia

Otorga a los socios existentes el derecho a adquirir participaciones antes que otros compradores potenciales, para mantener el control sobre la GmbH.

Períodos de bloqueo

Prohíben la enajenación de participaciones durante un período determinado, a menudo utilizados para garantizar la estabilidad de la joven GmbH en la fase inicial.

Reserva de consentimiento

Requiere el consentimiento de otros socios para la transferencia de participaciones, lo que les otorga un derecho de veto y puede prevenir nuevos socios no deseados.

Distribución de Participaciones a lo Largo del Tiempo

Evolución de los valores de las participaciones de los socios en una GmbH de reciente creación.

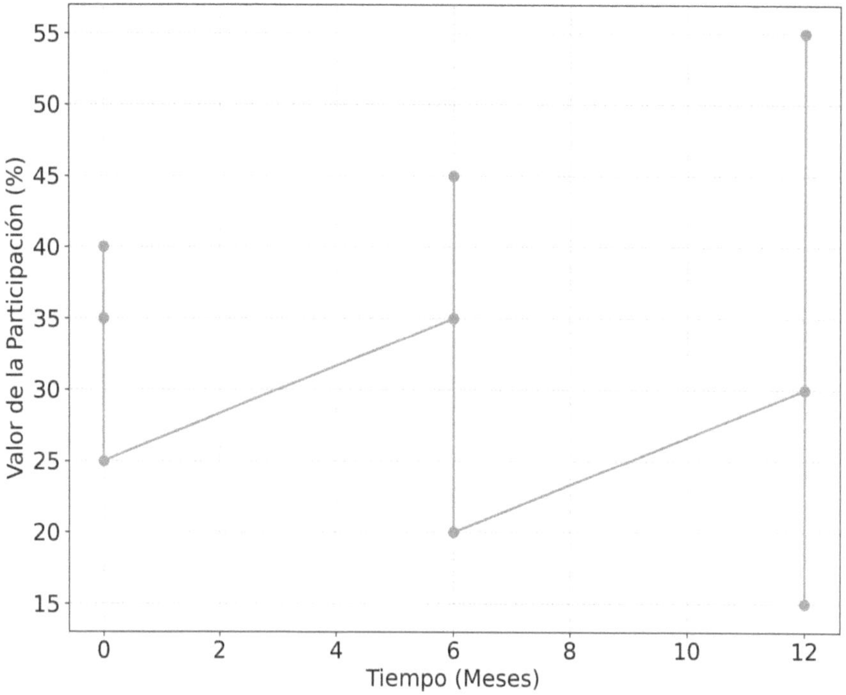

El gráfico ilustra un escenario típico de distribución inicial de participaciones en una GmbH, con posibles ajustes a lo largo del tiempo que reflejan las contribuciones o los cambios en la estrategia de la empresa. Inicialmente, el Socio A posee la mayor participación, seguido por el Socio B y el C. Con el tiempo, la participación del Socio B aumenta significativamente, lo que sugiere una mayor inversión o contribución a la empresa. Este cambio dinámico en la propiedad destaca la flexibilidad dentro de una estructura de GmbH para adaptarse a las circunstancias cambiantes y a las contribuciones de los socios.

Consejos concretos

- Establezca un taller anual de socios para reflexionar conjuntamente sobre los valores de la empresa y afinar la dirección estratégica.
- Desarrolle una comprensión común de las fortalezas y debilidades individuales de cada socio y utilícelas de manera específica para el desarrollo de la empresa.
- Establezca reglas y vías de comunicación claras para los socios, con el fin de evitar malentendidos y conflictos.
- Implemente un sistema de retroalimentación estructurado que permita a los socios intercambiar regularmente críticas constructivas y sugerencias.
- Utilice medidas de teambuilding para fortalecer las relaciones entre los socios y fomentar la confianza.
- Defina conjuntamente roles y responsabilidades claras para cada socio, para evitar superposiciones y conflictos de competencia.
- Desarrolle un perfil de riesgo común para la GmbH, que considere las disposiciones individuales al riesgo de los socios.
- Cree una cultura de conversación abierta que permita abordar temas difíciles y encontrar soluciones conjuntamente.
- Establezca procesos de toma de decisiones vinculantes para garantizar la capacidad de acción de la GmbH.
- Reflexione regularmente sobre la colaboración de los socios y ajuste los procesos según sea necesario.
- Celebre los éxitos conjuntos para fortalecer la motivación y la cohesión.
- Invierta en el desarrollo personal y profesional de los socios para asegurar la viabilidad futura de la GmbH.

Revisión - 5. Dirección estratégica de la empresa

La gestión estratégica de la empresa es esencial para el éxito de su GmbH y, como director general, usted asume la principal responsabilidad. Esto implica más que simplemente gestionar las operaciones diarias. Se trata de definir la dirección a largo plazo de su empresa, identificar oportunidades y minimizar riesgos. Debe tener siempre en cuenta las diversas condiciones legales y económicas, ya que sus decisiones tienen consecuencias de gran alcance, no solo para la empresa, sino potencialmente también para usted personalmente.

La dirección estratégica comienza con una visión clara y la definición de objetivos medibles. ¿Qué desea lograr con su GmbH? ¿Dónde ve su empresa en cinco o diez años? Estas preguntas deben plantearse con antelación y las respuestas deben documentarse en un plan de negocios. Un plan de negocios bien pensado sirve como hoja de ruta para su empresa y le ayuda a mantener el enfoque. Defina indicadores clave de rendimiento (KPI) concretos, que le permitan medir el progreso y ajustar su estrategia si es necesario. Considere diferentes escenarios y desarrolle planes de acción para diversas situaciones. Un entorno de mercado dinámico requiere flexibilidad y disposición para desviarse de caminos establecidos.

La implementación de su estrategia requiere una gestión efectiva de todos los recursos, desde las finanzas hasta el personal y los procesos operativos. Un sistema de control eficiente le ayuda a mantener una visión general de los indicadores financieros y a reaccionar a tiempo ante desarrollos negativos. Invierta en la formación de sus empleados y fomente una cultura empresarial que promueva la innovación y la iniciativa propia. Delegue responsabilidades y fomente la colaboración en el equipo. Especialmente en la fase inicial de una GmbH, es importante construir un equipo sólido en el que pueda confiar. Tenga siempre en cuenta sus obligaciones como director general, ya que las violaciones de deber pueden llevar a riesgos de responsabilidad personal. Por lo tanto, una documentación cuidadosa de todas las transacciones comerciales y el cumplimiento de las normas de cumplimiento son imprescindibles.

Al planificar estratégicamente, también considere la perspectiva a largo plazo. ¿Cómo desea regular la sucesión empresarial? ¿Qué opciones tiene para el crecimiento y la expansión de su GmbH? Una estructura de holding puede ser, por ejemplo, útil para minimizar el riesgo de responsabilidad, regular la sucesión o aprovechar ventajas fiscales. Sin embargo, la creación de un holding conlleva una mayor carga administrativa y requiere una planificación cuidadosa. Pese cuidadosamente los pros y los contras y, en caso de duda, busque asesoramiento profesional de un asesor fiscal o abogado. La gestión estratégica de la empresa es un proceso continuo que requiere ajustes y optimizaciones constantes. Esté preparado para cuestionar su estrategia una y otra vez y adaptarse a las condiciones cambiantes del mercado.

Con un concepto estratégico claro, una implementación efectiva y la disposición a desarrollarse constantemente, sienta las bases para el éxito a largo plazo de su GmbH. Aproveche las oportunidades que se le presenten y participe activamente en el futuro de su empresa. El camino hacia una GmbH exitosa puede ser desafiante, pero con el enfoque correcto y una visión clara, puede alcanzar sus objetivos empresariales.

6. Operaciones comerciales diarias

¿Qué diferencia a las GmbH exitosas de las fracasadas después de la fase inicial? La vida cotidiana como director general presenta numerosos desafíos que van mucho más allá de la fundación inicial. Desde la organización interna hasta la redacción de contratos, cada área requiere estrategias bien pensadas y una gestión profesional. Este capítulo muestra los factores clave para un funcionamiento empresarial sin contratiempos. Descubra cómo evitar trampas comunes y guiar su empresa sistemáticamente hacia el éxito.

6. 1 Organización administrativa

Una organización administrativa funcional es esencial para el funcionamiento diario de su GmbH. Las obligaciones de documentación, el registro de socios y las actas de la dirección son solo algunos de los elementos centrales que garantizan la seguridad jurídica y la transparencia. El manejo correcto de estas áreas no solo previene problemas legales y riesgos de responsabilidad, sino que también forma la base para procesos internos eficientes y una colaboración de confianza, tanto dentro de la empresa como con socios externos. Descubra en este capítulo cómo abordar estas importantes tareas de manera efectiva y conforme a la ley.

Una documentación completa en el funcionamiento diario del negocio, especialmente en colaboraciones y estructuras organizativas complejas, minimiza los riesgos legales y constituye la base para un desarrollo empresarial sólido y sostenible.

Obligaciones de documentaciónen

Como fundador de una GmbH, se le presentan diversas obligaciones de documentación. Estas comienzan incluso antes de la fundación propiamente dicha. La autenticación notarial del contrato social y la inscripción en el handelsregister son pasos fundamentales que deben ser documentados y comprobables [s22]. Esta obligación de documentación no solo sirve para la seguridad jurídica, sino que también constituye la base para futuras actividades comerciales. Después de la fundación, la obligación de documentación continúa en la operación del negocio. Todos los eventos comerciales que sean relevantes para el balance, la cuenta de pérdidas y ganancias y el anexo deben ser registrados de manera completa y correcta. Esto incluye, entre otros, facturas, contratos y comprobantes bancarios. Una contabilidad adecuada es esencial para cumplir con los requisitos legales y, si es necesario, presentar de manera transparente la situación económica de la empresa. Dentro de un consorcio de empresas, las obligaciones de documentación son aún más complejas. Los acuerdos con socios o subcontratistas deben ser formalizados por escrito. Estos acuerdos no solo deben regular aspectos financieros, sino también obligaciones científicas, administrativas y relacionadas con informes [s23]. Un contrato que defina claramente los derechos y obligaciones de todas las partes involucradas previene malentendidos y disputas legales posteriores. Se debe prestar especial atención a la regulación del uso y explotación de datos. Si se generan datos en el marco de una colaboración, debe quedar estipulado contractualmente a quién pertenecen esos datos y cómo se pueden utilizar [s22]. También son relevantes las regulaciones sobre la divulgación de datos y el manejo de invenciones [s23]. Una documentación transparente de estos aspectos protege a todas las partes involucradas y fomenta una colaboración exitosa. A través de una documentación cuidadosa y exhaustiva de todos los eventos comerciales y acuerdos relevantes, se

minimiza el riesgo de problemas legales y se crea la base para un desarrollo empresarial sólido y sostenible.

Bueno saber

Consorcio de empresas

Un consorcio de empresas es una asociación de varias empresas con un propósito común. Para la fundación de una GmbH, esto puede ser relevante si hay varios fundadores involucrados o si se establecen cooperaciones con otras empresas.

Obligaciones de documentación

La obligación de documentación abarca el registro sistemático y la conservación de todos los documentos e información relevantes en relación con la fundación y operación de una GmbH. Sirve para la trazabilidad de decisiones y procesos y es esencial para el cumplimiento de las normativas legales.

Subcontratistas

Un subcontratista es una empresa que es contratada por otra empresa (contratista principal) para realizar servicios parciales. En la fundación de una GmbH, la contratación de subcontratistas para tareas específicas puede ser relevante.

Esfuerzo de documentación

Esfuerzo para las obligaciones de documentación

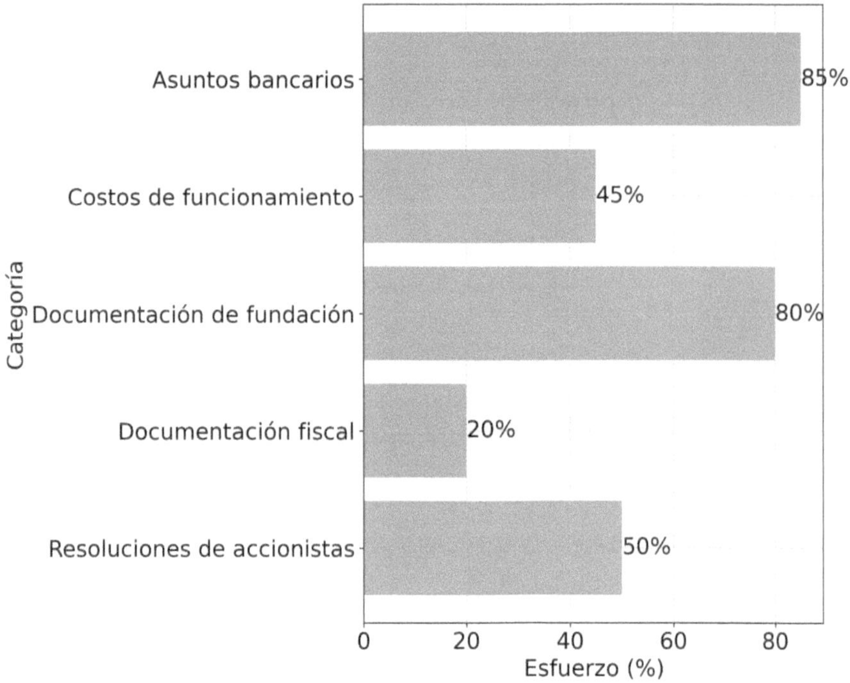

BAN: Asuntos bancarios
COF: Costos de funcionamiento
DOF: Documentación de fundación
DOFI: Documentación fiscal
RES: Resoluciones de accionistas

La mayor parte del esfuerzo de documentación se relaciona con las resoluciones de los accionistas y la documentación de fundación. El esfuerzo para la documentación continua es comparativamente pequeño, pero no debe descuidarse. Los asuntos bancarios y la documentación fiscal requieren un esfuerzo medio.

Protocolos de la gerencia

Los protocolos de la gerencia son un pilar central de la documentación de la GmbH y reflejan las decisiones de la gerencia. Sirven para la trazabilidad de las resoluciones y contribuyen a la transparencia dentro de la empresa. Aunque no son legalmente obligatorios para cada GmbH, en la práctica son altamente recomendados, especialmente en el caso de gerencias múltiples o en relación con la responsabilidad. La obligación de protocolización se refiere a todas las decisiones que son relevantes para la empresa. Esto incluye, entre otros, cambios en la composición de los socios, la definición de estrategias comerciales, decisiones sobre inversiones significativas o la designación de apoderados. Un protocolo bien llevado debe contener al menos la fecha y el lugar de la reunión, los nombres de los participantes, las resoluciones adoptadas y los resultados de las votaciones correspondientes. También se deben documentar las opiniones divergentes o las abstenciones. Los protocolos suelen ser firmados por el gerente que dirige la reunión y otro participante. El período de conservación es de diez años. Una gestión de protocolos completa y correcta no solo protege contra disputas legales, sino que también sirve como una herramienta valiosa para la comunicación y el control internos. Así, una revisión de los protocolos puede proporcionar información sobre cómo se tomaron ciertas decisiones y qué alternativas se discutieron. A través de la documentación transparente de los procesos de toma de decisiones, se permite un control eficiente y se establece la base para una gestión empresarial profesional. Un protocolo bien estructurado podría optimizarse mediante una numeración continua y una clara organización de los puntos del orden del día. El uso de plantillas puede garantizar la consistencia y la integridad de los protocolos. Si surgen discrepancias sobre el contenido de una resolución, el protocolo ofrece una base confiable para la aclaración. Además de los requisitos formales para los protocolos, es recomendable registrar también acuerdos informales o discusiones importantes que no hayan llevado a una resolución formal.

Esta información puede proporcionar valiosas pistas para la interpretación de decisiones en el futuro. Un archivo digital de los protocolos, que regula los permisos de acceso, no solo facilita la gestión y búsqueda, sino que también contribuye a la seguridad de los datos. En relación con la documentación en el consorcio empresarial, los protocolos de la gerencia adquieren relevancia adicional. Sirven como prueba ante los socios de que la GmbH cumple con sus obligaciones y lleva a cabo las decisiones acordadas. Los protocolos también pueden ser útiles para aclarar responsabilidades y la distribución de recursos dentro del consorcio. Una documentación transparente y comprensible de la actividad de la gerencia fortalece la confianza entre los socios y contribuye al éxito del proyecto conjunto. Por lo tanto, los protocolos también deben documentar los aspectos relevantes de la colaboración en el consorcio, como los avances en el logro de objetivos comunes o el cumplimiento de presupuestos. A través de la cuidadosa protocolización de todas las decisiones y acuerdos relevantes, la GmbH establece las condiciones para una gestión empresarial exitosa y legalmente segura, tanto en la operación diaria como en el marco de cooperaciones.

Archivado [i38]

Consorcio empresarial

Una asociación de varias empresas para llevar a cabo un proyecto conjunto. Los protocolos también sirven aquí para documentar la colaboración y el cumplimiento de objetivos comunes.

Obligación de protocolización

La obligación de documentar por escrito ciertas decisiones y procesos de la gerencia para garantizar su trazabilidad y transparencia. Aunque no es legalmente obligatoria para todas las GmbHs, es especialmente recomendable en gerencias múltiples para la protección de la responsabilidad.

Temas de la Reunión de Gestión - Organización Administrativa

Frecuencia de los temas tratados

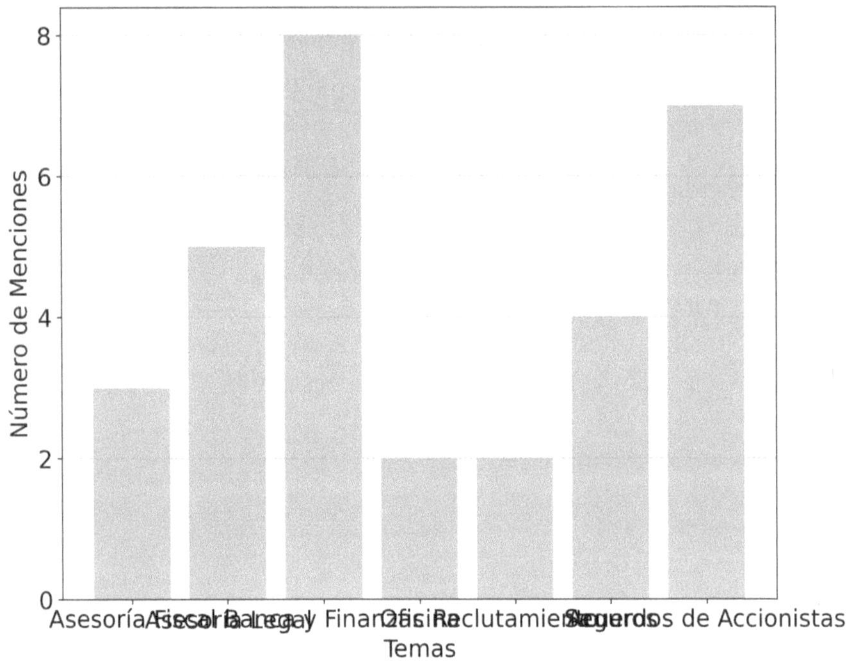

AAF: Acuerdos de Accionistas

AFI: Asesoría Fiscal

ASE: Asesoría Legal

BYF: Banca y Finanzas

OFI: Oficina

REC: Reclutamiento

SEG: Seguros

El gráfico destaca claramente que los 'Acuerdos de Accionistas' y la 'Banca y Finanzas' fueron los temas más discutidos durante las reuniones de gestión. Esto enfatiza la importancia de establecer acuerdos claros entre los accionistas y asegurar la financiación adecuada durante el proceso de constitución de la empresa. Si bien el 'Espacio de Oficina' y el 'Reclutamiento' también son consideraciones importantes, se discutieron con menos frecuencia, lo que sugiere que estos aspectos se manejaron de manera eficiente o se priorizaron más adelante en el proceso.

Registro de socios

El registro de socios es un documento esencial para cada GmbH y está sujeto a estrictas regulaciones legales. Debe mantenerse actualizado en todo momento e incluir todos los socios con sus datos completos. Esto incluye el nombre, la dirección, la respectiva aportación de capital y el momento de entrada y salida de la sociedad. Los cambios en la composición de los socios, como la venta de geschaeftsanteilen o la entrada de nuevos inversores, deben documentarse de inmediato en el registro. Esta obligación de actualización recae en el gerente. El registro en sí no es de acceso público, sino que sirve para fines internos y para informar a las autoridades, por ejemplo, en el contexto de auditorías fiscales o procedimientos judiciales. Un registro de socios correctamente llevado no solo es legalmente obligatorio, sino que también es en interés de la propia GmbH. Permite una visión rápida y confiable sobre las relaciones de participación y facilita la comunicación con los socios. Piense, por ejemplo, en la necesidad de convocar asambleas de socios o distribuir dividendos: un registro actualizado es esencial aquí. Además de los datos obligatorios, se pueden registrar en el registro también otras informaciones, como los datos de contacto de los socios o acuerdos especiales. Un registro bien estructurado puede simplificarse mediante el uso de una tabla o base de datos. Las soluciones digitales también ofrecen la ventaja de poder incorporar cambios de manera rápida y sencilla y almacenar diferentes versiones del registro. Un registro de socios bien llevado contribuye a la transparencia y el orden en la empresa y minimiza el riesgo de problemas legales. En el contexto de un firmenkonsortium, el mantenimiento del registro es especialmente importante, ya que aquí pueden ocurrir relaciones de participación que cambian con frecuencia. Una documentación completa facilita la colaboración con los socios y asegura relaciones claras en cuanto a derechos y obligaciones. Si un socio vende sus participaciones, esta venta debe documentarse no solo en el registro de socios de su propia GmbH, sino también en todas las empresas involucradas en el consorcio. Esto garantiza que todos los socios estén informados sobre las relaciones de participación actuales y que las decisiones se tomen sobre la base correcta. Una documentación cuidadosa y legalmente segura de los socios es, por lo tanto, un factor esencial para el éxito y la estabilidad de una GmbH, especialmente en el marco de complejas cooperaciones. El uso de una base de datos central para el registro de socios puede aumentar la eficiencia en el consorcio y evitar errores. A través de la clara asignación de participaciones y la rápida identificación de los respectivos socios, se pueden acelerar los procesos y optimizar la colaboración.

Bueno saber

Aportación de capital

La cantidad depositada por cada socio que forma el capital social de la GmbH. La cantidad de la aportación de capital determina la cantidad de las participaciones.

Cooperaciones

Colaboración de empresas con un propósito específico. En el contexto de la creación de una GmbH, las cooperaciones con otras empresas pueden influir en la organización administrativa.

Registro de socios

Un documento interno que lista los socios actuales de una GmbH, sus participaciones y datos de contacto para facilitar la gestión y comunicación y garantizar la transparencia.

Ejemplo de Estructura de Accionistas

Distribución típica de accionistas de una GmbH.

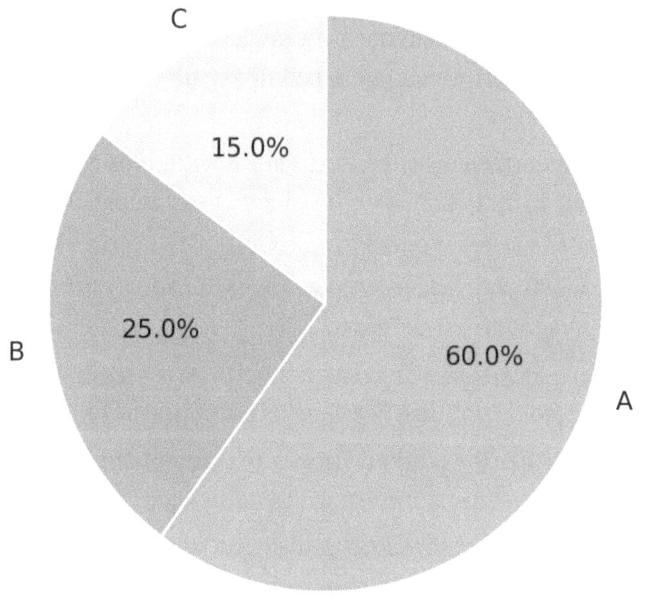

- A: Accionista A
- B: Accionista B
- C: Accionista C

Este ejemplo demuestra una estructura de accionistas común para una GmbH. El accionista mayoritario (SHR-A) tiene una influencia significativa, mientras que los otros dos accionistas tienen participaciones menores pero aún considerables. Esta distribución sugiere un posible inversionista principal o fundador con socios que aportan capital y experiencia.

Consejos concretos

- Establezca ventanas de tiempo fijas para tareas administrativas y comuníquelas de manera transparente en el equipo.
- Implemente un sistema de gestión documental digital que sea a prueba de auditoría y que otorgue acceso a todos los empleados autorizados.
- Desarrolle plantillas estándar para procesos recurrentes, como la liquidación de gastos de viaje o pedidos, para reducir la carga administrativa.
- Analice regularmente sus procesos administrativos en busca de potenciales de optimización e involucre a sus empleados en este proceso.
- Delegue tareas rutinarias a empleados calificados y así genere espacio para tareas estratégicas.
- Implemente un sistema de control interno para asegurar el cumplimiento de políticas y procesos y minimizar fuentes de error.
- Utilice software de gestión de proyectos para planificar, dirigir y supervisar proyectos administrativos complejos.
- Fomente una cultura de autoorganización y responsabilidad personal dentro de la administración para aumentar la motivación y la eficiencia.
- Invierta en la formación continua de sus empleados en el área de organización administrativa para fortalecer sus competencias y cumplir con los requisitos actuales.
- Evalúe el uso de proveedores externos para tareas administrativas especializadas, con el fin de preservar recursos internos y optimizar costos.
- Conecte digitalmente su administración con sus socios comerciales para acelerar el intercambio de información y simplificar procesos.

6. 2 Gestión de personal

La gestión de empleados en el funcionamiento diario del negocio abarca mucho más que la realización de tareas administrativas. Influye de manera decisiva en la motivación, el rendimiento y la retención de sus empleados, y por ende, en el éxito de su GmbH. Desde la redacción de contratos laborales hasta el cumplimiento de las obligaciones de seguridad social y la promoción de un ambiente laboral positivo, los desafíos son diversos y las trampas legales acechan en todas partes. Esta guía le mostrará cómo superar estos desafíos y construir un equipo de alto rendimiento.

Además de los contratos de trabajo formales, existen expectativas no expresadas (el contrato psicológico) que influyen fuertemente en la motivación de los empleados. Tenga en cuenta estas necesidades implícitas en la gestión del personal.

Gestión de personal

La gestión de personal abarca todas las tareas administrativas relacionadas con sus empleados. Desde la contratación hasta la salida, es fundamental cumplir con los requisitos legales y los procesos internos. Un proceso de integración estructurado facilita la incorporación de nuevos empleados y promueve una rápida integración en el equipo. Defina responsabilidades y expectativas claras para evitar malentendidos. La gestión de personal también se encarga de la correcta contabilización de las horas de trabajo y los derechos a vacaciones. Un sistema de registro de horas digital puede aumentar significativamente la eficiencia. Igualmente importante es la nómina. Asegúrese de cumplir con todas las leyes y regulaciones relevantes para evitar problemas legales. Además de estas tareas básicas, el desarrollo del personal juega un papel cada vez más importante. Las inversiones en medidas de formación aumentan la cualificación de sus empleados y fortalecen la competitividad de su empresa. Realice entrevistas con los empleados regularmente para evaluar el rendimiento y reconocer potenciales de desarrollo. Un ambiente de trabajo positivo tiene un impacto comprobado en la satisfacción de los empleados [s24]. Como muestra un estudio, el diseño del entorno físico de trabajo influye en las actitudes y sentimientos de los empleados, lo que a su vez puede aumentar la satisfacción laboral y el compromiso con la empresa [s24]. Por lo tanto, considere cómo puede optimizar las condiciones laborales, por ejemplo, mediante puestos de trabajo ergonómicos o la implementación de medidas de promoción de la salud. Involucrar a los empleados en los procesos de toma de decisiones y fomentar su autonomía también contribuye a un clima laboral positivo [s25]. Así, la participación en el diseño e implementación de cambios, como la introducción de nuevo software, puede tener efectos positivos en la satisfacción laboral y la salud de los empleados [s25]. La formación en el uso del nuevo software puede apoyar la implementación y fomentar los resultados deseados [s25]. La retroalimentación regular y la definición conjunta de objetivos en el marco de la gestión del rendimiento también tienen un efecto positivo en la motivación y el rendimiento de los empleados [s25]. Una gestión de personal bien estructurada forma la columna vertebral de una empresa exitosa y contribuye significativamente al éxito empresarial.

Bueno saber

Entrevista con el empleado

Las entrevistas con los empleados son reuniones regulares entre supervisores y empleados para discutir el rendimiento, establecer objetivos e identificar oportunidades de desarrollo. Sirven para la comunicación abierta y el fortalecimiento de la relación entre el líder y el empleado.

Nómina

La nómina es el proceso de cálculo y pago de los salarios a los empleados. Incluye la consideración de impuestos, contribuciones a la seguridad social y otras deducciones. La correcta y puntual nómina es crucial para la satisfacción de los empleados y el cumplimiento de las normativas legales.

Sistema de registro de horas

Un sistema de registro de horas es una herramienta para documentar las horas de trabajo de los empleados. Puede ser digital o manual y ayuda a registrar las horas de trabajo con precisión, lo cual es esencial para la nómina y el cumplimiento de las leyes laborales. Los sistemas modernos a menudo ofrecen funciones adicionales como gestión de vacaciones y registro de horas por proyecto.

Costes de personal y estructura para una GmbH

Costes de personal y estructura proyectados para una nueva GmbH, categorizados por función.

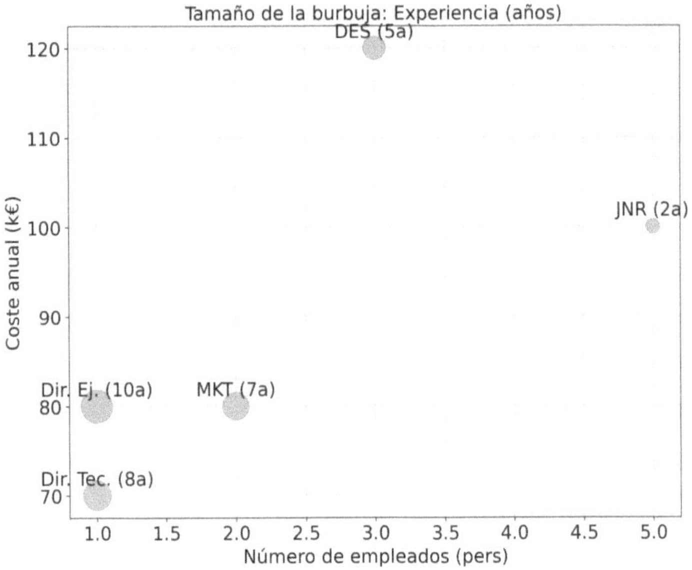

Blasengröße: Experiencia (años)

DES: Desarrolladores

Dir. Ej.: Director Ejecutivo

Dir. Tec.: Director Técnico

JNR: Personal subalterno

MKT: Marketing

El gráfico revela posibles compensaciones entre los niveles de personal y los costes asociados. Los puestos de responsabilidad, aunque son menos numerosos, contribuyen significativamente al coste total. Los puestos subalternos, a pesar de un mayor número de personal, tienen un menor impacto en los costes individualmente. Esto pone de relieve la importancia de la contratación estratégica y la asignación de recursos, especialmente en las primeras etapas de una GmbH.

Obligaciones de seguridad social

Como empleador de una GmbH, usted es responsable de la correcta liquidación de las contribuciones a la seguridad social de sus empleados. Esto incluye las contribuciones a la seguridad social de salud, cuidado, pensiones y desempleo. Las contribuciones son financiadas proporcionalmente por el salario bruto del empleado y por el empleador. El cálculo correcto y la liquidación a tiempo son esenciales para evitar consecuencias legales. Un incumplimiento puede resultar en pagos atrasados, recargos por demora y multas. Para el cálculo y la liquidación de las contribuciones a la seguridad social, se recomienda el uso de un software adecuado o la contratación de un asesor fiscal. De este modo, se minimiza la carga administrativa y se garantiza un manejo correcto. Tenga en cuenta que, además de las contribuciones clásicas a la seguridad social, también se deben liquidar contribuciones adicionales, como la contribución al fondo de insolvencia, que asegura el pago de salarios en caso de insolvencia de la empresa. Beneficios adicionales, como la pensión de empresa o el seguro de incapacidad laboral, amplían la protección de sus empleados y fortalecen la atractividad de su empresa como empleador [s26]. La reinserción gradual de empleados tras una enfermedad prolongada es un aspecto importante en el contexto de las obligaciones de seguridad social. Este procedimiento, en el que se aumenta gradualmente el tiempo de trabajo, requiere el consentimiento del empleado, del médico, de la caja de salud y del empleador [s27]. Una reinserción bien planificada promueve la salud de los empleados y reduce el riesgo de una nueva enfermedad. Asegúrese de considerar las necesidades individuales del empleado y ajustar gradualmente la carga de trabajo. Así, apoya la recuperación de sus empleados y reduce a largo plazo los costos por ausencias debido a enfermedades. El cumplimiento de las disposiciones legales y la implementación de medidas para la promoción de la salud contribuyen a crear un ambiente laboral positivo y a aumentar la motivación de sus empleados.

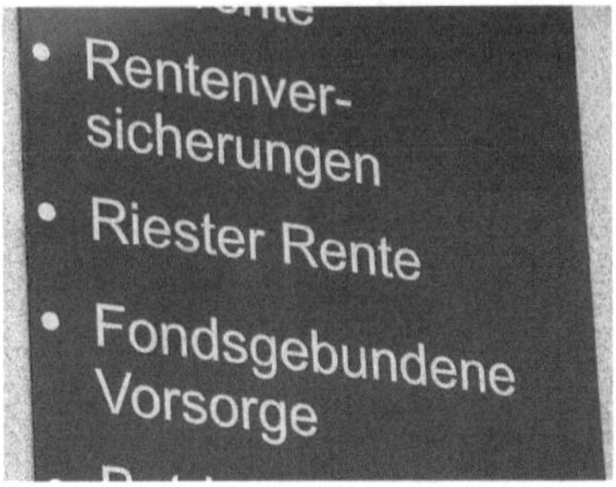

Seguro de pensiones [i39]

Contribuciones a la seguridad social

Las contribuciones a la seguridad social son impuestos obligatorios que son financiados conjuntamente por empleadores y empleados. Sirven para asegurar contra riesgos como enfermedad, necesidad de cuidados, desempleo y para financiar el seguro de pensiones. El cálculo y la liquidación correcta de estas contribuciones son obligatorios para cada empleador de una GmbH.

Reinserción gradual

La reinserción gradual es un proceso que permite a los empleados, tras una enfermedad prolongada, reintegrarse al mundo laboral de manera progresiva. Durante este proceso, el tiempo de trabajo se incrementa lentamente para cuidar la salud del empleado y minimizar el riesgo de recaídas.

Seguro de incapacidad laboral

El seguro de incapacidad laboral ofrece apoyo financiero si un empleado no puede ejercer su profesión debido a enfermedad o accidente. Puede ser ofrecido como un beneficio adicional por el empleador y contribuye a la seguridad de los empleados.

Contribuciones a la Seguridad Social en Alemania (Parte del Empleado)

Desglose de las contribuciones a la seguridad social de un empleado en Alemania.

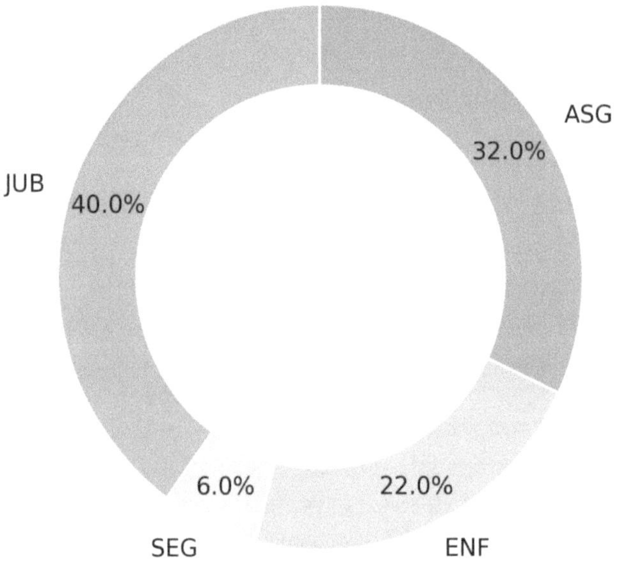

ASG: Seguro de Salud

JUB: Seguro de Jubilación

ENF: Seguro de Enfermería

SEG: Seguro de Desempleo

La mayor parte de las contribuciones se destina al seguro de jubilación, lo que destaca su importancia para la seguridad financiera a largo plazo. El seguro médico también representa una parte significativa, lo que refleja el valor que se le da al acceso a la atención médica. Las contribuciones al seguro de desempleo, aunque menores, proporcionan una red de seguridad en caso de pérdida del empleo. La contribución relativamente pequeña al seguro de cuidados de enfermería garantiza el acceso a los servicios de atención a largo plazo cuando sea necesario.

Contratos de trabajo

Los contratos de trabajo forman la base de la relación laboral y regulan los derechos y obligaciones del empleador y del empleado. Deben establecer claramente todos los aspectos esenciales del empleo. Esto incluye, entre otros, el horario de trabajo, la remuneración, el derecho a vacaciones y los plazos de despido. Un contrato por escrito crea transparencia y previene disputas posteriores. Además de estos acuerdos explícitos, también existen expectativas y suposiciones no expresadas, que se denominan contrato psicológico [s28]. Este contrato psicológico abarca obligaciones mutuas que no están en el contrato laboral formal, pero que aún influyen en la relación entre el empleador y el empleado. Por ejemplo, la expectativa de oportunidades de desarrollo personal o de un determinado estilo de liderazgo. Las violaciones de este contrato psicológico, como las promesas no cumplidas de promoción, pueden llevar a la insatisfacción y a una menor motivación [s28]. Por lo tanto, es aconsejable abordar también estas expectativas implícitas y tenerlas en cuenta en la gestión de los empleados. En el contrato de trabajo también deben establecerse disposiciones sobre horas extras, enfermedad y otras ausencias. Disposiciones claras crean seguridad jurídica para ambas partes y minimizan el riesgo de conflictos. Además de los requisitos mínimos legales, también se

Contrato de trabajo [i40]

Retención de empleados [i41]

pueden acordar beneficios adicionales en el contrato de trabajo, como un plan de pensiones empresarial o modelos de horario de trabajo flexibles [s29]. Tales beneficios adicionales pueden aumentar la atractividad de la empresa como empleador y fomentar la retención de empleados. Además, la responsabilidad social de las empresas está ganando cada vez más importancia [s30]. Los empleados valoran condiciones laborales justas, la conciliación de la vida laboral y familiar, y la promoción de un clima laboral positivo. Tener en cuenta estos aspectos en el contrato de trabajo y en la colaboración diaria puede aumentar el bienestar de los empleados y fomentar la motivación [s30]. Un contrato de trabajo bien redactado y justo sienta las bases para una colaboración exitosa y de confianza, contribuyendo así significativamente al éxito de la empresa.

Plan de pensiones de empresa [i42]

Bueno saber

Clima laboral

El clima laboral describe la atmósfera y las relaciones sociales en el lugar de trabajo. Un clima laboral positivo fomenta la colaboración, la motivación y el bienestar de los empleados, siendo así un factor importante para el éxito de la GmbH.

Contrato psicológico

El contrato psicológico describe las expectativas y suposiciones no expresadas entre el empleador y el empleado en relación con la relación laboral. Estas expectativas pueden influir fuertemente en la motivación y el compromiso de los empleados, especialmente en la fase inicial de una GmbH.

Retención de empleados

La retención de empleados describe las medidas que una empresa toma para mantener a empleados calificados a largo plazo. Una alta retención de empleados reduce los costos de búsqueda e incorporación de nuevos empleados y contribuye a la estabilidad de la GmbH.

Salario vs. Experiencia

Correlación entre la experiencia del empleado y las expectativas salariales para los roles comunes de GmbH.

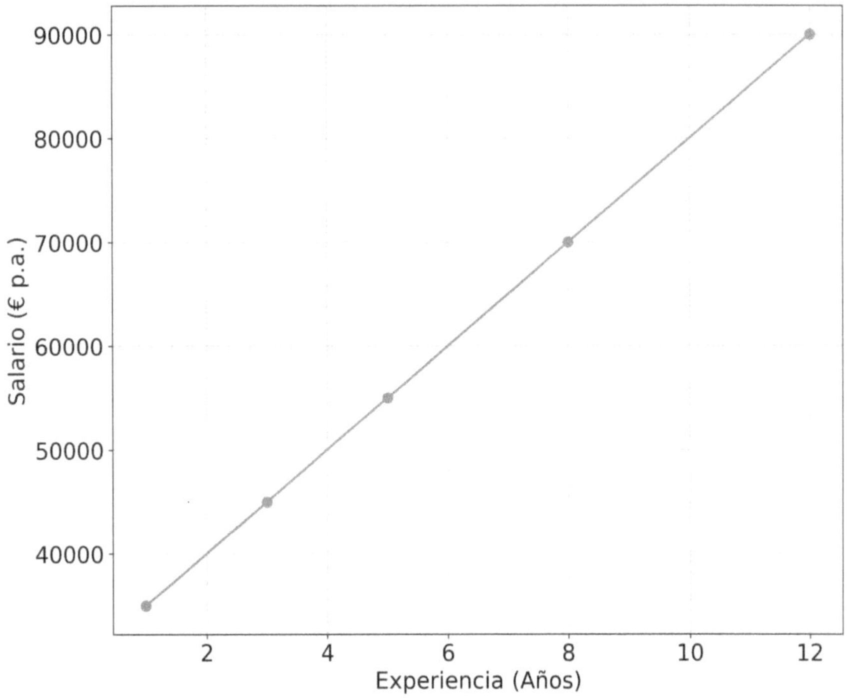

Este gráfico muestra la correlación positiva esperada entre los años de experiencia y el salario. Los puestos de nivel inicial, naturalmente, tienen salarios más bajos, mientras que los puestos de alto nivel requieren más experiencia y, en consecuencia, ofrecen una mayor remuneración. Estos datos pueden servir de base para las negociaciones salariales y la elaboración del presupuesto para una nueva GmbH.

Consejos concretos

- Realice rondas regulares de 'flash' en el equipo para obtener rápidamente y de manera sencilla retroalimentación sobre proyectos actuales y flujos de trabajo.
- Organice programas de 'mentoría inversa', donde empleados más jóvenes asesoren a colegas más experimentados en áreas como digitalización o redes sociales.
- Cree un 'buzón de ideas' (físico o digital) donde los empleados puedan presentar sugerencias de mejora de forma anónima.
- Establezca 'días creativos' interdepartamentales para desarrollar conjuntamente soluciones innovadoras a desafíos a nivel empresarial.
- Implemente 'reuniones caminando' para fomentar el movimiento y el intercambio informal en la rutina laboral.
- Configure un 'mercado de habilidades' donde los empleados puedan ofrecer y solicitar sus habilidades y conocimientos individuales.
- Integre elementos lúdicos en la rutina laboral, por ejemplo, mediante la 'gamificación' de tareas o la introducción de desafíos en equipo.
- Fomente la autoorganización de los equipos mediante la implementación de métodos de trabajo ágiles y la transferencia de más responsabilidades.
- Cree modelos de horario laboral flexibles que se adapten a las necesidades individuales de los empleados y apoyen la conciliación entre trabajo y familia.
- Invierta en el desarrollo de la inteligencia emocional de sus líderes para mejorar la dinámica del equipo y la motivación de los empleados.

6. 3 Gestión de contratos

La gestión de contratos en la operación comercial diaria es esencial para el éxito de su GmbH. Desde contratos con proveedores y clientes hasta contratos laborales, acuerdos claros protegen sus intereses y minimizan el potencial de conflictos. Formulaciones imprecisas, cláusulas faltantes o falta de control conllevan riesgos significativos y pueden resultar en pérdidas financieras. Esta sección destaca los aspectos más importantes de la redacción y gestión de contratos, desde la definición de los servicios hasta cuestiones de responsabilidad y regulaciones de terminación. Se tendrán en cuenta las particularidades de los diferentes tipos de contratos y se ofrecerán consejos prácticos para el trabajo diario. Gane el control sobre sus contratos y establezca una base sólida para el éxito a largo plazo.

El manejo profesional de contratos no solo requiere documentos a prueba de fallos, sino también el mantenimiento activo de relaciones y una comunicación regular con socios comerciales y clientes.

Contratos con socios comerciales

Contratos con socios comerciales forman la columna vertebral de cualquier relación comercial exitosa. Regulan la colaboración y minimizan conflictos posteriores. Se trata de mucho más que una simple descripción de servicios. Un contrato bien redactado considera diversos aspectos, desde la duración del contrato hasta las condiciones de pago y los plazos de rescisión y cuestiones de responsabilidad. Incluso los detalles aparentemente secundarios pueden ser decisivos más adelante. Por lo tanto, las responsabilidades deben estar claramente definidas para evitar malentendidos y luchas de competencia. Piense en la designación de contactos para ambas partes, para simplificar la comunicación y permitir decisiones rápidas. Especialmente en cooperaciones a largo plazo, es recomendable acordar reuniones regulares para revisar el progreso y realizar ajustes si es necesario. Al igual que los convenios colectivos, que ofrecen un marco para las negociaciones debido a su durabilidad [s31], los contratos bien estructurados con socios comerciales crean una base estable para la colaboración. Un punto central es la definición clara de los servicios. ¿Qué se espera exactamente de quién? ¿Qué estándares de calidad se aplican? Cuanto más precisos sean estos puntos, menor será el riesgo de disputas. Además, las condiciones de pago deben estar reguladas en detalle, incluyendo plazos de pago, acuerdos de descuento y consecuencias en caso de mora en el pago. Al igual que las regulaciones de los convenios colectivos sobre salarios y horas extras [s31], condiciones de pago claras contribuyen a la seguridad financiera de ambas partes. Un contrato también debe aclarar la cuestión de la responsabilidad. ¿Quién es responsable en caso de daños o violaciones del contrato? La haftungsbeschraenkung es un aspecto importante para minimizar el riesgo empresarial. Un ejemplo: un proveedor entrega mercancía defectuosa que causa interrupciones en la producción. Un contrato bien redactado regula en este caso la responsabilidad y los posibles pagos de indemnización. También son aconsejables regulaciones claras sobre modificaciones y adiciones al contrato. De este modo, se puede asegurar que todos los ajustes se documenten por escrito y sean aprobados por ambas partes. Los contratos también deben considerar la posibilidad de rescisión anticipada. ¿Bajo qué condiciones se puede rescindir el contrato anticipadamente? ¿Qué plazos deben cumplirse? Al igual que los procedimientos de queja establecidos en los convenios colectivos [s31], las regulaciones claras de rescisión en el contrato con socios comerciales ofrecen seguridad jurídica a ambas partes. Por lo tanto, un diseño contractual bien pensado es una inversión en el futuro de la relación comercial.

Condiciones de pago [i43]

Bueno saber

Condiciones

Las condiciones de pago en el contrato con socios comerciales establecen los términos para el pago de bienes o servicios, por ejemplo, plazos de pago, acuerdos de descuento y métodos de pago aceptados. Son importantes para la planificación de liquidez de la GmbH.

Contrato con socios comerciales

Los contratos con socios comerciales son acuerdos legalmente vinculantes entre la GmbH y sus proveedores, clientes u otros socios comerciales. Establecen las condiciones de colaboración para proteger los intereses de la GmbH y evitar disputas futuras.

Plazo de rescisión

Los plazos de rescisión establecen el período de tiempo que transcurre entre la rescisión de un contrato con socios comerciales y el final real de la duración del contrato. Plazos de rescisión claros ofrecen seguridad de planificación a ambas partes contratantes.

Violación del contrato

Una violación del contrato ocurre cuando una de las partes contratantes no cumple con las condiciones establecidas en el contrato con socios comerciales. Esto puede incluir, por ejemplo, la falta de prestación del servicio acordado, mora en el pago o la violación de cláusulas de confidencialidad.

Tipos de contrato comunes para nuevas GmbH

Distribución típica de contratos para una GmbH recién fundada en Alemania

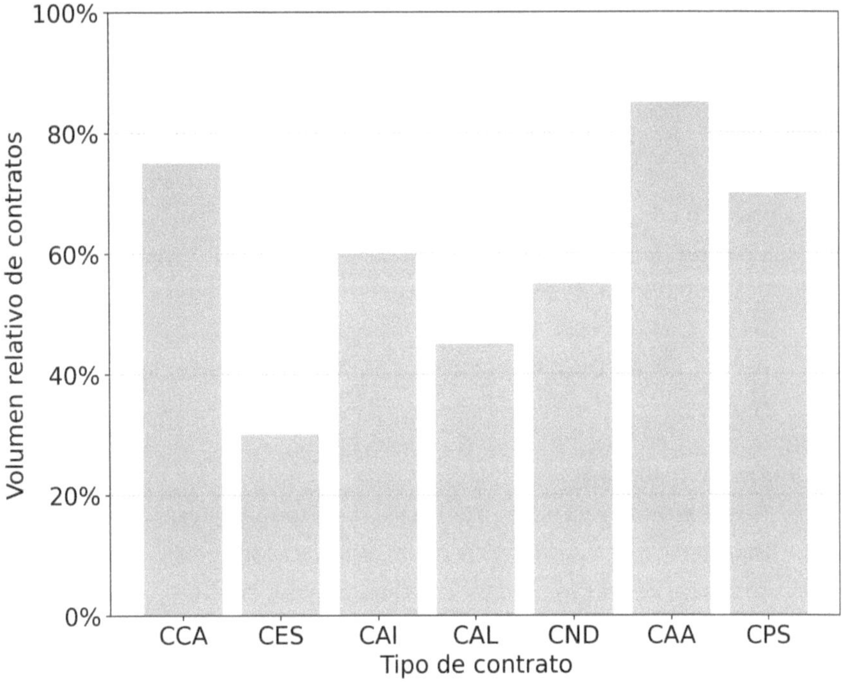

CAA: Acuerdo de accionistas

CAL: Contrato de arrendamiento

CES: Contratos de trabajo

CPS: Contratos con proveedores

CAI: Contratos de seguros

CCA: Contratos con clientes

CND: Acuerdos de no divulgación

Este gráfico destaca la importancia relativa de los diferentes tipos de contrato para las nuevas GmbH. Si bien los acuerdos de accionistas son cruciales para establecer la gobernanza interna, los contratos con proveedores y clientes demuestran las operaciones comerciales principales. El menor volumen de contratos de trabajo podría sugerir un equipo inicial reducido o la dependencia de servicios externos. Los contratos de seguros son vitales para la mitigación de riesgos y el cumplimiento.

Relaciones con proveedores

Las relaciones con proveedores son para las GmbHs de gestión de contratos mucho más que simples transacciones; son asociaciones estratégicas que influyen en el éxito empresarial. Un sólido marco contractual forma la base, pero el mantenimiento de la relación más allá de eso configura la colaboración de manera sostenible. Además de acuerdos claros sobre cantidades de entrega, precios y plazos de entrega, aspectos como la comunicación, la confianza y la solución conjunta de problemas adquieren importancia. Una comunicación abierta, que va más allá del mero intercambio de información, fomenta la comprensión de las necesidades y desafíos respectivos. Así, un intercambio regular, por ejemplo, en forma de talleres conjuntos, puede ayudar a identificar problemas potenciales de manera temprana y desarrollar soluciones en conjunto. Este enfoque proactivo no solo minimiza el potencial de conflicto, sino que también fortalece la confianza mutua. La confianza, a su vez, es la base para la flexibilidad y la adaptabilidad, especialmente en tiempos de crisis. Una relación de confianza permite reacciones más rápidas ante eventos imprevistos y facilita la gestión conjunta de dificultades. Sin embargo, el control y la verificación juegan un papel importante para minimizar riesgos. Esto puede lograrse a través de controles de calidad regulares o auditorías, pero siempre debe realizarse en el contexto de una

Gestión de contratos [i44]

Taller [i45]

asociación de confianza. La adaptación de la exposición de la relación, es decir, la dependencia de proveedores individuales, es otro factor que debe tenerse en cuenta en la gestión de relaciones. Una diversificación de la base de proveedores puede aumentar la resilienz de la empresa. Además de estos aspectos más estratégicos, los factores operativos también juegan un papel importante. Una logística eficiente, procesos transparentes y un sistema de evaluación de proveedores confiable contribuyen a gestionar las relaciones con proveedores de manera profesional y optimizarlas a largo plazo. Un ejemplo de esto sería la implementación de un sistema de evaluación de rendimiento automatizado, que además de indicadores objetivos, también considera aspectos cualitativos como la calidad de la comunicación. A través de la combinación de regulaciones contractuales, gestión estratégica de relaciones y excelencia operativa, las GmbHs de gestión de contratos pueden gestionar eficazmente sus relaciones con proveedores y así lograr una ventaja competitiva sostenible.

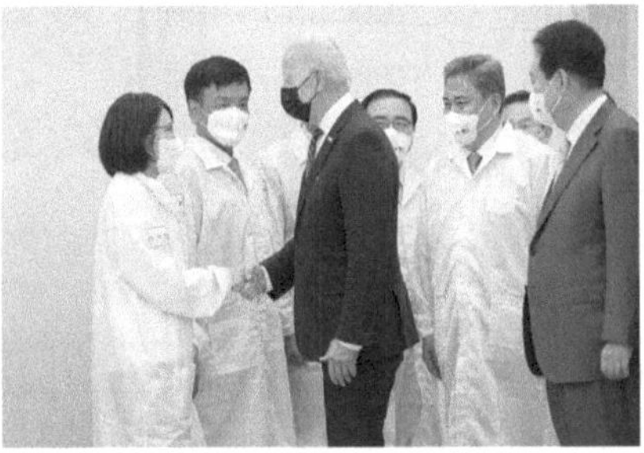

Resiliencia [i46]

Gestión de relaciones con proveedores

Análisis de la cartera de proveedores basado en el valor del contrato y la duración de la relación para una nueva GmbH.

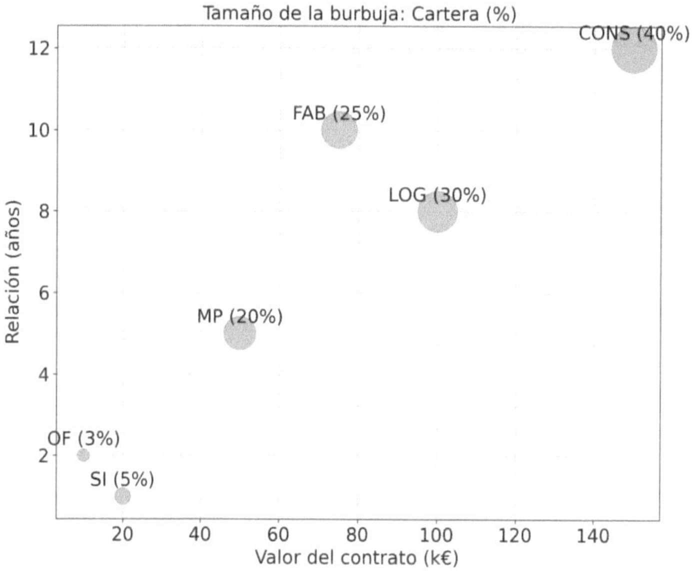

Blasengröße: Cartera (%)

CONS: Consultoría	FAB: Fabricación
LOG: Logística	MP: Materias primas
OF: Material de oficina	SI: Servicios de TI

El gráfico de burbujas revela un enfoque estratégico en las relaciones a largo plazo con los proveedores clave, indicado por las burbujas más grandes en el cuadrante superior derecho. Si bien existen algunos contratos nuevos y más pequeños, el énfasis está claramente en las asociaciones establecidas. Esto sugiere una preferencia por la estabilidad y la fiabilidad sobre las medidas oportunistas de ahorro de costes, lo que puede ser beneficioso para una nueva GmbH que busca establecer una base sólida.

Acuerdos con los clientes

Los acuerdos con los clientes son la base para una colaboración exitosa entre su GmbH de gestión de contratos y sus clientes. Un diseño contractual preciso asegura los intereses de ambas partes y previene discrepancias posteriores. En el contrato, además de la descripción detallada de los servicios ofrecidos, incluidos todos los acuerdos de nivel de servicio (SLAs), también deben definirse claramente las modalidades de compensación. De este modo, minimiza el riesgo de retrasos en los pagos al establecer plazos de pago fijos, métodos de pago aceptados y, si es necesario, disposiciones sobre pagos anticipados o parciales. Igualmente importante es la regulación de la responsabilidad. ¿Qué responsabilidad asume su GmbH por posibles errores u omisiones? Una limitación de responsabilidad protege a su empresa de riesgos financieros impredecibles. Un ejemplo: su GmbH se encarga del diseño del contrato para un cliente y un error de forma provoca pérdidas financieras al cliente. Un contrato claramente redactado regula la responsabilidad de su GmbH y así limita el riesgo financiero. También debe considerar la fijación de plazos y condiciones de rescisión. ¿Qué motivos justifican una rescisión extraordinaria? ¿Qué plazos deben cumplirse? Regulaciones claras ofrecen seguridad jurídica a ambas partes y evitan disputas prolongadas. Un aspecto importante, a menudo subestimado, es la duración del contrato. ¿Debería el contrato tener una duración fija o ser indefinido? ¿Qué opciones de renovación existen? La elección de la duración adecuada del contrato depende del tipo de servicio y de las necesidades individuales de sus clientes. Otro punto que debe considerar en sus acuerdos con los clientes es la protección de datos. Especialmente en la gestión de contratos se procesan datos sensibles. Una declaración de protección de datos clara y el cumplimiento del dsgvo son esenciales para ganar la confianza de sus clientes y evitar problemas legales. Las cláusulas de confidencialidad también deben ser parte de cada acuerdo con el cliente para garantizar la protección de la información sensible de ambas partes contratantes. Estas cláusulas definen qué información debe ser tratada como confidencial y cuáles son las consecuencias de una violación de la confidencialidad. Finalmente, también debe pensar en la regulación de los foros y la ley aplicable. ¿Qué tribunal es competente en caso de disputa? ¿Qué ley se aplica? Estos puntos son especialmente relevantes en relaciones comerciales internacionales. A través de un diseño cuidadoso y completo de sus acuerdos con los clientes, crea una base sólida para una colaboración confiable y exitosa con sus clientes. Utilice listas de verificación o plantillas para asegurarse de que se consideren todos los puntos importantes. Así podrá

gestionar su GmbH de gestión de contratos de manera profesional y legalmente segura. Además de los puntos mencionados anteriormente, también debe definir en sus acuerdos con los clientes las condiciones para cambios y adiciones al contrato. ¿Quién está autorizado a realizar cambios? ¿En qué forma deben llevarse a cabo? Así evitará futuras ambigüedades y disputas. Otro aspecto que puede ser relevante en algunas industrias es el acuerdo sobre cláusulas de no competencia. ¿Bajo qué condiciones puede su GmbH trabajar para competidores de su cliente después de la finalización del contrato? Una regulación clara protege los intereses de su cliente y previene conflictos potenciales. Además, debería considerar incluir cláusulas de mediación o mediación en sus contratos. Estas pueden ayudar a resolver conflictos fuera de los tribunales, ahorrando así tiempo y costos. Una cláusula de este tipo podría prever, por ejemplo, que en caso de disputa se convoque primero a un mediador antes de recurrir a la vía judicial. La elección del mediador adecuado debería establecerse en el contrato. Para el diseño del contrato, es recomendable obtener asesoría legal para asegurarse de que se cumplan todos los requisitos legales y se protejan sus intereses de manera óptima. Una inversión en asesoría legal profesional se amortiza a largo plazo y minimiza el riesgo de costosas disputas legales.

Protección de datos [i47]

Acuerdo de Nivel de Servicio (ANS) [i48]

Tipos de contratos comunes con clientes para GmbH

Distribución de los tipos de contratos comunes con clientes.

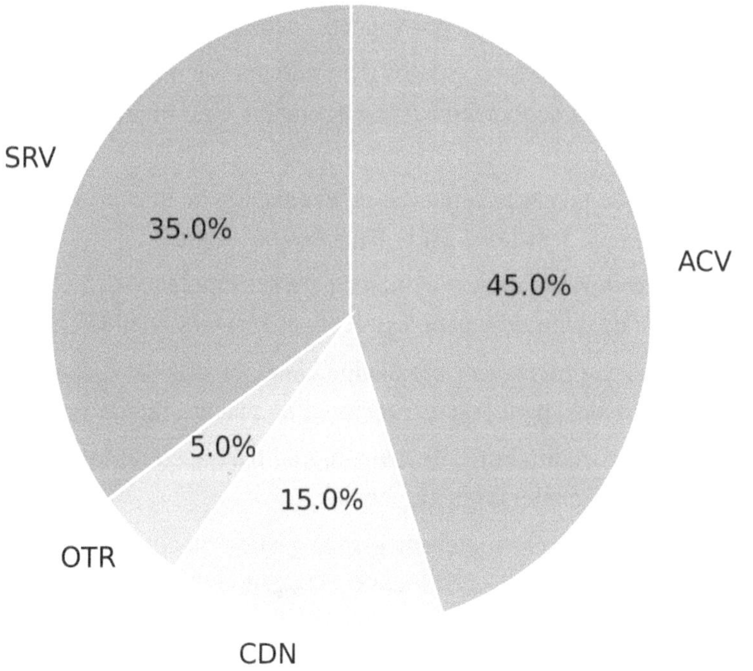

ACV: Acuerdos de Venta

CDN: Acuerdos de Confidencialidad

OTR: Otros Acuerdos

SRV: Acuerdos de Servicio

La mayoría de las interacciones con los clientes de una GmbH probablemente involucren Acuerdos de venta, lo que destaca la importancia de tener términos y condiciones claros para la entrega de productos/servicios. Los Acuerdos de servicio representan una parte importante, lo que indica un enfoque en las relaciones continuas con los clientes. Los Acuerdos de confidencialidad juegan un papel crucial en la protección de la información sensible, mientras que otros contratos, como los de asociación o licencia, pueden ser menos frecuentes pero siguen siendo relevantes según el modelo de negocio específico.

Consejos concretos

- Conecte su sistema de gestión de contratos con otros sistemas empresariales, como CRM o ERP, para obtener una visión integral de sus relaciones comerciales.
- Cree un sistema de alerta temprana para datos críticos de contratos, como plazos que están por vencer o cambios en regulaciones legales.
- Utilice los datos de contratos para preparar de manera basada en datos futuras negociaciones contractuales y así obtener mejores resultados.
- Desarrolle un sistema interno de evaluación de la calidad de sus contratos e identifique así potenciales de mejora.
- Realice capacitaciones regulares para sus empleados en el área de gestión de contratos, para fortalecer el know-how en la empresa.
- Establezca procesos de escalación claros en caso de disputas contractuales, para poder reaccionar de manera rápida y efectiva.
- Utilice procedimientos de firma digital para acelerar la conclusión de contratos y aumentar la eficiencia.
- Automatice tareas recurrentes en la gestión de contratos, como la creación de contratos estándar o el seguimiento de plazos.
- Analice regularmente el rendimiento de su gestión de contratos a través de indicadores, como el número de disputas contractuales o el tiempo de cierre de contratos.
- Desarrolle un archivo central de contratos para almacenar todos los contratos de manera segura y estructurada, y tener acceso a ellos en cualquier momento.

Revisión - 6. Operaciones comerciales diarias

El funcionamiento diario de una GmbH requiere un enfoque estructurado y la cuidadosa atención a diversas obligaciones. Desde la obligación de documentación hasta la gestión del personal y la gestión de contratos con socios comerciales y clientes, cada área contribuye al éxito y a la seguridad jurídica de su empresa. No solo se trata de cumplir con los requisitos legales, sino también de actuar de manera estratégica y anticipada, estableciendo las bases para un desarrollo empresarial sostenible. Una base sólida para esto es la documentación completa de todos los eventos comerciales relevantes. Desde la fundación y el registro en el registro mercantil, debe establecer un sistema confiable para archivar todos los documentos, contratos y comprobantes importantes. Esto no solo facilita la organización interna y el control, sino que también sirve como prueba ante autoridades y socios comerciales. Considere también la archivación digital y la regulación de los derechos de acceso para garantizar la seguridad de los datos.

En el negocio operativo, la documentación transparente de decisiones y procesos es crucial. Los actas de la dirección, aunque no siempre son legalmente obligatorias, son una herramienta valiosa para la trazabilidad y la comunicación interna. Documentan resoluciones, resultados de votaciones y opiniones divergentes, proporcionando así una base confiable para el análisis y la evaluación posterior de decisiones. En el contexto de colaboraciones o consorcios empresariales, las actas adquieren aún más importancia, ya que representan de manera transparente el cumplimiento de acuerdos y la distribución de responsabilidades. Un acta bien estructurada con numeración continua y una clara organización facilita la gestión y la búsqueda. Complementen las actas formales con notas sobre acuerdos informales para obtener una imagen completa del proceso de toma de decisiones.

La gestión del personal es otro área importante en el funcionamiento diario. Desde la contratación hasta la nómina y el desarrollo del personal, cada paso requiere cuidado y atención a los requisitos legales. Un proceso de integración estructurado facilita la incorporación de nuevos empleados y fomenta la integración en el equipo. Los sistemas de registro de tiempo digitales y el software de nómina minimizan la carga administrativa y garantizan un manejo correcto. Invierta en la formación continua de sus empleados y fomente un ambiente laboral positivo para fortalecer la motivación y la retención del personal. Las conversaciones regulares con los empleados ofrecen la oportunidad de evaluar el rendimiento, identificar potenciales de desarrollo y fortalecer la relación entre el líder y el empleado. Considere, además de los contratos laborales formales, las expectativas y necesidades no expresadas de sus empleados para crear un entorno laboral de confianza y productivo.

Finalmente, la gestión de contratos con socios comerciales y clientes juega un papel decisivo en el éxito de su GmbH. Contratos claros y completos minimizan el riesgo de malentendidos y disputas legales. Defina con precisión los servicios, las condiciones de pago, las cuestiones de responsabilidad y las modalidades de rescisión. La comunicación regular y el intercambio personal con sus socios comerciales fortalecen la confianza y fomentan la colaboración a largo plazo. Diversifique su base de proveedores para reducir la dependencia de socios individuales y aumentar la resiliencia de su empresa. En el trato con los clientes, además de los aspectos contractuales, debe considerar la protección de datos y el cumplimiento del RGPD. Una comunicación transparente y la consideración de las necesidades individuales de los clientes contribuyen a una relación comercial a largo plazo y exitosa.

El funcionamiento diario de una GmbH es un complejo juego de diversos factores. Al prestar atención a los aspectos mencionados e implementar las medidas recomendadas, establece las bases para un crecimiento exitoso y sostenible de su empresa. No vea los desafíos del funcionamiento diario como obstáculos, sino como oportunidades para optimizar continuamente su GmbH y fortalecer su posición en el mercado. Con un enfoque estructurado y un enfoque en relaciones a largo plazo con empleados y socios comerciales, sienta las bases para un éxito empresarial duradero.

Ofertas adicionales gratuitas planificadas

Nos complace poder ofrecerle en el futuro materiales complementarios gratuitos para este libro:

- Un capítulo bonus exclusivo con contenido adicional
- Un resumen compacto de todo el libro en formato PDF
- Una versión de radioteatro (En Planificación)

Se prevé que estos materiales se publiquen en 2025.
Le invitamos a visitar nuestro sitio web hoy mismo. Cuando se lance nuestro servicio de boletín (previsto para 2025), podrá registrarse para recibir actualizaciones y no perderse ninguna novedad sobre las ofertas adicionales gratuitas.

www.SaageBooks.com/es/
fundacion_de_una_sociedad_de_responsabilidad_limitada-bonus-9
3BWJQ

Estimados lectores,

Nos sentimos profundamente honrados de que hayan dedicado tiempo a leer nuestro libro de principio a fin. Nuestro mayor deseo es proporcionarles ideas valiosas y orientación práctica. Su confianza en nuestro trabajo significa mucho para nosotros. Esperamos que la lectura haya sido enriquecedora para ustedes. Si tienen alguna pregunta o sugerencia, no duden en contactarnos a través de nuestro sitio web.

Si han disfrutado de este libro, agradeceríamos enormemente una reseña honesta. Pueden dejar fácilmente su valoración honesta en la plataforma de venta donde compraron el libro.
¡Gracias por su apoyo!

Bendis Saage

Saage Media GmbH - Equipo

www.SaageBooks.com/es

¡Descubre más! Nuestro sitio web editorial te ofrece una variada selección de libros adicionales. Además de contenido gratuito y materiales exclusivos de bonificación, encontrarás información detallada sobre nuestras obras. Explora nuestra extensa oferta digital y déjate inspirar por experiencias adicionales de lectura.

www.SaageBooks.com/es

Fuentes

Nuestro sincero agradecimiento a todos los autores de las fuentes científicas y no científicas citadas, a los operadores de los sitios web referenciados y a los creadores de las imágenes, gráficos y estudios utilizados, cuyo valioso trabajo ha contribuido a la creación de este libro.

Para más información, le recomendamos visitar los sitios web de las fuentes.

Si descubre errores de asignación u otras inconsistencias, por favor contáctenos.

Todas las fuentes fueron consultadas por última vez el: 2025-02-12

[s1] - https://dx.doi.org/10.1515/ecfr-2023-0035

Autor:	Marc-Philippe Weller, Victor Habrich, Laura Korn, Anton Zimmermann	**Título:**	Liability of the Economic Unit – A General Principle of EU Law?
por:	De Gruyter	**DOI:**	10.1515/ecfr-2023-0035
Fecha:	2023-12-01	**Sitio web:**	De Gruyter
Editorial:	De Gruyter		

[s2] - https://pmc.ncbi.nlm.nih.gov/articles/PMC11078373/

Autor:	Jun Tian, Zuopeng Chen, Yue Zhu	**Título:**	Piercing the corporate veil system and creditors protection: Based on the investigation of debt paying ability—Empirical evidence from the 2005 Company Law amendment
por:	School of Economics and Business Administration, Heilongjiang University, Harbin, Heilongjiang Province, China	**DOI:**	10.1371/journal.pone.0302561
Fecha:	2024 May 8	**Sitio web:**	PMC
Editorial:	PLOS ONE		

[s3] - https://pmc.ncbi.nlm.nih.gov/articles/PMC7694800/

Título:	RESEARCH COMMUNICATIONS OF THE 30th ECVIM-CA ONLINE CONGRESS: 2-5 September 2020	**por:**	National Center for Biotechnology Information (NCBI)
DOI:	10.1111/jvim.15924	**Fecha:**	2020 Oct 17
Sitio web:	PubMed Central (PMC)	**Editorial:**	Journal of Veterinary Internal Medicine

[s4] - https://seed.nih.gov/small-business-funding/how-to-apply/before-you-apply/register-company
Título: Required Company Registrations | Seed
por: National Institutes of Health (NIH)
Sitio web: seed.nih.gov

[s5] - https://pmc.ncbi.nlm.nih.gov/articles/PMC6951135/
Autor: Manoj Chandra Mathur
Título: Professional Medical Indemnity Insurance - Protection for the experts, by the experts
DOI: 10.4103/ijo.IJO_2279_19
Fecha: 2020 Jan
Sitio web: PubMed Central (PMC)
Editorial: Indian Journal of Ophthalmology

[s6] - https://www.eurostartentreprises.com/en/business-advice/what-s-the-difference-between-a-sarl-sas-sa-eurl-micro-entreprises
Autor: Eurostart Entreprises
Título: What's the difference between a SARL, SAS, SA, EURL, Micro-Entreprise & Auto-Entrepreneur?
por: EuroStart Enterprises
Fecha: 2018-04-27T00:00:00+00:00
Sitio web: EuroStart Enterprises

[s7] - https://pmc.ncbi.nlm.nih.gov/articles/PMC9355533/
Autor: Haixia Hao, Lihong Guo, Jianwei Dong
Título: How does venture capital cross-border syndication spur corporate innovation? Evidence from China
por: School of Economics and Management, Northwest University, Xi'an, China
DOI: 10.3389/fpsyg.2022.921168
Fecha: 2022 Jul 22
Sitio web: PubMed Central (PMC)
Editorial: Frontiers in Psychology

[s8] - https://pmc.ncbi.nlm.nih.gov/articles/PMC9111151/
Autor: Jahan Ara Peerally, Claudia De Fuentes, Fernando Santiago, Shasha Zhao
Título: The sustainability of multinational enterprises' pandemic-induced social innovation approaches
DOI: 10.1002/tie.22256
Fecha: 2022 Feb 11
Sitio web: PubMed Central (PMC)
Editorial: Thunderbird International Business Review

[s9] - https://pmc.ncbi.nlm.nih.gov/articles/PMC10230135/
Autor: Chengbin Wang, Minju Chen, Qingyang Wang, Yongyan Fang
Título: The study of value network reconstruction and business model innovation driven by entrepreneurial orientation
por: Business School of Taizhou University, Taizhou Open University, Taizhou Vocational College of Science and Technology
DOI: 10.1007/s11365-023-00869-y
Fecha: 2023 May 31
Sitio web: PubMed Central (PMC)
Editorial: International Entrepreneurship and Management Journal

---

[s10] - https://pmc.ncbi.nlm.nih.gov/articles/PMC9111262/

Autor:	Aki Harima	**Título:**	Transnational migration entrepreneurship during a crisis: Immediate response to challenges and opportunities emerging through the COVID-19 pandemic
por:	University of Bremen	**DOI:**	10.1111/basr.12266
Fecha:	2022 Mar 8	**Sitio web:**	PubMed Central (PMC)
Editorial:	Business and Society Review		

[s11] - https://pmc.ncbi.nlm.nih.gov/articles/PMC10272311/

Autor:	Thomas Kollruss	**Título:**	Optimized profit repatriation in multinational enterprises through cross-border change of legal form and international tax management
por:	IU International University of Applied Sciences, Germany, Erfurt	**DOI:**	10.1016/j.heliyon.2023.e16713
Fecha:	2023 Jun 3	**Sitio web:**	PubMed Central (PMC)
Editorial:	Heliyon		

[s12] - https://dx.doi.org/10.1787/tpg-2010-en

Título:	OECD Transfer Pricing Guidelines for Multinational Enterprises and Tax Administrations 2010	**por:**	OECD
DOI:	10.1787/tpg-2010-en	**Fecha:**	2010
Sitio web:	OECD	**Editorial:**	OECD

[s13] - https://pmc.ncbi.nlm.nih.gov/articles/PMC10300374/

Autor:	Hien Thi Thu Nguyen, Hoan Thi Thu Nguyen, Cong Van Nguyen	**Título:**	Analysis of factors affecting the adoption of IFRS in an emerging economy
por:	Industrial University of Ho Chi Minh City (IUH)	**DOI:**	10.1016/j.heliyon.2023.e17331
Fecha:	2023 Jun 15	**Sitio web:**	PubMed Central (PMC)
Editorial:	Heliyon		

[s14] - https://pmc.ncbi.nlm.nih.gov/articles/PMC10272311/

Autor:	Thomas Kollruss	**Título:**	Optimized profit repatriation in multinational enterprises through cross-border change of legal form and international tax management
por:	IU International University of Applied Sciences, Germany, Erfurt	**DOI:**	10.1016/j.heliyon.2023.e16713
Fecha:	2023 Jun 3	**Sitio web:**	PubMed Central (PMC)
Editorial:	Heliyon		

[s15] - https://pmc.ncbi.nlm.nih.gov/articles/PMC6871577/

Título:	Proceedings to the 55th Annual Meeting for the Particle Therapy Cooperative Group (PTCOG)	**por:**	PubMed Central (PMC)
DOI:	10.14338/IJPT.16-PTCOG-1.1	**Fecha:**	2016 Aug 29
Sitio web:	PMC	**Editorial:**	International Journal of Particle Therapy

[s16] - https://pmc.ncbi.nlm.nih.gov/articles/PMC10272311/

Autor:	Thomas Kollruss	**Título:**	Optimized profit repatriation in multinational enterprises through cross-border change of legal form and international tax management
por:	IU International University of Applied Sciences, Germany, Erfurt	**DOI:**	10.1016/j.heliyon.2023.e16713
Fecha:	2023 Jun 3	**Sitio web:**	PubMed Central (PMC)
Editorial:	Heliyon		

[s17] - https://www.mdpi.com/2227-7072/8/3/58

Autor:	Felix Kreidl	**Título:**	Stock-Market Behavior on Ex-Dates: New Insights from German Stocks with Tax-Free Dividend
por:	Multidisciplinary Digital Publishing Institute	**DOI:**	10.3390/ijfs8030058
Fecha:	2020-09-21	**Sitio web:**	MDPI
Editorial:	Multidisciplinary Digital Publishing Institute		

[s18] - https://pmc.ncbi.nlm.nih.gov/articles/PMC9365229/

Autor:	Bongsuk Sung, Sang Do Park, Myoung Shik Choi	**Título:**	Do public subsidies trigger firms' overinvestment? Evidence from the Korean renewable energy technology industry
por:	Kyonggi University, Konkuk University	**DOI:**	10.1007/s11356-022-22429-7
Fecha:	2022 Aug 10	**Sitio web:**	PubMed Central (PMC)
Editorial:	Environmental Science and Pollution Research International		

[s19] - https://journals.plos.org/plosone/article?id=10.1371/journal.pone.0285387

Autor:	Peiqiong Wang, Xianhua Zhang, Taozhi Wang, Zilu Wan	**Título:**	Executive compensation controls and corporate cash holdings
por:	School of Accounting, Lanzhou University of Finance and Economics, Lanzhou City, Gansu Province, China	**DOI:**	10.1371/journal.pone.0285387
Fecha:	Sep 8, 2023	**Sitio web:**	PLOS ONE
Editorial:	Public Library of Science		

[s20] - https://pmc.ncbi.nlm.nih.gov/articles/PMC11367517/

Autor:	Lanlan Lian, Di Zhao, Qingli Dong	**Título:**	Fund holdings and real earnings management: An empirical analysis of the Chinese A-share market
por:	Dalian Neusoft University of Information, Dalian University of Technology	**DOI:**	10.1016/j.heliyon.2024.e36194
Fecha:	2024 Aug 13	**Sitio web:**	PubMed Central (PMC)
Editorial:	Heliyon		

[s21] - https://pmc.ncbi.nlm.nih.gov/articles/PMC8824595/

Autor:	César Camisón-Zornoza, Beatriz Foré s-Julián, Alba Puig-Denia, Sergio Camisón-Haba	**Título:**	Effects of ownership structure and corporate and family governance on dynamic capabilities in family firms
por:	Universitat de València, Universitat Jaume I Castelló	**DOI:**	10.1007/s11365-020-00675-w
Fecha:	2020 May 28	**Sitio web:**	PMC
Editorial:	PubMed Central (PMC)		

[s22] -
https://grants.nih.gov/grants/policy/nihgps/html5/section_15/15.2_administrative_and_other_requirements.htm

Título:	15.2 Administrative and Other Requirements	**por:**	National Institutes of Health (NIH)
Fecha:	April 2024	**Sitio web:**	grants.nih.gov
Editorial:	NIH		

[s23] - https://www.grants.nih.gov/grants/guide/notice-files/NOT-OD-23-133.html

Título:	NOT-OD-23-133: NIH Updated Policy Guidance for Subaward/ Consortium Written Agreements	**por:**	National Institutes of Health (NIH)
Fecha:	May 19, 2023	**Sitio web:**	NIH Guide for Grants and Contracts
Editorial:	NIH		

[s24] - https://pubmed.ncbi.nlm.nih.gov/24566248/

Autor:	Hessam Sadatsafavi; John Walewski; Mardelle M Shepley	**Título:**	The influence of facility design and human resource management on health care professionals
DOI:	10.1097/HMR.0000000000000012	**Fecha:**	2015 Apr-Jun
Sitio web:	PubMed	**Editorial:**	Health Care Manage Rev

[s25] - https://pubmed.ncbi.nlm.nih.gov/21050585/

Autor:	Patterson M;Rick J;Wood S;Carroll C; Balain S;Booth A.	**Título:**	Systematic review of the links between human resource management practices and performance
por:	National Center for Biotechnology Information (NCBI)	**DOI:**	10.3310/hta14510
Fecha:	2010 Oct	**Sitio web:**	PubMed
Editorial:	Health Technol Assess		

[s26] - https://pmc.ncbi.nlm.nih.gov/articles/PMC8519746/

Autor:	Moustafa Mohamed Nazief Haggag Kotb Kholaif, Xiao Ming, Anitha Moosa, Kashosi Gad David	**Título:**	The ISO 26000's labor environmental issues during COVID-19: does corporate social responsibility help? Evidence from the Egyptian small and medium enterprises
por:	University of Science and Technology Beijing	**DOI:**	10.1007/s11356-021-17024-1
Fecha:	2021 Oct 16	**Sitio web:**	PMC (PubMed Central)

[s27] - https://pmc.ncbi.nlm.nih.gov/articles/PMC8955514/

Autor:	Inga L Schulz, Ralf Stegmann, Uta Wegewitz, Matthias Bethge	**Título:**	The Current Practice of Gradual Return to Work in Germany: A Qualitative Study Protocol
por:	Federal Institute for Occupational Safety and Health (BAuA), University of Luebeck	**DOI:**	10.3390/ijerph19063740
Fecha:	2022 Mar 21	**Sitio web:**	PubMed Central (PMC)
Editorial:	International Journal of Environmental Research and Public Health		

[s28] - https://pmc.ncbi.nlm.nih.gov/articles/PMC7500254/

Autor:	Khalid Rasheed Memon, Bilqees Ghani	**Título:**	The relationship between psychological contract and voice behavior—a social exchange perspective
DOI:	10.1007/s13520-020-00109-4	**Fecha:**	2020 Sep 18
Sitio web:	PubMed Central (PMC)	**Editorial:**	Asian Journal of Business Ethics

[s29] - https://pmc.ncbi.nlm.nih.gov/articles/PMC7175959/

Autor:	Kerry Joyce, Roman Pabayo, Julia A Critchley, Clare Bambra	**Título:**	Flexible working conditions and their effects on employee health and wellbeing
DOI:	10.1002/14651858.CD008009.pub2	**Fecha:**	2010 Feb 17
Sitio web:	PubMed Central (PMC)	**Editorial:**	The Cochrane Database of Systematic Reviews

[s30] - https://pmc.ncbi.nlm.nih.gov/articles/PMC9317786/

Autor:	Claudiu George Bocean, Michael Marian Nicolescu, Marian Cazacu, Simona Dumitriu	**Título:**	The Role of Social Responsibility and Ethics in Employees' Wellbeing
por:	University of Craiova	**DOI:**	10.3390/ijerph19148838
Fecha:	2022 Jul 21	**Sitio web:**	PubMed Central (PMC)
Editorial:	International Journal of Environmental Research and Public Health		

[s31] - https://pmc.ncbi.nlm.nih.gov/articles/PMC4880255/

Autor:	Jenn Hagedorn, Claudia Alexandra Paras, Howard Greenwich, Amy Hagopian	**Título:**	The Role of Labor Unions in Creating Working Conditions That Promote Public Health
por:	University of Washington, Puget Sound Sage	**DOI:**	10.2105/AJPH.2016.303138
Fecha:	2016 Jun	**Sitio web:**	PubMed Central (PMC)
Editorial:	American Journal of Public Health		

Fuentes de imágenes

Las imágenes no listadas son de creación propia o fueron adquiridas con la licencia correspondiente. Todos los derechos están reservados para estas imágenes.

Para todas las demás imágenes listadas aquí:
Ninguna de las imágenes fue modificada, solo se ajustó la resolución. En la versión eBook, las imágenes se compilaron en collages numerados. Todas las imágenes permanecen sujetas a su licencia original y se utilizan de acuerdo con sus respectivos términos de licencia. Si descubre errores de atribución u otras discrepancias, contáctenos.

Fecha de la revisión final de la imagen: 2025-02-12.

Licencia utilizada

CC0 http://creativecommons.org/publicdomain/zero/1.0/deed.en

Créditos de imágenes

[i1] - 001_001_001_image_geschaeftsanteile.jpeg
https://upload.wikimedia.org/wikipedia/commons/0/0d/American_Bicycle_Company_100_shares_of_stock_%281900%29.jpg

Date:	1900-01-20	**por:**	Bruxton
Artista:	Printed by American Bank Note Company, New York.	**License:**	Public domain

[i2] - 001_001_003_image_steuerberater.jpeg
https://upload.wikimedia.org/wikipedia/commons/f/f7/US_Navy_090113-N-2638R-002_Prospective_Volunteer_Income_Tax_Assistance_program_participants_listen_to_Internal_Revenue_Service_tax_consultant%2C_Mr._Patrick_Price.jpg

Date:	2008-01-13	**por:**	BotMultichillT
Artista:	U.S. Navy photo by Mass Communication Specialist 3rd Class Bryan Reckard	**License:**	Public domain

[i3] - 001_002_002_image_buchfuehrung.jpeg
https://upload.wikimedia.org/wikipedia/commons/c/cb/Grand_Secretary%E2%80%99s_Account_Book_for_the_Grand_Lodge_of_North_Carolina_-_DPLA_-_750ebd0b8c0f75b0b1ea19d253c092bb_%28page_98%29.jpg

Date:	1890;	**por:**	DPLA bot
License:	Public domain		

[i4] - 001_002_002_image_maschinen.jpeg
https://upload.wikimedia.org/wikipedia/commons/1/1a/WomanFactory1940s.jpg

Date:	Taken	**por:**	Ariadacapo
Artista:	Howard R. Hollem	**License:**	Public domain

[i5] - 001_003_001_image_protokoll.jpeg
https://upload.wikimedia.org/wikipedia/commons/3/39/Minutes_of_Meetings_-_NARA_-_12019696_%28page_57%29.jpg

Date:	1918	**por:**	US National Archives bot
Artista:	class="fn value"> Unknown authorUnknown author or not provided	**License:**	Public domain

[i6] - 001_003_001_image_quoren.jpeg
https://upload.wikimedia.org/wikipedia/commons/7/76/Quorum_Court_Chambers_of_Van_Buren_County%2C_Arkansas.jpg

Date:	2020-08-19	**por:**	Brandonrush
License:	CC0		

[i7] - 002_002_001_image_siegel.jpeg
https://upload.wikimedia.org/wikipedia/commons/8/8c/Round_seal_and_red_ink_pad.jpg

Date:	2024-10-26	**por:**	Fumikas Sagisavas
License:	CC0		

[i8] - 002_002_001_image_beglaubigte_abschrift.jpeg
https://upload.wikimedia.org/wikipedia/commons/1/10/Receipt_of_certified_copy_of_the_Joint_Resolution_of_the_Wisconsin_State_Legislature_on_the_19th_Amendment%2C_June_13%2C_1919.png

Date:	1919-06-13	**por:**	Megalibrarygirl
Artista:	Unknown authorUnknown author	**License:**	Public domain

[i9] - 002_002_001_image_gesellschaftsvertrag.jpeg
https://upload.wikimedia.org/wikipedia/commons/6/6c/Constitution_of_the_United_States%2C_page_1.jpg

Date:	17 September 1787	**por:**	Earthsound
Artista:	class="fn value"> Constitutional Convention	**License:**	Public domain

[i10] - 002_002_001_image_personalausweis.jpeg
https://upload.wikimedia.org/wikipedia/commons/2/28/1979_identity_card_of_West_Germany_original_size.jpg

Date:	2010-11-19	**por:**	Axel1963
License:	Public domain		

[i11] - 002_002_002_image_registergericht.jpeg
https://upload.wikimedia.org/wikipedia/commons/b/b1/United_States_District_Court_for_the_Southern_District_of_Florida.png

Date:	2019	**por:**	Pacamah
Artista:	United States District Court Southern District of Florida	**License:**	Public domain

[i12] - 002_002_002_image_stammkapital.jpeg
https://upload.wikimedia.org/wikipedia/commons/8/8a/Capital_stock_certificate_of_The_Eads_Concession_Company%2C_June_25%2C_1888.jpg

Date:	1888-06-25	**por:**	Fæ
Artista:	Unknown authorUnknown author	**License:**	Public domain

[i13] - 002_002_003_image_gewerbeamt.jpeg
https://upload.wikimedia.org/wikipedia/commons/a/ab/Hong_Kong_Economic_and_Trade_Office%2C_Berlin_-_June_2016.jpg

Date:	2016-06-18	**por:**	Mx. Granger
License:	CC0		

[i14] - 002_003_002_image_ergonomie.jpeg
https://upload.wikimedia.org/wikipedia/commons/8/8a/Prototype_ergonomic_office_chair%2C_V%26A_London.jpg

Date:	2024-04-01	**por:**	14GTR
License:	CC0		

[i15] - 002_003_002_image_lagerhalle.jpeg
https://upload.wikimedia.org/wikipedia/commons/a/a8/Factory%2C_warehouse.png

Date:	2023-05-30	**por:**	Foto3821
License:	CC0		

[i16] - 002_003_002_image_skalierbarkeit.jpeg
https://upload.wikimedia.org/wikipedia/commons/e/e0/IBM_BladeCenter_H_%28front%29.jpg

Date:	2010-10-02	**por:**	Hanegi
License:	Public domain		

[i17] - 002_003_002_image_buerogebaeude.jpeg
https://upload.wikimedia.org/wikipedia/commons/1/1b/Kap_am_S%C3%BCdkai.jpg

Date:	2009-08-07	**por:**	H005
License:	Public domain		

[i18] - 002_003_003_image_risikoanalyse.jpeg
https://upload.wikimedia.org/wikipedia/commons/3/39/3_Alarm_Building_Fire.jpg

Date:	2011-11-12	**por:**	TejasDiscipulus2
Artista:	Keener, Jo L.	**License:**	CC0

[i19] - 003_002_002_image_aufenthaltserlaubnis.jpeg
https://upload.wikimedia.org/wikipedia/commons/8/8b/UK_Biometric_Residence_Permit_%282015-2020%29.jpg

Date:	2021-02-07	**por:**	AntiCompositeNumber
Artista:	Gustave.iii	**License:**	Public domain

[i20] - 003_002_002_image_notarielle_beurkundung.jpeg
https://upload.wikimedia.org/wikipedia/commons/8/83/Notary_medieval.png

Date:	2022-04-13	**por:**	Pouazity3
Artista:	Unknown	**License:**	Public domain

[i21] - 003_003_001_image_interkulturelle_sensibilisierung.jpeg
https://upload.wikimedia.org/wikipedia/commons/e/eb/Book_Donation_and_Frisbee_Demonstration_at_Local_Primary_School.jpg

Date:	2019-10-28	**por:**	Pangalau
Artista:	U.S. Embassy in Brunei	**License:**	Public domain

[i22] - 003_003_001_image_marktanalyse.jpeg
https://upload.wikimedia.org/wikipedia/commons/9/9f/Hamilton-%28Stock_Market_Barometer%29_-%281922%29.jpg

Date:	1922-01-01	**por:**	Lindsay658
Artista:	not known (is title page of a book) page	**License:**	Public domain

[i23] - 003_003_002_image_deglobalisierung.jpeg
https://upload.wikimedia.org/wikipedia/commons/b/b9/When_Greece_falls.jpg

Date:	2011-06-21	**por:**	Lymantria
Artista:	Unknown authorUnknown author	**License:**	CC0

[i24] - 003_003_003_image_eubinnenmarkt.jpeg
https://upload.wikimedia.org/wikipedia/commons/6/63/Multispeed_European_Union_2011.png

Date:	2011-03-20	**por:**	Vanjagenije
Artista:	Guidod	**License:**	CC0

[i25] - 003_005_001_image_buchhaltung.jpeg
https://upload.wikimedia.org/wikipedia/commons/0/07/Bookkeeping-Checks.png

Date:	29 December 2005	**por:**	File Upload Bot (Magnus Manske)
Artista:	Ipb	**License:**	Public domain

[i26] - 003_005_001_image_investor.jpeg
https://upload.wikimedia.org/wikipedia/commons/a/aa/GES%2B_Investor_Roundtable.jpg

Date:	2016-06-22	**por:**	Infogapp1
Artista:	GES 2016	**License:**	Public domain

[i27] - 004_001_001_image_finanzplanung.jpeg
https://upload.wikimedia.org/wikipedia/commons/a/a0/23_Dec_-_Accounting_Manual_Project%27_and_the_%27Enterprise_resource_planning_%28ERP%29_financial_section_%286776499864%29.jpg

Date:	2011-11-19	**por:**	Hiàn (alt)
Artista:	USAID Pakistan	**License:**	Public domain

[i28] - 004_001_001_image_investitionen.jpeg
https://upload.wikimedia.org/wikipedia/commons/b/b8/Henri_III_%281551-1589%29%2C_roi_de_France_%281574-1689%29%2C_et_Ren%C3%A9_de_Birague_%281506-1583%29%2C_chancelier_de_France_%281573-1583%29%2C_XVIe%2C_ND1041%282%29.jpg

Date:	desconocido	**por:**	Mr.Nostalgic
Artista:	Pilon, Germain (Paris, vers 1525 - Paris, 03–02–1590), auteur du modèle	**License:**	CC0

[i29] - 004_001_002_image_capital_increase.jpeg
https://upload.wikimedia.org/wikipedia/commons/e/ef/Billing_statement_of_The_Sayings_Company%2C_Publishers%2C_to_Desloge_Consolidated_Lead_Company_for_advertising_%E2%80%9CWishing_to_Increase_Capital_Stock%2C%E2%80%9D_May_27%2C_1893.jpg

Date:	1893-05-27	**por:**	Fæ
Artista:	The Sayings Company	**License:**	Public domain

[i30] - 004_001_002_image_balance_sheet.jpeg
https://upload.wikimedia.org/wikipedia/commons/a/a5/BalanceSheet.jpg

Date:	2024-07-01	**por:**	CharlesHoffman
License:	CC0		

[i31] - 004_002_002_image_anhang.jpeg
https://upload.wikimedia.org/wikipedia/commons/3/31/Financial_statements_-_DPLA_-_2ca49419307adcc911cf6c4ae0d5a8cf.jpg

Date:	2022-04-23	**por:**	DPLA bot
Artista:	Ohio Water Development Authority	**License:**	Public domain

[i32] - 004_002_002_image_kontierung.jpeg
https://upload.wikimedia.org/wikipedia/commons/b/b9/Miscellaneous_Finance_and_Accounting_Records_-_NARA_-_74893606_%28page_65%29.jpg

Date:	1870	**por:**	US National Archives bot
Artista:	class="fn value"> Unknown authorUnknown author or not provided	**License:**	Public domain

[i33] - 005_001_001_image_fruehwarnsystem.jpeg
https://upload.wikimedia.org/wikipedia/commons/1/10/Bomb_Cyclone_Delivers_Powerful_Punch_to_the_Northeast_%28NESDIS_2019-10-17%29.jpg

Date:	17 October 2019	**por:**	OptimusPrimeBot
Artista:	NOAA	**License:**	Public domain

[i34] - 005_002_001_image_aktiengesellschaft.jpeg
https://upload.wikimedia.org/wikipedia/commons/d/d0/Birmingham_Corporation_5.5_Per_Cent_Redeemable_Stock_1941-1961_-_redeemed_certificate.jpg

Date:	1927	**por:**	Pigsonthewing
Artista:	AnonymousUnknown author	**License:**	Public domain

[i35] - 005_002_002_image_synergieeffekte.jpeg
https://upload.wikimedia.org/wikipedia/commons/a/a0/Synergy_trains%2C_Krasnaya_Presnya_depot.jpg

Date:	2017-03-17	**por:**	Xenotron
Artista:	Own work	**License:**	CC0

[i36] - 005_002_003_image_cashflow.jpeg
https://upload.wikimedia.org/wikipedia/commons/8/89/Cash_Flow_Token_Coin_%28One_Dollar_Each_Month%29.png

Date:	2012-10-09	**por:**	Kmarinas86
Artista:	kmarinas86 and the United States Mint	**License:**	Public domain

[i37] - 005_003_002_image_einkommensteuer.jpeg
https://upload.wikimedia.org/wikipedia/commons/f/f3/Income-tax-491626_1920_%281%29.jpg

Date:	2014-10-16	**por:**	Mdaniels5757
Artista:	stevepb	**License:**	CC0

[i38] - 006_001_002_image_archivierung.jpeg
https://upload.wikimedia.org/wikipedia/commons/2/29/Lenexa_National_Archives_Federal_Records_Center.jpg

Date:	2003	**por:**	Richard Arthur Norton (1958-)
Artista:	AnonymousUnknown author	**License:**	Public domain

[i39] - 006_002_002_image_rentenversicherung.jpeg
https://upload.wikimedia.org/wikipedia/commons/7/78/Riester_Rente_Riesterrente_Berlin.jpg

Date:	2009-03-01	**por:**	Merker Berlin
License:	Public domain		

[i40] - 006_002_003_image_arbeitsvertrag.jpeg
https://upload.wikimedia.org/wikipedia/commons/5/59/University_of_Tennessee_offer_of_employment_signed_by_Anming_Hu.png

Date:	2013-08-02	**por:**	Salontos
Artista:	University of Tennessee	**License:**	Public domain

[i41] - 006_002_003_image_mitarbeiterbindung.jpeg
https://upload.wikimedia.org/wikipedia/commons/5/53/U.S._Army_Recruiting_and_Retention_College.jpg

Date:	2021-03-29	**por:**	ItsBuddyLove
Artista:	U.S. Army	**License:**	Public domain

[i42] - 006_002_003_image_betriebliche_altersvorsorge.jpeg
https://upload.wikimedia.org/wikipedia/commons/d/d1/NationalGridUKPensionScheme.jpg

Date:	2007-04-07	**por:**	Kaihsu
License:	Public domain		

[i43] - 006_003_001_image_zahlungskonditionen.jpeg
https://upload.wikimedia.org/wikipedia/commons/e/e2/10_Dollars_-_Military_Payment_Certificate_%28Banknotes.com%29_Reverse.jpg

Date:	1970s	**por:**	Donald Trung
Artista:	The government of the United States of America	**License:**	Public domain

[i44] - 006_003_002_image_vertragsmanagement.jpeg
https://upload.wikimedia.org/wikipedia/commons/9/97/U.S._Army_Lt._Col._Kim_Thomas%2C_the_commander_of_the_Defense_Contract_Management_Agency_%28DMCA%29_Iraq%2C_and_a_DCMA_management_analyst%2C_review_and_prepare_data_prior_to_their_monthly_Contingency_Contract_120523-O-ZZ999-002.jpg

Date:	Taken	**por:**	Fæ
Artista:	Cynthia Yousefi	**License:**	Public domain

[i45] - 006_003_002_image_workshop.jpeg
https://upload.wikimedia.org/wikipedia/commons/9/94/Werkstatt_eines_Schiffszimmerers_im_Altonaer_Museum_IMG_5128_edit.jpg

Date:	2011-04-16	**por:**	Christoph Braun
License:	CC0		

[i46] - 006_003_002_image_resilienz.jpeg
https://upload.wikimedia.org/wikipedia/commons/c/c0/President_Biden_visited_the_Samsung_Electronics_Pyeongtaek_Campus_%282%29.jpg

Date:	2022-05-20	**por:**	A1Cafel
Artista:	Office of the President of the United States	**License:**	Public domain

[i47] - 006_003_003_image_datenschutz.jpeg
https://upload.wikimedia.org/wikipedia/commons/7/78/Improving_state_agency_data_privacy_and_security_-_DPLA_-_1ab0829cb3618835b490a19471de3f59.jpg

Date:	2007	**por:**	DPLA bot
Artista:	Ohio. Governor (2007- : Strickland); Ohio. ‡b Governor (2007- : Strickland)	**License:**	Public domain

[i48] - 006_003_003_image_servicelevelagreement.jpeg
https://upload.wikimedia.org/wikipedia/commons/9/91/Tri-party_%28HUD_inter-office%29_Service_Level_Agreement_%28SLA%29_signing_ceremony_-_DPLA_-_19fd89056b0ad29f8d0f8fc9640df2cb.jpg

Date:	30 January 2013	**por:**	DPLA bot
Artista:	Department of Housing and Urban Development. Office of the Chief Human Capital Office. Office of Broadcasting Operations. Photo Section. (ca. 2011 - ca. 7/18/2014)	**License:**	Public domain